丛书主编：石长顺
丛书副主编：何志武

U0362564

视听评论

Audio-Visual
Media
Comments

何志武 编著

北京大学出版社
PEKING UNIVERSITY PRESS

图书在版编目(CIP)数据

视听评论/何志武编著. —北京：北京大学出版社,2013.5

(21世纪信息传播与新媒体丛书)

ISBN 978-7-301-22453-3

Ⅰ.①视… Ⅱ.①何… Ⅲ.①广播电视—评论性新闻—高等学校—教材

Ⅳ.①G222.1

中国版本图书馆 CIP 数据核字（2013）第 087537 号

书　　　名：视听评论
著作责任者：何志武　编著
丛 书 主 持：李淑方
责 任 编 辑：李淑方
标 准 书 号：ISBN 978-7-301-22453-3/G · 3613
出 版 发 行：北京大学出版社
地　　　址：北京市海淀区成府路 205 号　100871
网　　　址：http://www.pup.cn　　新浪官方微博:@北京大学出版社
电 子 信 箱：zyl@pup.pku.edu.cn
电　　　话：邮购部 62752015　发行部 62750672　编辑部 62767857　出版部 62754962
印　　　刷　者：三河市博文印刷厂
经　销　者：新华书店
　　　　　　　730 毫米×980 毫米　16 开本　15 印张　260 千字
　　　　　　　2013 年 5 月第 1 版　2013 年 5 月第 1 次印刷
定　　　价：32.00 元

总　序

　　"21 世纪信息传播与新媒体丛书"就要陆续与读者见面了。丛书名强调"信息"传播而非"新闻"传播,二者虽一词之差,但内涵和外延却大不相同。我们知道,在相当长的一段时间内,传媒的属性和高等新闻传播教育均注重"新闻"立台和"新闻传播"的教育。虽然在理论概念的阐释中将新闻置于信息传播过程,但其传播主体、传播内容、传播渠道和传播受众等要义均在传统主流意识框架内解读,无法涵盖当代新媒体语境下的传媒现状与发展趋向。

　　我国自 1994 年 3 月获准加入互联网以后,新媒体以罕见的速度向前发展,特别是伴随着数字媒介技术的进步,新媒介的更新速度大大加快,令人目不暇接。从传统报纸的一花独放、广播时代的并驾齐驱、电视时代的三足鼎立,到当代互联网的加入形成四轮驱动,手机媒体参与的五媒相争,此外,还有网络广播电视、移动电视、微博微信等新兴传播形态的迸发,将我们每个人都卷入信息传播的洪流,并在媒林中穿梭不息。而这些变化都源于数字媒体技术的进步,或以新(兴)媒体发展的影响一言贯之。

　　新媒体的迅速崛起和 5.64 亿网民的规模,4.20 亿的手机网民市场,使传统媒体再也不能忽视庞大的新兴媒体受众群体。于是,从新旧媒体的简单叠加到全媒体的转型过渡,直至融媒体的资源共享,传媒的改革热潮开始席卷中国媒体业界,如果不思进取、墨守成规,终将被历史淘汰。

　　新媒体技术正快速地改变着媒介地图,可以预见,一个真正独立和强大的公共传播新媒体一定会出现。"它可能在本质上使所有的社会机构发生转变",包括新闻与传播教育。为此,所有研究传媒与信息传播教育的人都不能无视当代媒体演变的事实。

　　在这场媒体运动中,具有鲜明专业特征的传统新闻与传播教育的界限将会逐渐淡化,而正在兴起的新兴媒体将会对未来全媒体记者、全能型记者、融和型编辑等新媒体人才产生大量需求,以致冲击着传统的教育体系与培养模式。为适应这场媒体变革,曾开创了世界新闻教育先河的美国密苏里大学,顺势而为,于 2005 年率先开办了融合新闻与新媒体专业教育。在我国,曾于工科高等院校中开新闻学专业先河的华中科技大学,于 1998 年采用"2+2"办学模式,再次率先创办了网络新闻专业(方向),对推动我国新媒体教育发挥了历史作用。

当新兴媒体的发展高潮再次来临之时,海量的信息对公共信息造成了淹没性的覆盖。过去,在媒体资源相对贫乏、媒介主体垄断话语的时代,人们只能被动地接受信息,别无选择。但在新媒体时代,我们最不缺少的恰恰是信息。新媒体提供了多元化的传播渠道和传播载体,媒介新技术使得新兴媒体传播活动的门槛大为降低,各种信息与内容呈爆炸性增长,这正是"信息化"过程的分裂所造成的。为了有效防止"碎片化"的蔓延,强化新兴媒体的公共传播,对媒体专业者提出了新的挑战,其中包括媒体角色的转换,即如何从信息采集者向信息筛选者转变? 如何应对由"UGC"引发的"公民记者"、"草根记者"、"全民记者"群体的诞生? 如何培养全媒体运营中呼之欲出的"背包记者"、融媒体管理者等等。未来十年业界需要全新的传媒人才,作为记者摇篮的高等教育院校,能否适应社会急需、媒体紧缺的人才需求,于不变之中因势而动,成为当代教育改革的一项紧迫议题。

美国学者约翰·V.帕夫利克在谈到新媒介对新闻教育的影响时曾说过:新媒介将改变新闻和大众传播的教学和科研,改变新闻教育者的工作方式;改变我们讲授的内容;改变新闻院系和其他高等教育机构的结构;改变新闻教育者及其公众关系。①

为应对 21 世纪的信息传播与新媒体发展新趋向,我国教育部于 2012 年公布的本科专业教育新目录中,首次将"网络与新媒体"作为特设专业公布。继而,全国有 28 所普通高等学校申报并获准开办网络与新媒体专业。那么,网络与新媒体专业的培养目标、课程体系、教学模式是什么? 这都需要在实践中不断探索和完善。然而,作为新专业的教学,当务之际是教材先行。本系列教材正是基于全国新闻与传播学新专业建设的需求,组织全国相关领域的研究专家和教授共同编写的一套既具理论性,又具实践指导性的丛书,希望能得到海内外学者、教师的青睐与指点。

石长顺

2013 年 4 月 28 日

---

① [美]约翰·V.帕夫利克.新闻业与新媒介[M].张军芳,译.北京:新华出版社,2005:219.

目　　录

第一章 "观点时代"的到来：
视听评论的兴起及社会影响

随着广播电视评论从偶尔为新闻配发言论到常态化地设置新闻点评环节、开设专题性评论栏目，以广播电视为代表的视听媒介进入了"观点时代"。在这个时代，听众、观众不仅收听或收看视听评论节目，而且通过多种途径和方式直接参与其中，使这个"观点时代"多了一些公民意见表达的色彩。这一时代的到来，对于广播电视媒介的功能拓展、视听新闻信息内涵的延伸、公民言论平台的搭建，都有着不可忽视的特殊价值。

🔆 第一节 视听媒介言论的勃兴

当《新闻1+1》《今日观察》《环球视线》《东方直播室》《新闻深一度》《开讲天下》等新闻评论栏目竞相出现，与新闻报道"无缝"连接的"新闻时评"成为新闻报道的常规形式，多形态视听评论的勃兴已成不争的事实。视听评论经过了怎样的演变历程、兴盛的社会依据如何，是我们认识这一传播现象的基础。

一、视听评论的发展历程

视听媒介评论经历了从无到有的发展过程。以广播、电视为代表的视听媒介一开始并没有新闻评论，视听媒介评论的诞生和兴盛都是媒介言论生态催生的结果。

（一）广播评论的产生和发展

1920年11月2日，世界上第一座广播电台——美国西屋电气公司开办的KDKA广播电台开始播音。中国大陆最早的广播诞生于1923年1月的上海。同近代中国早期的报刊由外国人创办一样,最早的广播电台也是外国人创办的。1922 美国人斯奥斯邦(E. G. Osborn)与一位旅日华侨(出资)合作,将一套无线电广播发送设备由美国运到上海,创办了中国无线电公司,并与《大陆报》合办了中国第一家无线电台"大陆报-中国无线电公司广播电台"。1923 年 1 月开始播音,播送音乐和《大陆报》上刊登的新闻。由于种种原因,这家电台只办了 3 个月。后来,1923 年 5 月,美国开孚洋行在上海开办了一座电台,内容以播放音乐为主,也只维持了半年。1924 年,美国开洛公司在上海建造了开洛电台,与《申报》《晚报》合作,播报新闻。这是早期外商在华开办的电台中规模最大、持续时间最长的一座,一直到 1929 年 10 月才停止播音,历时 5 年。

中国人自己开办的第一座电台是 1926 年 10 月 1 日开播的哈尔滨广播无线电台,这是一座政府办的电台。随后于 1927 年 3 月 18 日正式播音的上海新新公司广播电台是我国第一座民办的电台,其播放内容主要是商业行情、时事新闻和中国音乐。可见,早期的电台播送的内容以商业行情、时事新闻、音乐为主。

广播作为一项事业来建设和发展,应该是从国民党创办的中央广播电台开始的。1928 年 8 月 1 日,中央广播电台在国民党中央党部礼堂开始播音。到抗战爆发前,国民党统治区已有广播 78 座,官办 20 多座,其余是商办的。这一时期,广播电台播送的内容主要包括这样几个方面的内容:宣传类、演讲类、教育类、新闻类、娱乐类等。宣传类的内容包括"三民主义"、"新生活运动"等,演讲类的内容包括蔡元培、马寅初等人传播的进步文化。虽然这些节目内容以传播观点为主,但并不是真正意义上的评论。

我们这里所说的评论主要是指与时事密切配合的评论,如时评、新闻评论,而不是指"从政治角度议论新闻事件或现实问题的议论文"即政论。这一时期广播对讲演的播送,传达的内容多是针对一些普遍的社会现象或陈年积弊,借此阐发自己系统的政治主张,传播西方思想文化,而很少针对具体的新闻事件表达意见。真正意义上的时评或新闻评论则更强调评论对象的新闻性和时效性。

抗日战争时期的广播电台,在抗战宣传上起了很大的作用。这一时期,广播电台成为文化界进行救亡讲演的重要阵地。如1934年4月11日,周恩来在汉口广播电台发表了题为《争取更大的新的胜利》的广播讲演,11月7日,他又在长沙广播电台发表广播讲演。郭沫若也先后在电台发表了题为《把有限的个体生命融化进无限的民族生命里去》等广播讲演。这些广播言论的频繁播出,就成为抗日战争时期动员全民救亡图存的号角,言论对象也逐渐向新闻事实靠拢,但也不属新闻评论。

"真正把广播评论作为一种广播新闻的特有样式加以改造和运用的,是1940年12月30日开播,隶属于新华社的延安新华广播电台。"①中国共产党领导的人民广播事业诞生于延安。1940年12月30日,延安新华广播电台建成并试播,这是共产党建立的第一座人民广播电台。最初,延安新华广播电台也播送新闻评论,但主要是《新华日报》及新华社的社论和文章,没有自己独立撰写的评论。1946年5月,新华社语言广播组扩大为语言广播部,在增办的新节目中开设"广播评论"节目,除广播报纸、通讯社的言论外,也编写或改写部分评论,它标志着我国的广播评论开始进入起步阶段。

1950年召开的全国京津新闻工作会议明确规定,广播电台要把新华社和报纸的新闻、评论作为主要来源,但也应有自己的新闻和评论。此后,广播评论几起几落,走过了一条艰难而曲折的道路:1950年4月10日,中央人民广播电台增设了15分钟的《评论》节目,经常播发独创的评论;第二年5月1日节目调整,《评论》节目调整为《国际新闻与评论》;同年12月1日,"评论"二字去掉,直接变为《国际新闻》。"大跃进"时期,评论的"喉舌"和"灵魂"作用再次被提起,因而这一时期的评论又开始活跃。"'文化大革命'的结束,十一届三中全会的召开,广播评论才真正开始'自己走路'和'走自己的路'。"②不仅广播评论成为广播新闻报道的常规形式,而且成立了专门负责广播评论的部门。1980年,中央人民广播电台成立了评论组,有了第一批广播评论员,使得广播评论的播出量大幅增长,广播评论日渐常态化。更突出的标志是,就在这一年,全国好新闻评选中,首设广播评论项目,这意味着广播评论的地位得到认可。

---

① 涂光晋.广播电视评论学[M].北京:新华出版社,1998:42.
② 涂光晋.广播电视评论学[M].北京:新华出版社,1998:44.

此后,广播评论逐渐摆脱报纸评论的写作痕迹,越来越多地体现广播媒介的特点。广播电台开始了广播评论的形式创新,多形态的广播评论纷纷亮相,新闻述评、广播谈话、广播访谈、音响评论、主持人评论等都成为具有广播媒介特色的评论形式。更重要的是,广播评论稿件的写作也由"为读而写"过渡到"为说而写"、"以说为主"的阶段,广播评论进入了蓬勃发展的时期。进入 21 世纪以来,报道事实与报道观点是新闻报道的两重任务已成为共识,新闻立台、评论强台已成为电台和电视台共同的发展策略。面对电视评论的异军突起,广播电台不甘停滞,于 2010 年 7 月聚集西安,研讨广播评论的发展对策。此次研讨会提出,广播评论节目要开拓思路、开门办台,打造属于自己的"言论智囊团"。

(二)电视评论的产生和发展

电视的诞生比广播晚 16 年。1936 年 11 月 2 日开播的英国广播公司电视台是世界上第一座电视台。中国的第一座电视台是 1958 年 5 月 1 日开始试播的北京电视台——中央电视台的前身。虽然此时广播电台已有一些独立的评论节目,但起步较晚的电视媒介一开始也没有独立评论。除了在新闻节目中口播新华社和《人民日报》的评论外,没有电视台自己的评论。这种状况一直延续到十一届三中全会召开之后。

纵观中国电视评论的发展历程,可以划分为尝试期、探索期、发展期、繁荣期。

尝试期(1980—1988 年) 其标志就是电视评论栏目《观察与思考》的出现。伴随着"解放思想"口号的提出,1979 年,中央电视台专题部成立,酝酿开办一个电视评论性栏目。1980 年 7 月 12 日,以《观察与思考》命名的述评性电视栏目开播,这是中国内地第一档电视评论栏目。在其播出的节目中,基本采取了记者出镜采访、事实呈现、各方人士参与发表意见、记者分析等方式和环节,融纪实性与思辨性于一体,显现出既与报纸、广播评论不同,也与以往的电视新闻报道不同的新特点。这种集叙述事实与评析事实于一体的报道样式,将新闻报道的深度推向了一个新的高度。1988 年 7 月,为了加强电视新闻评论,中央电视台重建评论组,将《社会瞭望》和《观察与思考》合并,新栏目改为《观察思考》。新的栏目有两大举动:一是设立固定的节目主持人,二是固定播出时间和播出频率,即每周日晚上,每期 20

分钟。这一时期的电视评论还有着浓重的报纸评论痕迹，如新闻节目中口播的本台评论、本台评论员文章、本台短评，编前话和编后语等。

探索期(1988—1994年)　其标志分别是《观察思考》的固定播出时间、设立固定的节目主持人，每日一期的《焦点访谈》的诞生。《观察思考》栏目播出周期及播出时间、节目主持人的固定，意味着栏目风格的固定，因而其收视群体也相对固定。这一时期，基于央视的示范效应，各地纷纷开始了电视评论性栏目的探索。因为都处于探索期，没有固定的节目模式，各电视台大胆尝试，或注重现场记录＋现场评述，或注重现场调查＋演播室访谈，形态各异。随着栏目及播出量的增加，选题范围也越来越广泛，从具体的事件到焦点性的社会话题，从百姓衣食住行到国家的经济和政治体制问题，都是电视评论的选题对象。

发展期(1994—2003年)　1993年底，中央电视台在《观察思考》节目组的基础上组建了新闻评论部，对《观察思考》进行改造。1994年4月1日，《焦点访谈》开播，被视为中国电视评论类节目发展的开端。一方面，它提高了节目播出的频率，每日一期，固定在每天的《新闻联播》之后播出，其日播频率和黄金播出时段使得它一推出便培养了一批稳定的观众，另一方面，它以罕有的舆论监督力度，触及一个个敏感的、群众关心的社会问题，其对事实抽丝剥茧式地呈现，鞭辟入里的分析，使得它一开始就保持着极高的关注度。《焦点访谈》播出后，在全国产生前所未有的示范效应，很快，各省市电视台纷纷成立自己的新闻评论部。一时间，焦点访谈式或焦点透视类节目铺天盖地。在述评类栏目《焦点访谈》的带动下，央视评论部又开办了主持人评论栏目《面对面》、深度报道栏目《新闻调查》和谈话类节目《实话实说》，使得多种形态的电视评论节目竞相诞生，也使得电视新闻评论节目的竞争越来越激烈。

繁荣期(2003年至今)　2003年，中央电视台新闻频道的开播具有划时代的意义。它不仅大大拓展了新闻报道的领域，有力地推动了我国的信息公开工作，而且有效地搭建了言论表达的平台，引领和推动我国电视评论节目步入繁荣期。以"透过现象看本质"为栏目口号的《央视论坛》持续的时间不长，但在此基础上创办的《新闻1＋1》直接催生了一批谈话类电视评论节目的兴起。仅在央视就有同类的《今日观察》《环球视线》等新闻评论栏目。地方电视台也纷纷开设了谈话类评论栏目。此外,随着《东方时空》迁至新闻频道,加强了解读新闻的连线类评论,它们与新闻报道融合,成为完整的新闻信息的一部分。央视新闻评论的增强,引领了全国电视评论节目增长的风潮。在这一时期,不仅新闻评论在新闻节目体系中的比重大大增长,而且评论节目形态也大大丰富,呈现出电视评论一片繁荣的景象。

电视评论的繁荣促进了电视新闻信息的深度传播,也促进了电视新闻信息的多形态传播,但是,电视评论的繁荣景象也出现了类型化的跟风现象。

(三)网络评论的产生和发展

20 世纪 90 年代中后期,随着网络传播技术在我国的应用与普及,网络评论逐渐兴起。与报纸评论相比,网络评论既有共性也有其自身的特点。网络评论中占主导地位的仍是文字评论,其写作文体与报纸相同,但是,网络也有自身特有的评论文体,如网络新闻的跟帖评论、BBS 评论等。这些评论没有固定的程式,可以长篇大论,也可以三言两语,可以文采飞扬,也可以朴实无华,只要把观点表达清楚,无论感性的宣泄还是理性的表达,皆成评论。

我们之所以把网络评论也纳入视听评论的范畴,主要是因为两点:一是网络评论对传统媒体的评论进行编辑后呈现出新的言论图像,这些呈现于受众眼前的言论图像赋予评论新的价值意涵。如原刊发于不同报纸、具有不同指向的评论稿件经过网络编辑之后以"正方 VS 反方"的形式推出,一幅不同观点交流与交锋的自由表达的图像就呈现于网络受众眼前,从而具有单一的原稿件所不能传达的观点信息。二是网络图像评论是一种新的网络评论形式,会在网络评论中占据越来越重要的地位。它既包括网络主持人邀请嘉宾进行视频访谈,如新浪网的《奥运三健客》《老梁评书》等;也包括网友自制谈话类视频节目传至网上。随着"三网融合"工作的推进,网友自制节目会越来越多地传到网上,也就意味着传到了电视荧屏上,其中会不乏评论节目。

二、视听评论的勃兴及其动因

通过对广播、电视、网络评论发展脉络的梳理,我们不难发现,视听媒介评论已呈勃兴之势。其表现如何？动因何在？这是我们必须弄清楚的基础问题。

（一）视听评论勃兴的表现

视听评论勃兴图景已然成为受众的共同印象，其表现大体可归纳为如下几个方面：

1. 新闻评论的播出量大幅上升

在视听媒介的新闻播出总量中，新闻评论所占比例已有很大提升。无论是中央广播电视媒介，还是地方广播电视媒介，新闻评论的播出量都占据很大的比例。

首先，新闻报道中加重了评论的分量。无论是广播新闻还是电视新闻，常常在重要的新闻报道之后播出"本台短评"，表达媒体的态度和观点。比如，2008年3月31日，东航云南分公司从昆明飞往大理、丽江、西双版纳、芒市、思茅和临沧六地共18个航班返航，航班飞到目的地上空后，乘客被告知无法降落，又都飞回昆明，导致航班大面积延误，千余名旅客滞留机场。东航声称返航系因天气原因，但当天其他航空公司航班则正常降落。有消息称返航实因飞行员不满待遇集体罢飞。4月5日的《新闻联播》以罕见的力度严批东航云南分公司，播发了两条新闻稿《东航云南分公司14个航班返航事件遭旅客质疑》《民航局首次回应东航航班返航事件，东航向受影响旅客致歉》后，配发了编后语，抨击东航不顾旅客利益。此新闻播出后，社会反响热烈。此后，以"编后"、"本台短评"的形式出现广播、电视新闻报道中的评论比比皆是，一时成为颇为流行的媒介现象。随着记者出镜报道频率的增加，现场评述与现场报道密不可分，使得新闻评论与新闻报道进一步融合，加上连线类新闻时评在广播电视新闻报道中的大量运用，客观上增加了新闻评论的播出频率。

其次，独立的新闻评论栏目竞相推出。广播电视评论分量加重，不仅仅体现在配发评论的增加，更体现在独立评论的出现和兴盛。自《焦点访谈》取得较好的收视效果之后，各地电视媒介纷纷推出"透视"类评论栏目，形成全国性电视透视热。随着《实话实说》《新闻1＋1》《时事辩论会》《一虎一席谈》栏目的成功，一批类似的电视评论栏目纷纷涌现。这些评论性栏目的出现，对于新闻事实的多方位、深度探讨提供了充分的平台，它们不是三言两语的快评,而是半小时、1小时的深度评论,其所展示的意见是全面的、多指向的,所揭示的方式是层层剥笋式的、触及问题实质的。独立的新闻评论栏目集新闻信息与意见表达于一体,能做到事实信息与意见信息的完整呈现,因而具有较大的信息量。新闻评论栏目的竞相推出,使得视听媒介评论的播出量进一步得到提升和保证。就连网络媒体也纷纷推出自己的视听评论栏目,如新华网的《权威声音》栏目,由主持人就社会热点话题发表意见。

2. 新闻评论的形态丰富多样

视听评论自诞生以来,在节目形态上不断摸索,不断创新,如今已呈现出百花齐放的绚烂景象。

广播、电视评论起初几乎都只是报纸评论的"有声版",没有体现各自的媒介特点。随着新闻传播实践的发展,传媒人越来越深刻地认识到不同媒介的特点和优势,并充分利用各自优势实现信息的有效传播。当广播人、电视人开始尝试符合自身媒介特点的评论时,不仅分别推出了运用广播的声音符号、电视的声画符号创作的视听评论节目,而且尽可能充分利用和发挥媒介的特点和优势,打造了形态丰富多样的广播电视评论节目。

传统的短评类评论注入了视听媒介符号。此类评论不再是"类报体"评论,而是有着鲜明的视听媒介符号的评论样式。以电视短评为例,它既可以是纯文字稿件的有声版,也可以在播读短评稿件时辅以现场画面,使得诉诸理性、以语言表达为主的评论有了可感的画面相配合,兼具理性与感性、逻辑性与现场感。

述评类评论将事实报道与意见评价融为一体。这类评论栏目以调查性报道为主,在层层剥笋式的调查过程中,融入了记者的思考,并将记者或评论员的观点直接表达出来,使事实信息与意见信息作为整体信息予以传播。这种表现手法改变了以往将事实报道与报道者的评价性观点截然分开的做法,呈现出一种新的报道形式。

谈话类评论丰富了电视评论的叙事方式,意见讨论成为主要信息形态。谈话类评论中,评论对象可以是新闻事实,也可以是热点话题,它们都只是评论的引子,此类节目的信息主体是以说为主的意见信息。谈话类评论的形式既可以是两人交流，也可以是多人交流；既可以是围绕谈话主题的随意漫谈，也可以是分对立双方的阵营进行辩论；既可以是演播厅内嘉宾间的谈话，也可以是场内嘉宾与场外观众的观点互动。无论其表现形式如何，谈话类评论已改变了广播电视媒介的叙事方式，评价性意见及其表达过程成了信息的主体，观点表达过程所设置的论辩环节本身就具有丰富的过程性画面和情节特点，因而符合视听媒介的特征。

3. 新闻评论的选题范围广泛

评论题材选择受限较少，选题范围广泛，已成为当下视听媒介评论的一个突出特点，也是勃兴的一个重要表现。评论选题不受限或少受限，无疑在很大程度上激发了评论的热情，也激发了思想的驰骋空间，从而激发评论的广度和深度发展。正是这种自由评论的氛围，促进了视听媒介评论栏目的空前繁荣。

我们以中央电视台的评论栏目《新闻1+1》为例，其栏目宣传语是这样的：从时事政策、公共话题、突发事件等大型选题中选取当天最新、最热、最快的新闻话题，还原新闻全貌、解读事件真相，力求以精度、纯度和锐度为新闻导向，呈现最质朴的新闻。其评论的话题多是一些受众关注度高的焦点问题，并不局限于某一个领域，而是涉及政治、经济、文化各个领域。主持人与评论员的交流言辞犀利，分析深刻，直指要害，丝毫不避讳问题。请看该栏目 2010 年 5 月的选题——

> 刑讯逼供，法到"病"除？（2010.05.31）
>
> 由涨价引发的"打架"（2010.05.28）
>
> "神医"是怎样炼成的?!（2010.05.27）
>
> 利润2000％！药价虚高，只有更贵！（2010.05.26）
>
> 中美：是对话，不是谈判！（2010.05.25）
>
> 一个法官的自我"举报"（2010.05.24）
>
> 房价高涨与 57 双黑手（2010.05.21）
>
> 零容忍：不论"天上"与"人间"！（2010.05.20）
>
> 说了"拆错了"，就对了吗？（2010.05.19）
>
> 药片利润1300％，救命还是要命？（2010.05.18）
>
> 问题疫苗：处理"从重"难"服众"！（2010.05.17）

工人工资到底怎么才能涨？(2010.05.14)

局长的"沉重"(2010.05.13)

找回逝去的爱！(2010.05.12)

富士康："七连跳"谜团(2010.05.11)

我没杀人！(2010.05.10)

城市,为谁而建？(2010.05.07)

一个中学生的"意外"死亡(2010.05.06)

一天被"爱"五次的尴尬(2010.05.05)

校园安全：揪心！用心！放心！(2010.05.04)

房价：限购令,"降压灵"(2010.05.03)

社会新闻、经济新闻被视为最安全的评论题材,而时政新闻则被视为最敏感的"高压线"题材。然而,随着民主政治的推进,言论自由的发展,我国新闻时评的题材限制越来越少,许多过去被视为"禁区"的题材如今也时常成为评论的对象。如《新闻1+1》2011年3月9日的《和提案、议案"较真儿"》,从政协评选优秀提案的事实及其标准入手,指出一些政协委员、人大代表的提案和议案缺乏广泛深入的调查研究,空发议论,言之无物,缺乏针对性和可操作性。这一话题的背景实则是多年来屡遭诟病的一些人大代表、政协委员只将其身份当做荣誉,没有认真履行参政议政的责任。

《新闻1+1》2011年3月3日的《带着民意而来》,通过两位基层人大代表的调研报告,提出了"今天如何当人大代表"的问题。河南省通许县刘庄村的一个爱心诊所所长——马文芳,为了准备自己的"乡村医生待遇及养老问题",走访了山东、湖南和河南3个省的18个县,完成了对当地乡镇卫生所的情况调查;广西的人大代表梁启波,身患鼻咽癌的他,化疗让一个眼球病变,身体更虚弱。但和往年一样的是,每月下到村里调研,通过六本调研日记形成关于国家对高龄老人发放生活补贴建议、关于加快孤儿救助工作立法建议两份建议。评论员是这样评论的："表面来说,参政议论这一个'议'字是言字边,好像我们的代表和委员主要是说话,其实说话是最后的程序,更多的是要用脚、用心、用时间去做。""我觉得今天想要当好代表和委员,需要有几个很重要的特质：一个是你要非常有针对性;第二,有可行性；第三，一定要扎实，要带来最鲜活的东西，因为你能够真正地去代表老百姓。这种挑战那可就不是说一个人通过大量的阅读，然后自己思考就够了，还需要你真的去了解现实生活。"评论员甚至用一位政协常委所说的"我们到这里来是来献计献策的，不是献媚的"，表达了自己的观点。评论员的指向实际上是代表、委员们如何履行职责存在的问题：

> 其实我很尊重两种委员和代表，第一种就是像片子中介绍的这样，我可能利用我五年的任期，非常执著地做了减法，其他的我不去关注，可能就针对某一个领域，我锲而不舍把它研究透。这样的话，可以让这个事情，我们有更有效、有针对性的发言，因为做了减法。比如说，我如果要是当了人大代表或者政协委员的话，我可能五年的时间，其他的我都不会关注，就关注中国的养老问题。你想想，这五年的时间，我会用各种各样的方法，去把它研究深、研究透，拿出很多有针对性的东西。

> 第二个尊重的代表和委员，是那些不追热，反而能在冷门中发现热点，并且最后真的变成热点的。你还记得前两年咱们做节目时，曾经做过一个来自广西还是哪个地方的一个人大代表，他当时来关注的问题是什么？非常冷，是农村的水利设施问题，当时不热，可是没有想到，接连的大涝和大旱，凸显出了我们农村水利设施存在着巨大的问题，以至于变成了一种国家战略，来重新针对农村水利设施开始进行大范围的建设。你不觉得当初的冷变成了今天的热，他做了很多该做的事情吗？我挺怕咱们的代表和委员什么热跟什么，要有人跟热点，但是不能一来之后都是，您今天关注什么？我关注房价问题。总理早都关注了，很多部门都在关注。我关心物价问题、我关心贫富差距问题，要有人关注，但是当太多的人都关注这个的时候，一是可能有点浅，二是，这里有一种浪费的议政空间。我觉得，我们要提倡更多的委员和代表去关注冷。

不仅如此，国际新闻也是视听评论的重要题材。国际局势、国际经济、国际关系等问题，都成为视听媒介评论的重要选题。

4. 新闻评论的观点指向多元

评论作为新闻信息的一种，其重要特征之一是其指向多元化，正所谓仁者见仁,智者见智。随着视听媒介评论的兴起,讨论越来越成为节目的常态化形式,指向各异的观点交流和交锋,还原了生活中意见表达的真实状态。

最常见的多元观点交流是"正方"与"反方"针锋相对地进行辩论的节目形式,如东方卫视的《东方直播室》,凤凰卫视的《时事辩论会》《一虎一席谈》等。即使在同一阵营内部,也可能出现意见的不完全一致,比如具体指向的分歧。这种观点指向多元的视听媒介评论还原了生活的真实,也在很大程度上实现了言论的繁荣,构建了"观点的自由市场",供受众判断和选择是否接受。这种讨论并非一定要辩出是非对错,重要的是要通过讨论的过程使道理越辩越明,其结论由受众判断和选择。

即使是评论员的评论也并非一定代表媒体的立场。这一点可以从评论员的个性化风格体现出来。随着视听媒介评论节目形态的增多,参与评论的评论员队伍也大幅扩容。从各个电台电视台的主持人到各个领域的专家学者,都加入评论员的队伍中来了。由此必然带来主持人来源的多元化及评论风格的个性化,主持和评论的栏目带有明显的主持人特点,因而其评论的观点指向也越来越多元化。

这种多元观点的充分呈现,在很大程度上实现了公民的言论自由。"公民享有言论自由,意味着:第一,每个公民都有平等的发言权;第二,除了法律规定的范围外,任何人或组织不得给言论自由设置禁区;第三,只要公民的言论没有超出法律规定的范围,就不能因发表了某种言论而给发言者带来不良后果。"①

(二)视听评论勃兴的原因

视听评论勃兴的原因是多方面的。综合分析,至少有以下几个方面:

1. 民主政治建设为视听评论勃兴营造了话语空间

说起媒介言论的勃兴,人们自然会想到转型期的社会矛盾集中且复杂,需要借助大众媒介对新闻事实进行解读,以使受众易于接受和理解;同时,转型期面临着大量的社会问题,需要借助媒介进行舆论监督,评论是形成舆论的重要方式。这种理解固然有其道理,但任何社会阶段,都

---

① 许崇德,张正钊.人权思想与人权立法[M].北京:中国人民大学出版社,1992:59.

是矛盾层出不穷的阶段,不可能出现某个时期社会矛盾较少的阶段。自媒介诞生以来,就一直承担着解读事实、引导认识和舆论监督的职能,但视听评论勃兴显然是近年来才呈现的事实,因此,必须给出另一种更合理的解释。

作为意见表达的视听媒介评论,其萌生和勃兴都有赖于充分的话语空间。正是民主政治建设的推进,对公民言论自由权的尊重和保护,为此类节目的兴办提供了充分的言论空间。梳理我国报纸言论专栏专版以及广播电视的评论环节和评论栏目的兴盛轨迹,我们发现,正是我国民主政治建设的推进,催生了各类媒介评论的全面繁荣。经济体制改革的深化,催动了民主政治建设的进程,特别是在世纪之交的特殊时期,对于民主政治的呼唤、对于表达权的呼唤愈发强烈。正是在这个时期,时评专栏和专版相继诞生。1998 年 9 月 4 日,内地最早开办的言论版《群言》在深圳特区报诞生。它以观点呈现为主,并不具有交流与争鸣的性质。真正具有思想交锋性质的评论版以中国青年报的《青年话题》为最早。1999 年 11 月 1 日,《青年话题》正式亮相,其文章《思想的顾客》和《倾听》明确提出了该专版的定位:供人们"发表不同意见的场所"。此后,《工人日报》《北京青年报》《南方周末》等报纸相继设立评论版,将社论与来论分开,形成交流和交锋的格局。尤其是《南方都市报》在 2002 年相继设立"社论版"和"来论版",使言论专版具有思想争鸣的意味,媒介真正成为公民表达和交流意见的平台。

借助媒介发表言论,是公民有序参与民主政治的重要形式,也是党和政府了解民意的重要渠道。自十六届六中全会提出公民的"表达权"之后,党的十七大明确将"表达权"作为公民的"四权"之一:"要健全民主制度,丰富民主形式,拓宽民主渠道,依法实行民主选举、民主决策、民主管理、民主监督,保障人民的知情权、参与权、表达权、监督权。""表达权"是一种既受保护又受限制的自由权利,它意味着只要公民的言论没有违反法律规定,就不应因发表了某种言论而给其带来不良后果。正是在这种背景下,媒介评论有了充足的空间。

2. 评论意识的觉醒催生了视听评论勃兴的内驱力

相比而言,广播电视评论一直滞后于报纸评论。报纸评论的形式一直很丰富,编者按、编后、评论员文章、时评专栏、时评专版等一直没有间断,评论一直被视为报纸的旗帜,时评专栏和专版的兴起更是昭示着观点时代的到来。然而,视听媒介评论意识的觉醒是近年来的事情。

报纸评论的全面繁荣在一定意义上也是缘于报人对新闻信息传受效果的理解。面对纷繁复杂的社会现实和浩如烟海的多元信息,需要大众媒介提供事实信息的同时能对相关信息进行适时解读,减少信息的不确定性。评论在一定程度上实现了引导人们如何认识新闻事实这一目标。尽管评论的观点指向各异,但评论的过程却提供了认识问题的方法,因而有助于减少新闻信息传受过程中的不确定性。报纸如此,视听媒介的信息传播亦面临同样的问题。但是,与报纸评论的理性通过冷静的文字传达不同,视听媒介语言符号的特殊性——声音和画面,对其所传信息的生动性提出了较多的要求。当视听媒介尚未找到恰当的表达方式时,其评论的滞后性就难以避免。

如果说报纸评论的兴盛还未能对视听媒介真正形成冲击的话,那么,网络评论的异军突起不仅让广播电视媒介显得有些落伍,而且其表达方式的创新也给广播电视媒介带来了一些启示。网络评论表达方式的创新主要体现在形式上。网络评论不仅可以做到随时评论、对任何对象发表评论,如新闻跟帖、发表原帖、博客、微博等,而且可以通过编辑使来源于报纸的评论具有现场辩论的色彩,如"正方 VS 反方"的形式。网络评论大多来源于报纸评论,即转发评论,但是这些评论文章经过网络编辑之手,经过主题归类和指向归类,使诸多评论具有同场讨论和辩论的意味。这种"辩论"的生动性给视听媒介评论提供了某些可借鉴的形式。

受到报纸评论和网络评论兴盛的影响,视听媒介有了评论的内在驱动。不仅综合类新闻节目中开始注重短评、评论员评论等,而且开设了评论专栏。当央视的《朝闻天下》《东方时空》中频频出现连线评论员环节时,评论员针对热点新闻进行解读和评价,不仅没有让观众觉得枯燥,相反还能获得对新闻的更细致的了解和理解。特别是一些复杂的国际局势、国内政策、重大社会问题,经过评论员的解读,信息的量质都得到了较大的提升。当各电视台的评论专栏纷纷亮相后,观众突然发现,即使没有生动的故事情节和错综复杂的人物关系,就是主持人与嘉宾几个人在演播室里进行观点交流和交锋，其本身就是一部引人入胜的情节剧，观点的论证过程就构成吸引人们探知结局（结论）的生动情节。这些评论节目大多包括这样的一些环节：由引人关注的新闻事实导入、由观点不尽相同的人通过问与答的方式进行讨论和辩论、层层剥笋或针锋相对式的论证过程呈现现场冲突和故事悬念、达到共识或提出认识问题的方法。这些环节的设置，无论是否有听众或观众直接参与讨论，都把听众或观众带入问题讨论的整个过程的情景之中，使理性的评论获得了视听媒介生动表达的支持。

　　3. 公民视听评论素养的提高提供了人才支持和需求支持

　　这里所说的评论素养既包括参与视听评论者的素养，也包括接受视听评论者的素养。

　　公民的意见表达需求是媒介评论兴盛的基础。随着公民"表达权"越来越多地受到尊重，人们的表达欲也越来越强烈，越来越主动地参与到各种事物的意见表达中来。这一点从每一次政府决策征集民意时人们表现出的积极态度可以反映出来。正是公民表达欲的增强使得媒介评论专栏和专版获得了充足的传者队伍支撑。

　　广播电视媒介的特殊性对评论者的评论素养有着特殊的要求。由于诉诸声音和画面等视听语言，有强烈表达欲和较强文字表达能力的人并不一定都能在话筒前和镜头前自如地表达，视听媒介评论要求评论者有较好的话筒感和镜头感，让话筒和镜头不影响自己的表达。随着视听媒介接触度的增加，人们对话筒和镜头的适应能力越来越强，越来越多的人成为视听媒介评论的参与者。一些学者、学生、企业经理、政府官员等纷纷走进演播室侃侃而谈时，他所代表群体的观点就通过电波或荧屏得到了广泛传播。当《东方直播室》《新闻深一度》等评论节目的主持人通过视频随机连线一些普通网友时，他们对着镜头充分而清晰地表达自己的意见，进一步表明视听媒介评论有了广泛的传者队伍基础。

　　与此同时，公民视听评论素养的提高也表现在接受视听评论的态度上。一般说来，视听媒介受众的收听收视行为有着突出的娱乐取向，他们能完整地收听收看一期以理性见长的评论节目，并养成和保持此类收听收视习惯，表明其具有较高的评论素养。随着人们文化素质的提高，对信息的深度需求越来越多,人们已不满足于视听媒介仅仅提供动态的事实信息,他们还希望获得对事实进行分析评价的意见信息,对于这种意见信息的期待成为一种较为广泛的视听需求,成为一种较为普遍的评论素养。这种评论素养也是视听媒介评论得以创办并延续下去的视听需求支持。如果缺乏这种对视听媒介评论的视听需求,视听媒介评论便缺乏创办和延续的依据。

第二节 "观点时代"的媒介言论生态

当我们把当今社会称做"观点时代"时,大众媒介所传播的信息就不只是指事实信息,新闻信息的内涵得到了极大的拓展。当我们把目光聚焦于视听媒介时,就会发现,视听媒介的评论得到充分发展,已在很大程度上改变了媒介言论生态,媒介言论早已突破了纸质媒介和视听媒介的常规节目形态。

一、视听新闻信息的内涵拓展

说起听广播新闻、看电视新闻,人们自然会想到以播报事实信息为主的综合新闻节目、专题新闻节目,而很少将以意见信息为主的新闻评论节目划归此类。随着视听评论在量与质上的全面提升,越来越受到人们的关注,视听新闻信息的内涵已得到全面拓展。

(一)新闻信息的两种类型

根据不同的标准,新闻信息可以进行不同的分类。如按新闻信息的内容所属领域进行分类,新闻信息可分为时政新闻、经济新闻、文化新闻、军事新闻、体育新闻等;按新闻内容是否具有事实形态进行分类,新闻信息可分为事实信息和意见信息,或称事实性新闻和观念性新闻。这里我们重点分析事实信息和意见信息两种类型。

按照使用最为广泛的新闻定义,即陆定一的"新闻是新近发生的事实的报道",事实信息和意见信息都应包含在新闻的概念之中。具有事件形态的事实信息自不必说,而不具有事件形态的意见信息因其传递的内容是客观存在的一种观点,对于受众而言,仍是一种事实,即观念形态的事实,因而仍应被纳入新闻信息的概念之中。

在新闻信息的类型体系中，事实信息占据着绝对主导的地位。毕竟新闻媒介是以报道具体事实为主的信息平台，人们通过新闻媒介获得对社会的认知和判断。人们接触报纸、广播、电视新闻，多是想通过新闻报道获知最近发生了哪些具体的事实，包括具体的事件、政策、做法等。报纸上的消息、通讯，大多是这类事实信息。广播电视新闻节目中的消息、专题，也同样主要是这类事实信息。

与此同时，意见信息也占据着不可忽视的地位。在报纸新闻中，意见信息以两种面孔出现，即观点新闻和新闻时评。观点新闻是以报道观点事实为内容的新闻。新闻事实"可分为行为事实和观点事实。观点事实，即某人新近发表了言论，传媒予以报道。"①这类由某人最近发表了一番引人关注的言论，本身就构成了新闻事实，因而成为媒体报道的对象。如《教授质疑：大学为何远离学场》②，其内容就是云南大学高等教育研究院院长、教育学博士董云川教授在其著作《找回大学精神》中指出，当今教育的变异最大的表现莫过于大学行政权利的泛化，这个时代的大学如市场、官场，却越来越远离学场，大学更像是政府，拥有太多的机构、官员、会议和文件，其管理运行机制几乎完全行政化。这条新闻就是阐述董云川教授的研究观点，其材料就是支撑观点的举例。这种以某人言论为报道对象的新闻在报纸中所占比例越来越大。而新闻时评虽然不是以新闻的形式出现，但它们同样传递着评论作者对某一事实对象的态度及其依据。从报纸刊发的时评中，读者不仅可以了解作者的观点，还可以了解作者认识问题的思路和方法，这些都属意见信息。

而在广播电视新闻中，观点事实由于缺乏丰富的声画素材支撑，往往很难找到恰当的报道方式。毕竟诉诸可感的声画符号与诉诸理性的文字符号有着很大的差异，所以我们很少在广播电视新闻中听到或看到谁提出什么观点之类的报道。但是，对于观点事实的传播并非不适用于视听媒介。它可以通过叙述方式的改变使相关信息得到有效传播。如通过谈话节目，就观点事实进行解读和讨论，使观点得以延伸和深化，由于谈话过程

---

① 陈力丹，丁飞.体现"观点事实"中的新闻价值[J].新闻与写作，2009，3.
② 张文凌.教授质疑：大学为何远离学场[N].中国青年报，2005-12-2.

的声画符号支撑,这类信息可以得到有效传播。因此,对于视听媒介而言,其新闻信息同样包括事实信息和意见信息。近年来广播电视媒介越来越普遍地增加新闻评论环节、兴办新闻评论节目,表明意见信息在视听媒介中找到了恰当的表达方式,视听媒介的新闻信息内涵得到了延伸和拓展。

(二)意见信息的地位日渐突出

不光是意见信息开始受到视听媒介的关注,被纳入新闻信息的传播体系,更重要的是,意见信息在视听媒介的新闻播出体系中的地位越来越突出。

与报纸评论丰富的体裁样式一样,视听媒介评论也有丰富的节目样式。它可以是新闻播报后主持人的一句话点评、专任评论员的几句话解读或点评,也可以是新闻播出后配发的短评,还可以是单独的评论栏目。这些体裁各异的评论贯穿于视听新闻节目体系之中,所占时段呈大幅上升之势。以中央电视台新闻频道为例,一天的新闻节目从《朝闻天下》开始,该时段的重要新闻往往会连线其特约评论员,请其对新闻事实进行分析和解读;上午及下午的《新闻直播间》,既可能连线特约评论员,也可能将评论员嘉宾直接请进演播室,对正在报道的新闻事实进行点评,还可能是主持人直接就新闻事实发表看法;《新闻联播》中的短评是其常见的评论;《焦点访谈》就是一档述评类的栏目;《东方时空》里每一期都会有一条焦点化的主打新闻,这条新闻因其受关注,因而多会请特约评论员进行分析和解读;《新闻1+1》就是一档专门的时事评论专栏;《环球视线》则是一档国际时事评论专栏。可见,新闻不间断的新闻频道实际上也是评论不间断。

当然,我们说意见信息的地位日渐突出并不只是评论的播出量大幅上涨,更是指重要新闻播出后,受众期待着听到或看到媒体的声音,看媒体评论员是如何解读和评价这个事实的。由于社会转型时期矛盾的增多、社会问题纷繁复杂、国际局势风云变幻,面对浩如烟海的信息冲击,人们希望媒体在提供事实信息的同时,能对事实信息进行解读,从不同的角度进行点评,从而减少信息的不确定性。当受众对媒介评论有了信息期待,其意见信息的地位得以提升就不言而喻了。正是在这种背景下,广播电视媒体邀请一些学者担任评论员,使得新闻评论更具专业性和深刻性。

二、"观点时代"的媒介言论生态

从传播事实到既传播事实又传播观点，大众媒介越来越注重观点的影响力。随着视听媒介评论的勃兴，以往报纸评论一枝独秀的局面已然改变，"观点时代"的媒介言论生态发生了全面变化。

（一）报纸言论率先发力

有人将 20 世纪 80 年代开始的媒介评论迅猛发展称作言论复兴。这股复兴潮始于报纸。这个时期，言论在报纸中的比重大幅增加。除了传统的编者按、编后、社论、评论员文章外，出现了一批评论专栏。如《人民日报》的《人民论坛》《今日谈》，《经济日报》的《星期话题》《每周经济观察》，《河北日报》的《杨柳青》专栏等。有了固定的专栏，报纸评论的数量大幅上涨，评论的选题范围拓展到了政治、经济、文化、社会、历史、教育等。也就是从这个时期起，全国报纸诞生了一批有影响的新闻评论专栏。这些评论专栏不仅有综合性评论专栏、专业性评论专栏，也有个人专栏。在 1995 年、1996 年举办的中央主要新闻单位名专栏评选活动中，当选的 17 个名专栏中有 12 个是评论专栏。可见评论专栏已形成了较大的影响。

随着经济体制改革和政治体制改革的深化，处于社会转型期的社会现象日趋复杂，尖锐的社会矛盾浮出水面，社会利益多元化特征表现明显，要求对社会问题、社会现象及时地予以解释，加之人们越来越普遍地重视表达的权利，因而在 20 世纪末期出现了报纸时评热。时评主要是指就当下发生的事实进行论说的评论文章，也有人称之为时事评论或时政评论。其评论对象多是新近发生的新闻事实。这一次时评热的起点许多人将之归结为《中国青年报》1998 年 11 月诞生的《冰点时评》。随后，该报推出时评专版《青年话题》。

受其影响，各报的时评版纷纷出现。如《工人日报》的《每周评论》《新闻评论》，《文汇报》的《文汇时评》等。真正推动全国报纸现出现时评热潮的，应该还是 2002 年 3 月《南方都市报》推出的时评专版以及随后诞生的《新京报》时评专版。时评专版的出现，不仅评论稿件的刊发数量大大增加,而且评论作者的来源变得广泛,不再局限于报社内部的几个评论员或个别专家,而来自其他各个领域。只要愿意并能够对新闻事实理性地表达观点,就可能成为时评文章的作者,即"公众言论走上媒体"①。作者队伍来源广泛,其重要价值不在于评论稿件数量激增,而在于意见指向不再整齐划一,只要是言之成理,任何人的评论文章都可能登上时评专版,使时评专版在一定意义上成为意见的广场。

随着时评专版的相继推出,各报越来越注重评论的时效性。往往时评文章与相关新闻报道之间的时间间隔只有一天或两天,甚至时评文章与新闻稿件发表于同一天的报纸。这种强时效观念也反映了报纸评论的繁荣景象。

(二)广播电视评论异军突起

与报纸评论相比,广播电视评论的兴起显得有些滞后。然而,广播电视评论甫一出现,就吸引人们的强烈关注,其媒介优势显露无遗。以往,广播电视被视为娱乐的媒介,受众的收听收视行为被认为只是为了消遣娱乐,严肃的、理性的评论并不适用于诉诸声音和画面的广播和电视媒介。然而,当广播电视媒体在新闻报道之后再对事实进行解读时,这种诉诸声音或画面的意见信息并不显枯燥,因为它能帮助受众理解事实信息,受众把这种意见信息当做报道的一部分一起接受了。比如,奥巴马政府 2010年 10 月向美国国会提交了 2011 财年预算案,但一直没有获批。联邦政府则一直在临时预算案下运行。就预算案问题,两党已多次谈判。而最新的临时预算案在 2011 年 4 月 8 日到期,若不能在此前达成协议,政府将被迫关门。看到这一新闻,如果不了解美国的财政管理体制,会觉得这纯属玩笑话,政府怎么可能关门? 这时候,当广播电视媒体的评论员对美国特殊的财政体制可能带来特殊的结果进行解释时,人们就对相关新闻事实有了进一步的了解。当地时间 4 月 8 日深夜,美国民主、共和两党与白宫就 2011 年美国联邦政府年度财政预算案的一项临时拨款法案达成一致,以维持联邦政府的正常运转。此时,评论员再度对结果进行分析,人们就更清楚地了解了美国的财政体制,也了解了最后关头的达成一致意味着什么。

---

① 涂光晋.公众言论走上媒体——改革开放以来我国报纸评论的一个显著变化[J].新闻三昧, 2006,8.

当广播电视媒体通过述评类的节目做深度报道时,事实信息与意见信息交织,既满足了广播电视新闻对形象可感的声画素材的需要,也使分析性的评价信息依托于事实呈现,从而使事实信息与意见信息融为一体,构成新闻信息的整体。这种融进事实报道的意见表达因其碎片化地置于事实信息呈现过程之中,避免了单调说理,达到了感性与理性互补增效的目的。当广播电视媒体开设的谈话体评论栏目集中进行话题评述时,穿插于谈话过程中的事实素材将长时间的谈话分割成若干阶段,进行层次化区隔,从而避免谈话的单调乏味,而且谈话过程中的讨论甚至辩论本身所形成的观点冲突也具有较强的情节性,因而也具有较强的吸引力。

当广播电视人在探索中发现意见信息传播并不是广播电视媒介的天然短板时,他们开始进行全面的试验。一时间,电视短评、主持人或评论员的新闻时评、新闻述评、访谈式评论、论辩式评论等形式,如雨后春笋,迅速发芽生长,遍地开花。在这一过程中,人们发现,广播电视媒介在呈现意见信息时不仅没有劣势,相反优势明显。其篇幅短小的新闻时评借鉴了报纸评论理性、深刻的优势,注入的评论者声音形象和画面形象又使时评信息可感、生动;其夹叙夹议的新闻述评保留了广播电视新闻报道展现过程信息的生动性优势,同时穿插其中的观点评论又使感性的报道增加了理性的深度,从而使信息价值得以提升;其同时空对话的谈话体评论更进一步彰显了广播电视媒介的独特优势,使意见参与者在表达意见的过程中真正实现交流互动。正是基于这些优势的发现和发掘,广播电视媒介目前已初步呈现出一种言论勃兴的景象。

(三) 网络评论新意迭出

如果两年前说起网络评论时,人们一般会说网络评论是报纸评论的摘抄版,只是网络编辑在形式上进行编辑,如设置评论专题,将同题下的报纸评论进行汇集,从而借助网络编辑语言使来自报纸的评论实现升值。它不仅因为评论稿件数量的增长和观点指向各异而使网络评论具有观点的自由市场的意味,同时,"正方 VS 反方"的编排形式也使网络评论具有同场论辩的色彩,改变了报纸评论单向传播的形式。

如今的网络评论早已不再局限于对报纸评论的摘抄,已具有自己的评论形态。新闻跟帖、博客、微博等评论形态,极大地丰富了新闻评论的品种。这些网络评论的新样式，突破了评论文章的篇幅、文采、逻辑等门槛，只要有话想说，都可以获得发表评论的平台支持，真正实现了言论空间的极大拓展。

网络评论具有极强的即时性。与报纸评论、广播电视评论相比，网络评论做到了随时随地予以刊发的便捷性，只要获得了新闻信息，就可实时通过跟帖发表评论，或通过微博发表评论。这种网络技术的支持和评论体裁限制的取消，使得网络评论具有其他媒介评论无法比拟的及时性，几乎实现了与事实报道的同步评论。

网络评论具有极大的开放性。这种开放性主要是指评论题材和参与者来源的广泛性。由于网络实则是每个人自我拥有的媒介，就什么问题发言，发什么言，怎样发言，只要不违背法规，个人都拥有充分的自主权。因此，在网络评论中，几乎没有禁区。即使是一些很敏感的领域和问题，网络评论都会有所涉及。由于缺少了报纸和广播电视评论的编辑把关环节，网络评论观点指向各异，异见纷呈。同时，借助网络发表言论，不需经过编辑允许，没有身份限制，任何人都可能成为评论的主体，从而真正体现网络是精英与草根共享平台的媒介特性。

网络评论具有充分的互动性。在网络平台，任何人都可以对任何新闻事实进行评价，也可以对他人的观点进行评价，因而网络评论在很大程度上实现了网民之间的意见互动。对新闻跟帖的评价、对博客和微博观点的转发和评价等，都表明了个人对他人意见的态度。这种互动不仅包括个人之间的交流，也包括网络群体内的交流互动。网络评论的互动有助于认识的理性、深化，也会迅速形成一定规模的网络舆论，对现实问题的解决形成一定的压力。

网络评论具有一定的创新性。网民的无穷智慧不仅体现在日常生活，也体现在严肃的意见表达。分布于各个阶层、各个领域的网民，对于任何事实的评价都极具智慧，他们的意见不乏真知灼见，其观察和分析问题的视角之精巧、探究问题的实质及原因之深刻，常常令人耳目一新。虽然网络评论也会出现许多非理性的情绪化表达，但剔除这些非理性的内容，真正有价值的新颖的观点往往超出了传统媒介的评论。

第三节 视听评论兴起的多重价值

视听评论的兴起改变了传统的媒介评论结构，也改变了视听媒介的信息结构。它的诞生及勃兴对于视听媒介的信息质量、对于受众的信息接受行为、对于参与式民主政治文化的发展，都有着极为重要的意义。

一、第一解释权与舆论引导力

在海量信息汹涌而来而独家新闻越来越稀少的今天，媒体都在寻找自己新的核心竞争力。任何一起事件一旦发生，在很短的时间内，现场就汇聚了大大小小各家媒体，于是同题新闻已不可避免。任何一项公共政策的出台，都会在同一时间聚焦媒体关注的目光，而且关注的视角越来越具有高度的趋同性。因此，第一时间报道已成为各家媒体信守的"第一法则"。没有了时效的差异，缺少了选题的错位，媒体间竞争的战场便从"台前"转向了"幕后"，即从报道转向了解释和评论。

（一）解释事实即表达观点

面对纷繁复杂的社会问题，受众的理解力已然感受到了强烈的挑战。以往我们特别强调的新闻只是单纯地报道事实，对事实如何理解是读者、听众、观众自己的事情，这种新闻报道观念在今天已经很有些难为他们了。许多复杂的问题，即使是有较高文化水平的人士，想透彻精辟地理解其内涵都有些难度，更何况普通受众。比如，2011 年 5 月 18 日，国务院常务会议，讨论通过《三峡后续工作规划》和《长江中下游流域水污染防治规划》。会议指出，三峡工程在发挥巨大综合效益的同时，在移民安稳致富、生态环境保护、地质灾害防治等方面还存在一些亟须解决的问题，对长江中下游航运、灌溉、供水等也产生了一定影响。这些问题有的在论证设计中已经预见但需要在运行后加以解决，有的在工程建设期已经认识到但受当时条件限制难以有效解决，有的是随着经济社会发展而提出的新要求。媒体在报道这一消息时，纷纷使用了"政府承认三峡工程隐患"之类的表述，而国外媒体援引国内媒体的报道时则称"中国政府终于向世界承认：三峡工程出了问题"。一些网友在评价这一消息时，把政府承认三峡工程存在隐患

23

理解为政府开始否定三峡工程的决策。那么,如何准确理解中央政府的意思?这显然不是受众见仁见智的问题,必须借助进一步采访、有专业的眼光方能给出正确的解释。这就要依靠媒体的优势。

媒体在第一时间报道新闻事实的同时,揭示事实的真实内涵是报道的题中之义。随着信息量的激增,受众对信息的需求已不满足于对基本事实的获知,转向对"为什么"和"意味什么"的深层信息的获知。新闻评论对事实信息进行解读实际上就是追问为什么、探究其意味着什么。中央电视台《新闻1+1》的栏目宣传语是这样的:从时事政策、公共话题、突发事件等大型选题中选取当天最新、最热、最快的新闻话题,还原新闻全貌、解读事件真相,力求以精度、纯度和锐度为新闻导向,呈现最质朴的新闻。从该评论专栏的宣传语可以看出,其着力点就是对事实真相进行解读。这些真相既包括是什么、为什么,也包括意味着什么。我们以2009年6月25日播出的《石首,为何再度失守?》为例,分析其解释的方式。

2009年6月17日,湖北荆州市管辖石首市一酒店内发现一具尸体,死者为酒店厨师,还留下一份遗书,因死因不明,死者家属将尸体停放在酒店大厅。事后两天,数千群众围观,阻碍交通,部分警民发生冲突,多部消防车辆和警车被砸坏。

事发后第3天,6月19号,石首市政府网站发布题为《我市发生一起非正常死亡事件的消息》,数百字内容中称,众多不明真相的群众设置路障,围观起哄。

事发第4天,6月20日,随着网络论坛和媒体对此事关注激增,石首市政府发布致全市人民的公开信,表示要严格依法查明死因,号召市民不被少数不法分子蛊惑,不信谣,不传谣,不围观,不起哄。

事发第6天,6月22日,湖北省省委书记、省长亲赴石首市处置该事件。

事发第7天,6月23日,荆州市委书记应代明表示坚决将"6·17"事件查个水落石出,案件将由省公安厅指导督办,荆州市公安局成立专班办理案件,请国内最权威的专家主持尸检。

事发第9天,专家组公布尸检结果。

节目一开始,简单梳理了事件的过程,接下来评论员对事件的分析就进入了解释为什么和意味着什么的环节。评论员解释道：

在处理这个石首事件的时候,所有人都会有一种感触,当地的政府所拥有的主动的最佳时机被自己给错过了,一下子把自己的工作变得被动。当政府的声音不能主动在第一时间传播的时候,任何声音当第一时间占据了人的脑海,不管它是正确的还是错误的,你后面想再用新的正确的声音去覆盖它是非常难的事情,你已经变得非常被动了。所以这个事情的第一个要总结的问题是为什么不主动,而变成被动。

这实际上已经解释了事件的意义。即一个人的非正常死亡的突发事件演变为群体性事件,意味着政府工作的失职,没有在第一时间公开真相,给传言充足的空间。整个节目的评论基本就是围绕此论点展开的。节目在引入专家分析时指出：

这个群体事件可能与民间的一些涉及征地、拆迁、污染、务工、欠薪,以及一些农民家庭的生活,比如说医疗、上学的生活困境等问题,有千丝万缕的联系,很多民众有情绪。这样一个社会的环境,当地政府很重要的工作就是要了解民情,很多工作要做在前面。

从这一期节目可以看出,对事实的解释实际上传达了节目或评论员的观点。不同的人选择不同的视角、不同的立场,其结论也大不相同。换一个人解释石首事件,或许会有另一番解释。

(二)率先解释抢占舆论引导的先机

当视听媒介开始在报道新闻的第一时间对新闻事实进行解释,与其说是抢新闻报道的时效,不如说是抢占舆论引导的先机。

根据传播学原理,信息的传播有一个先入为主的过程。谁最先发布信息,谁就先赢得受众。受众的信息接受和储存往往会给最先输入的信息留下一个稳定的空间,此后再有新的信息输入,能否被接受或接受程度如何,都会受到先前输入信息的影响。若后发信息与先发信息一致,因其缺乏新意而很难再被接受；若后发信息与先发信息不一致,先发信息的先发优势使得其在受众的信息储存空间已占据一席之地,对不一致的后发信息会产生一定的排他性。后发信息若想取代先发信息,不仅难度大而且效果也不很好。

基于此,一些媒体提出了"第一时间"、"第一现场"和"第一解释"的传播目标:"第一时间"强调的是新闻报道的时效性,媒体看重的是受众在第一时间获得信息后对所传媒体产生的关注度、依赖感;"第一现场"强调的是新闻报道的现场真实性品质,带给受众如临其境的目击感,媒体看重的是图像时代受众对现场画面的信息需求;"第一解释"强调的是对新闻事实的解读和评价,表明媒体揭示事实本质的水平和能力,媒体看重的是观点时代如何发挥自身的舆论引导力。"解释事实是展示事实本质的方式,表明媒体向受众注入思想的能力。第一时间的解释,容易成为第一时间的舆论霸主,最先控制舆论的走向。"①

当中央电视台的《朝闻天下》《东方时空》《新闻直播间》等栏目中采取"事实报道＋新闻时评"的方式报道新闻时,其观点随着事实一起传播,观众在接受事实信息的同时,也在了解事实深层信息的过程中接受了电视评论员的观点信息。同样,当《今日观察》《新闻1＋1》对当天发生的焦点新闻进行深度解读时,其解读过程实则是引导受众如何理解新闻所关注的焦点事实。

人们常说,评论是报纸、广播、电视的旗帜和灵魂。其内涵主要是指通过评论传达媒体的主张,借以影响和引导受众。当视听媒介重视其自身的第一解释权时,就意味着它们不再局限于娱乐功能,转而重视发挥其舆论引导功能了。

二、思想的深度与媒体的高度

许多人把广播电视看做娱乐的媒介,认为其功能就是满足人们休闲娱乐的需要,甚至有人戏称电视是没有文化的人办给没有文化的人看的。当广播电视媒体注重对事实进行分析,开始有了理性的批判,要做有思想的媒介,这些观点就明显站不住脚了。视听媒介不只是娱乐的媒介,更是传播信息的媒介,当它对所传播的信息不局限于报道表层事实,而是注重对事实深层信息的挖掘和解释,就具有了理性的深度,这种深度在一定程度上决定了媒体的高度。

---

① 刘建明.解读央视新闻频道的"三个第一"[J].电视研究,2003,11.

（一）视听媒介可以是理性的媒介

视听媒介首先是感性的媒介。因为它诉诸受众的听觉和视觉感官，其传播符号为声音、画面等感性符号，传播的内容主要是可感的事实过程性信息。正因为视听媒介的感性特点，要求其内容制作注重通俗性、故事性、符号多变性等。

视听媒介其次是理性的媒介。它们不像诉诸文字的报纸那样使用书面语言，不像文字稿那样遵循严密的逻辑，但它们同样可以对事实、问题进行理性的分析，可以传达深刻的思想。当广播电视媒体进行新闻述评、新闻访谈、新闻调查、时事辩论时，它所表达的内容就已突破了纯粹的可感性，理性的思想深度已成为其追求的目标。

视听媒介的理性表达具有自身的特点。与文字的理性表达不同，视听媒介的理性表达不是纯粹靠逻辑推演，它必须尊重视听媒介信息传播的特点，借助新闻事实的过程性声音或声画信息展示事实本身，有效地传达评论员对事实的分析和评价意见。虽然视听媒介的评论员可以像报纸的评论员一样追求评论的逻辑，但受众的视听习惯不适应一个人长时间地说话，它要求有丰富的声音或画面环节支撑，如事实信息与意见信息交替呈现，打破意见信息的连贯性，使其具有一定的"碎片化"特征。这种事实穿插于意见表达过程的传播方式，使得评论的理性屡屡被打断，呈现出很强的跳跃性。但这种跳跃性在适应受众视听需求特点的同时，并未从根本上破坏评论理性的逻辑。如《疑点重重的搭载重罚事件》[①]，评论的话题是影响全国的上海交警"钓鱼执法"事件。先引入被罚车主对事件经过的描述，再请嘉宾——著名社会学家、复旦大学教授于海，从简单的常识角度解析案件中的可疑之处，并将问题引向深入：无论此举是不是设倒钩，它是否在一定程度上引发了社会道德风险乃至触动法律问题？执法的目的究竟是什么？节目并不是请专家学者独自言说，而是间断性地播出了记者对此类事件的现场采访录音，再由学者对录音所涉问题进行分析评说。尽管其中穿插了许多现场采访的录音，也并不影响评论的理性逻辑，即这类做法引发的社会道德风险甚至法律问题。

---

① 兰馨，陆兰婷.疑点重重的搭载重罚事件.上海人民广播电台，2007-4-24.

一些论辩性的评论节目尽管是以嘉宾的观点表达为主,但其设置的对抗式论辩形式、你来我往的论辩过程具有强烈的情节冲突性,因而具有较强的视听吸引力。然而,这种热闹的形式并非此类节目的目标,"道理越辩越明"才是其宗旨。论辩双方的论辩过程实际上就是展示自己的思维逻辑同时指出对方思维逻辑漏洞的过程,因而也应是一个理性探讨的过程,最终呈现给听众或观众的是理性的展示过程。

(二)思想的深度决定媒体的高度

在新闻竞争日趋激烈的背景下,越来越多的媒体把竞争的重点放在速度上,即报道的速度即时效。追求报道的速度并没有错,但如果把速度快当做评判优劣和影响力的唯一标准,就失之肤浅了。媒体的高度往往是指其对社会问题关注的深度,包括对问题选择的准度、对问题背后原因、意义分析的深度、对问题发展走向的能见度等,这些都有赖于媒体思想的深度。

当视听媒介并不停留于发挥其直播事件过程的速度优势,而是注重发挥其汇聚谈话主体同时空交流、报道与评论同步进行等媒介优势,借助对重大事件和社会问题的关注,进行理性分析和意见传播,视听媒介越来越追求思想的深度了。这种将报道的速度与思想的深度有效地融合,提升了媒体的高度,也改变了人们对视听媒介的看法。

三、评论的锐度与监督的力度

舆论监督是媒体的重要职责。虽然人们常说信息公开就是最好的监督,然而,作为媒体的旗帜和灵魂,新闻评论是评论主体表达立场和观点最直接的手段,它往往观点明确,直指要害,能有效地担负起监督公共权力的社会责任。

(一)评论的力量源于思想的锐度

远比报纸评论迟出现很多年的视听媒介评论,一旦跳出了转述报纸评论的局限,就开始凭借自身的媒介优势,焕发思想的活力,彰显评论的力量。

最能体现视听媒介特征的评论形式当属同场交流,交流的最突出特点就在于观点的有来有往,有分歧和共鸣,交流双方在观点的往来中促进认识的深化。无论是访谈中的问与答,还是论辩中的正方与反方,都是双方在地位和身份对等的前提下通过设问、质疑、追错、反驳等环节实现对问题实质的触及，在层层剥笋式的探讨中体现思想的深度。

在访谈式评论中，主持人不是串场的节目"司仪"，而是有针对性地提问以引出访谈对象真知灼见的对话人。作为对话人，主持人必须对目标问题有深入的了解，有洞见，有发现问题的症结，从而针对这些症结提问，并在与访谈对象的交流中进行观点的碰撞。有时，主持人甚至针对访谈对象的回答中出现的漏洞进行犀利的追问，双方在交锋中实现对问题实质的深入探讨。在这一过程中，主持人与访谈对象都保持着思想的独立和精神的自由，提问者可以尖锐地设置触及实质的问题，回答者可以自由地表达自己的真实观点，即使这些回答触及政府的管理理念和高层决策，也不会避讳。

在论辩式评论中，论辩双方对辩题各抒己见，由于双方处于同一时空，环环相扣的论辩过程有些竞争性，甚至有一些火药味。为了在论辩中战胜对方，论辩双方会使出浑身解数，寻找巧妙的论辩视角、充分有力的论据以及迅速抓住对方论辩中的漏洞反击对方，从而使论辩越来越具有思想的深度和锐度。因为，四平八稳的评论已是司空见惯，唯有有锐度的思想才有锋芒，直指问题的要害。

评论的力量就在于思想的锐度，这与"理性是评论的力量"[①]并不矛盾。评论的理性所强调的是不要制造伪问题，要有社会责任和公共关怀意识，要致力于推动社会进步而不是渲染社会问题撕裂社会情绪，要有对全局的国家利益的关照，要拒绝浅薄等，而评论所追求的思想锐度就是站在社会发展的高度对现实问题的深切关注，它强调的是走出人云亦云的思维模式，试图以"另一种视角"探讨社会问题的实质，寻找解决问题的途径。这种直指问题实质的探讨，正是评论的力量。

（二）评论的锐度加大舆论监督的力度

不光是公开报道事实是舆论监督的重要手段，直接表达观点的新闻评论更是直指问题要害，因而加大了舆论监督的力度。

不可否认，公开报道是一种非常重要的舆论监督手段。一些官员"不

---

① 陈小川. 理性是评论的力量[N]. 中国青年报，2010-11-26.

怕吵不怕闹，就怕公开见报"的心态，正是这种公开报道震慑效果的典型写照。然而，对公开报道的事实的解读可以有不同的视角，视角不同结论也大不相同。而观点指向明确的新闻评论直接表明如何认识和评价所指对象。其观点指向涉及对是什么（事实本身、问题的实质）、为什么等问题的追问，分析直指核心，也更易引起受众的共鸣，这种明确的态度在一定程度上加大了舆论监督的力度。

与报纸新闻相比，视听媒介的监督类报道明显偏少。但一些述评类新闻评论栏目较为集中地播出监督类报道，如《焦点访谈》《新闻调查》等。这些报道将评价融进事实报道的过程之中，揭示事实真相的过程亦即展示评论意见的过程。由于观点指向明确，切中要害，这些意见信息也大大丰富了监督报道的信息含量。

视听媒介的监督类报道往往是与评论联系在一起的。但评论能在多大程度上为舆论监督增加力度，取决于评论的锐度。有些报道习惯于"负面新闻正面做"，本是一起重大责任事故，却因为报道视角选取问题，唱响了合力救人的主旋律。这样的报道无论报道本身还是评论，都远离了舆论监督本身。如果抓住问题的主线和核心，评论敢于直指矛盾症结，决不避讳矛盾，才有助于加大舆论监督的力度。

四、言论场的构建与媒介功能的拓展

无论何种媒介，其功能简单地说无非传播信息和搭建意见平台两类。搭建意见平台的功能实现，有赖于媒介言论场的构建。

（一）视听评论构建了公众的言论场

在广播电视里发表观点以往只是少数发表广播或电视讲话的政府官员的专利，自从有了广播电视谈话节目之后，非政府官员的普通公众有了参与谈话的机会。如果说报纸给普通公众提供了发表言论稿件的充足空间的话，那么视听媒介若意欲为公众提供表达言论的机会，除了通过记者对公众的采访外，就要依靠其搭建的谈话平台来实现。

视听媒介的谈话类评论节目在一定意义上构建了公众参与谈话的言论场。场，本是一个物理学概念，指物质存在的一种形式。后来，这一概念被延伸并引用至社会领域。按照布尔迪厄的观点，一个场就是一个有结构的社会空间①。卡夫卡在继承并发展了社会场论创始人——德国心理学家勒温的研究成果后，发展了他的心理场理论，提出"环境场"、"行为场"的概念。他指出，场是意见形成的共振圈②。在视听媒介的谈话节目中，实际上形成了不同圈层的言论场：一是节目现场构建的言论场，参与者处于同一时空，就同一话题实时交流，互相启发，也充满争论；二是节目与受众之间构建的言论场，受众在收听收看的过程中，不仅在接受言论信息的过程中互相讨论，而且通过电话、网络直接参与谈话节目，如《时事辩论会》的"网友观点"环节、《新闻深一度》的"公众评论员"环节都是如此。

随着"三网融合"的推进，不光是视听媒介的谈话节目能构建公众参与意见表达的言论场，即使是专职评论员的评论，受众也可以借助收视网络实时传送自己的意见，实现与评论员的互动交流。

（二）视听媒介的意见平台功能得到拓展

当视听媒介没有开办评论节目时，其媒介功能主要体现在信息传播上。尽管它们在报道新闻的方式上进行了许多尝试，如加大新闻报道的时长、加快新闻报道的时效（越来越多地采用直播）、增强新闻报道的贴近性等，但都是在信息提供的量与质上做文章。真正使视听媒介具有意见平台功能的，是视听评论节目的开播和兴盛。

衡量一种媒介是否具有某种功能，要看其承载这种功能的载体是否具有一定的数量、频率及稳定性。当视听媒介不仅在新闻报道中加入了评论的环节，而且开设了固定的评论栏目，政府官员、专家、普通公众能同场交流，自由表达意见，让各类观点都能在此呈现，我们必须承认，视听媒介的意见平台功能得以拓展。

当视听媒介尝试开办评论栏目并得到受众认可，这种尝试立即衍化成扩散之势，其媒介优势进一步强化了这种功能。

---

① ［法］皮埃尔·布尔迪厄.关于电视［M］.许钧译.沈阳：辽宁教育出版社，2000：46.
② 刘建明.穿越舆论隧道：社会力学的若干定律［M］.北京：中共中央党校出版社，2000：52—53.

第二章　理性与直观：视听评论的
媒介属性与优势

　　视听评论得以兴起并迅速在受众中产生广泛影响力，得益于其所依托的媒介属性与传播优势：传播符号形象直观、传播速度快、影响范围广。广播以其生动的声音符号营造"同场交流"的拟态氛围，让听众仿佛置身于与主持人或评论员交流的环境之中；电视以生动形象的事实过程性画面和现场感强的演播厅内嘉宾同场交流情境，让观众仿佛置身于事实现场及观点交流的现场；网络则在吸纳已有媒介属性与优势的基础上，以其超文本链接和互动性强等特点吸引网民参与其中。

第一节　有理有据：新闻评论的共性特征

　　新闻报道以事实呈现见长，新闻评论以观点表达见长。无论其载体、形式如何，都必须以表达观点为落脚点。尽管有一些评论体裁中事实呈现所占篇幅较大，如新闻述评，但其目的不是为了陈述事实，而是借助事实表达观点。以观点见长的新闻评论不同于文学评论，它们都与新闻事实联系在一起，其共同特征表现为：缘事而发，有理有据，巧妙论证。

一、缘事而发

　　缘事而发，是指新闻评论要有适当的事由为依托展开相应评论，而不是空发议论。这些事由往往是最近报道的新闻事实。

　　作为新闻评论事由的事实多种多样，既可以是事实类的具体事件、综合事实、某种现象、政策措施等，也可以是观点类的某些说法、某个研究结论等，如各级领导人在一些场合的讲话、专家学者公开发表（论文、著作或讲座）的观点、民众中存在的某些说法。那些事关重大、与群众利益关系密

32

切、公众持久关注的事件，往往会成为新闻评论的由头。用此类事件作为新闻评论的由头，既有利于及时回应社会热点、释疑解惑、引导舆论，也有利于提升新闻媒体的社会影响力、品牌美誉度和市场竞争力。

作为新闻评论事由的事实，往往是具有一定社会关注度的事实。虽然新闻事实无论大小都可以成为评论的事实，但一般来说，评论者往往会选择具有较高社会关注度的事实发表评论。因为事实受到较多关注，当围绕事实的各类信息扑面而来，人们一时无法辨识真相，无法理解事实的真正内涵，需要及时地进行解释，引导人们对于事实有一个科学的认识。比如一些争议性较大的事实，该如何正确地认识它，需要理性的思考、严密的逻辑，媒体会组织相关评论对事实进行剖析，以利于对事实进行准确的解析，引导人们科学地认识事实。2012年4月10日，12艘中国渔船在中国黄岩岛潟湖内正常作业时，被一艘菲律宾军舰干扰，菲军舰一度企图抓扣被其堵在潟湖内的中国渔民，遭到赶来的中国两艘海监船的阻止。随后，中国渔政310船赶往事发地黄岩岛海域维权，菲方亦派多艘舰船增援，双方持续对峙。此事被称为黄岩岛事件。该事件发生后，引起了国内外舆论的高度关注。面对菲方不断抛出的"地理邻近论"、"专属经济区论"、"主权继承权"，及国内一些人发出的武力解决的声音，媒体保持理性和克制，对黄岩岛的历史进行详细梳理，对其归属进行充分辨析，对中国政府的态度进行理性阐释，从而达到对事实进行科学解释的目的，引导人们正确认识这一事件。同时，具有较高社会关注度的事实，也往往能激发人们发表评论的欲望。发表评论实际上是意见交换，意见所指对象往往是人们普遍关注的事实。只有受到普遍关注的事实才能成为人们交换意见的基础，激发人们交换意见的共同兴趣。

作为新闻评论事由的事实，也往往是具体的事实。新闻评论的对象是新闻事实，它一般是具体的事实而非泛泛的现象。即使是综合事实，或者观点事实，一般也会由一件具体的事实引申出一系列同类事实构成的普遍现象。具体的事实更具针对性，具有更为明显的指向性，因而更易让评论有的放矢。苏州广播电台2009年8月6日播出的广播评论《国企频繁制造"地王"为转型升级埋下"地雷"》，以2009年国际金融危机中，众多国企涉足房地产、频繁制造"地王"推高房价、民众反映强烈为背景，采编人员以

2009 年 8 月 5 日保利地产在苏州以 19.9 亿元制造新"地王"为新闻事由，将国企制造"地王"与中央为化解危机而提出的"保增长、扩内需、调结构"等宏观政策导向有机结合起来，通过深入浅出的分析，使复杂的经济问题变得通俗易懂，达到了为听众解惑的目的。值得一提的是，2010 年 3 月 19 日，中央勒令 78 家不以房地产为主业的央企退出房地产业务，由此，也拉开了调控楼市的大幕，楼价快速上涨的趋势也得到了控制，避免了房地产泡沫的进一步膨胀。这也在一定程度上凸显出该评论的针对性。反观一些没有具体事由的评论，如某报在 2012 年 3 月发表的关于不为杂音噪音所扰、不为传闻谣言所惑的评论中，只字未提社会上出现了哪些杂音噪音、传闻谣言，读来让人不明所言，一头雾水。而国务院总理温家宝于 2012 年 6 月 15 日在中南海向新聘任的国务院参事和中央文史研究馆馆员颁发聘书时指出，领导者应有听取和包容不同意见的雅量，不要轻易把不同意见说成噪音、杂音，而应善于从不同声音特别是批评性意见中汲取智慧，因为批评性意见可以使我们头脑更清醒，更加重视那些容易被忽视的问题，有利于避免决策失误。而《浙江日报》6 月 21 日刊发的评论《善听杂音 为官本分》，则以温家宝的这番讲话为事由，具体而有针对性。

二、有理有据

有理有据，是指新闻评论要把新闻由头、中心论点与评论依据有机结合起来，使评论符合人们的认知规律、具有说服力。评论是说理性文体，说理是其基本诉求。既是说理，就必须讲清道理，对所要论述的论点条分缕析，逻辑严密，言之成理。同时，新闻评论的说理也不是纯粹靠逻辑推衍，它也需要用充足的论据证明论点，以使论点和论证更具说服力。

新闻评论中的"理"，主要包括两个层面的涵义：一是指新闻评论应有自己的观点和价值判断，讲求言之有理、言之在理、以理服人、客观理性，防止情绪性和极端偏激的暴力式语言；二是指新闻评论应讲"正确的道理，深刻的道理，经实践检验证明是科学的道理"[①]，而不是讲歪理邪说。任何形式的新闻评论，落脚点都在于讲道理，以理服人。它可以是夹叙夹议，也可

---

① 丁法章.新闻评论教程[M].上海：复旦大学出版社，2006：31.

以是以说理为主，但都以严密清晰的逻辑推理说明论点，让人读来如层层剥笋，环环相扣。例如，2012 年 6 月，人社部有关专家公开提出将适时提出弹性延迟领取基本养老金年龄的政策建议，引起舆论的广泛争议。一篇题为《延迟退休，违背发展经济的目的》①的评论是这样说理的：

　　人类发展经济的原动力，就是人对幸福的追求。虽说休闲并不一定让人幸福，但人没有休闲肯定不会幸福。当人为了活着而疲于奔命时，他不会有幸福感。再富有的人，如果没有时间享受，也不会有幸福感。人只有把自己从劳动的束缚中解放出来，获得支配自己身体的自由时，才会获得幸福。在这种追求幸福的原动力的驱使下，人类才不断地进行发明创造，推动生产力水平的不断提高，尽一切可能解放劳动力，让人有更多的时间消费，享受更多的幸福。评价一个社会发展没发展、人民幸福不幸福，完全可以用这个社会中劳动人民享受的休闲时间来度量：人民享受的休闲时间多了，说明社会进步了，人民更幸福；反之，则说明社会倒退了，人民悲催了。这比用 GDP 来衡量社会进步和人民幸福程度更靠谱。

　　也许这篇评论并没有考虑国家支付养老金的压力因素，但作为一篇能够自圆其说的评论，这些说理质朴而深刻。

　　新闻评论中的"据"，是指新闻评论中用以支撑论点的论据。评论中的论据，主要有直接论据和间接论据两大类。直接论据包括作者亲身调查或亲身经历所得的第一手资料；间接论据包括相关新闻报道、文献资料、常识与专业知识、历史事实、规范事实（如法律条文）、人类普遍经验等。科学理论、公理、定律，国家的法律法规，党和政府的方针政策决议，主要领导人的讲话、指示，名人名言、道德规范、行业规则、良风民俗，古今中外富含哲理的格言、谚语、文献著作等，都可以成为间接论据。新闻评论大多用事实作论据，有些是作者亲身经历的事实，有些是历史事实或新闻报道中的事实，这种以事实作论据的论证过程更形象，也更具说服力。电视评论的论据较多地采用了事实呈现＋观点分析的结构，其论据较多地采用了事实论据。无论是述评类的评论节目如《焦点访谈》，还是访谈类的评论节目如《新闻 1＋1》，或者论辩类的评论节目如《东方直播室》，都是如此。也有很多新闻

①　刘植荣.延迟退休，违背发展经济的目的[J].新金融观察，2012-7-3.

评论的论据较多地采用理论性论据,如著名思想家的经典言论或学者的研究结论。前面提及的评论《延迟退休,违背发展经济的目的》,作者借用了法国伟大的启蒙思想家、哲学家卢梭的著名观点"人类活动的唯一动机就是追求自身的幸福",还借用了美国学者克鲁格(A. B. Kruger)主持的"时间利用与幸福感的国民账户"的研究,该研究通过对美国成年女性的调查显示,能让人获得幸福感的活动从强到弱排名依次是:散步、做爱、健身、游戏、消遣阅读、吃饭、祈祷、看电视、放松自己、做饭、聊天、打扮、家务、睡觉、旅行、购物、在电脑上消遣、育儿、通勤、工作。可见,工作是最不能让人幸福的活动,可人们又不得不工作,因为绝大多数人把工作视为谋生手段。根据这些论据,作者提出,幸福体现在消费过程中,而不是体现在生产过程中,人用于消费的时间越多,越有幸福感。他人的研究结论经过了反复论证,具有很强的可验证性,因而也可以作为评论的论据。

三、巧妙论证

所谓论证,是指在新闻评论的表达阶段,运用论据证明和说明论点的过程和方式、方法。论证的基本目标是实现论据与论点的统一。[①] 论证包括证实和证伪。证实,是指用论据从正面证明或说明自己的论点,在评论实践中被称为"立论"、"正面立论"。证伪,则是指用论据推翻、否定别人的论点,进而证明自己的观点,在评论实践中被称为"反驳"、"驳论"、"反面立论"。论证起着揭示论点和论据的逻辑联系、赋予评论以灵魂和骨骼的重要作用。因此,在新闻评论的创作过程中,应善于通过严密、巧妙的论证来说明观点,以增强评论的说服力和感染力。

衡量新闻评论的论证是否严密巧妙,可从三个方面进行判断:第一,理据结合,令人信服;第二,条分缕析,层次清晰;第三,首尾连贯,晓畅准确。立论的论证方法有事例论证、事理论证、比较论证、比喻论证等。驳论的论证方法有:直接反驳对方的论点、论据、论证(或其中若干方面)、运用反证法进行批驳、运用归谬法进行批驳等。为了使评论更有说服力,作者往往会把立论和驳论的论证方法有机结合起来。

---

① 王振业,李舒.广播电视新闻评论.北京:中国传媒大学出版社,2009:70.

　　但是，新闻评论并无固定的写作程式，优秀的新闻评论各具特点，从评论的角度、证据的选择以及论证的结构，都各不相同。即使面对同一事实，不同的作者也会选择不同的关注点，即使关注点相同，论证思路也不尽相同。所以，常见不同的媒体刊发同一题材的评论，视角、立场、结构都相去甚远。即使同一家媒体组织不同的作者就同一事实发表评论，也会出现较大的差异。无论差异如何，一般来说，优秀的评论都注重论证的巧妙性，注重视角、逻辑思路的独到性，力求说理过程匠心独运与结论的与众不同。

　　2012 年伦敦奥运会前夕，一些世界排名居前的运动员被排名居后者顶替，引起广泛议论。视参加奥运会为生命的运动员倍感愤怒和无助，视公开公平选拔的程序正义为最高准则的公众也倍感义愤。媒体的评论视角不同，论证的思路也不相同，呈现出各自的精妙。如 2012 年 7 月 12 日的《辽宁日报》在评论《奥运选拔公开透明点多好》中，作者以 2011 年举重世锦赛冠军、全国女子举重锦标赛暨奥运会选拔赛三项冠军得主，且屡屡在世界大赛和国内大赛中超世界纪录的田源落选缘由为例，分析了奥运选拔的"不光明"之处。田源落选的理由是什么？国家体育总局举重摔跤柔道管理中心主任马文广替她回答：因伤落选。作者的分析巧妙而俏皮："不得不说，这是一个'标准答案'。"和之前中国女乒确定参赛名单时一样，"伤病说"成了最好的挡箭牌，女乒换下郭焱，目的就是必保女单、女团两枚金牌，用状态正佳的丁宁比用郭焱保险，如果当初道出这个理由，相信会比"伤病说"光明正大得多。领导说训练受伤了，而田源却对媒体说根本没有受伤。两者说法差别太大。由此提出一个值得深思的问题，为什么奥运选拔不能公开透明一点呢？而同一天的《工人日报》，评论《去不去伦敦谁说了算》的作者一开始就明确表示能否参加奥运会应该是"领导说了不算，成绩和状态说了算"。在这方面，中国的奥运选拔机制已明显进步，如中国第一个世锦赛男子游泳冠军张琳因为选拔时没有达标而落选，而不像 2004 年雅典奥运会时某举重运动员状态不好仍被派去，结果三举皆败。但伦敦奥运会选拔仍存在很多问题，如绝对实力明显高人一筹的举重运动员田源，按成绩她更应该去伦敦，却被另一位成绩差一些的老将取代。国家体育总局举重摔跤柔道管理中心主任马文广接受采访时说了这样一番话："希望有朝一日中国举重的奥运选拔也像美国的田径奥运选拔赛一样，简单明了，一锤定音。"也就是说，举重项目的当家人也不能拍板。那谁能拍板呢？地方体育部门领导博弈的结果。因为奥运选拔事关各个省市的利益和某些官员的政绩。田源是被另一个省的选手挤掉的。评论最后说，"金牌政绩观"、"唯金牌论"仍大有市场。我觉得这个问题还是应该从体育管理部门做起，"金牌少了老百姓不答应"不应该成为一个借口。事实上，自北京奥运会以来，老百姓就开始"淡化"了，最应该淡化金牌的不是老百姓，而是体育管理部门。

第二节　入耳入心：广播评论的媒介优势与要求

广播是以声音为传播符号的大众传播媒介，声音符号作用于人的听觉系统，并通过听觉激发人的思维和想象，通过人的心理活动产生"闻其声如见其形"的传播效果。因此，"入耳入心"就成为广播评论的媒介优势与基本要求。

一、广播评论的媒介优势

顾名思义，广播电视所依托的载体是广播，广播媒介的传播特点和优势就构成了广播评论的媒介优势。

1. 采编便捷提升传播时效

与报纸、电视、网络等媒介相比，广播可称为最便捷的媒介。它无需报刊等纸质媒介的文字录入、排版、印刷、投递等工序，也无需电视媒介的画面采集与编辑、画面与声音的合成等后期制作等程序，其便携式录音设备使得记者随时随地可以直播新闻。由于广播的传播符号是声音，在节目内容的采制过程中，其使用的设备主要是录音机、磁带、录音笔、话筒和编辑机等。相对而言，广播媒介的制作成本较低、中间环节更少、传播更快捷。随着科技的进步，广播记者随身携带的采访器件越来越轻便、功能越来越丰富。遇到紧急情况时，许多广播记者往往只需带上一支录音笔，就赶往新闻现场，进行现场采访、发表即时点评。汶川地震发生后，最先从震中映秀镇发出消息的是中央人民广播电台的记者王亮发出的录音报道《挺进映秀》，让外界第一次了解了震中地区的灾情，映秀从此不再是信息的"孤岛"。与此同时,伴随着广播新闻报道而播出的广播评论也很及时,与新闻报道几乎同步。这包括广播记者现场报道时对事实进行解析和点评,也包括主持人或评论员在新闻播出后的及时点评。

自广播诞生以来,中外历史上留下过许多在紧急情况下,人们利用广播的传播速度、发挥广播评论的积极作用案例。其中,最著名的当数"二战"期间,美国总统罗斯福在任期内的"炉边谈话"和英国首相丘吉尔的广播演讲。面对国内经济大萧条和第二次世界大战战火的蔓延,罗斯福通过无线电波发表了一系列广播讲话,史称"炉边谈话"。"炉边谈话"不仅鼓舞了美国人民,也宣传了政府的政策主张,赢得了人们的理解和尊敬,"炉边谈话"对美国度过难关、缓和危机、赢得"二战"的胜利都起到了积极作用。资料显示,罗斯福总统在任期间借助 ABC、CBS 等广播公司做过 30 次炉边谈话,使广播成了当时美国人最依赖的伙伴。[①] 在战争阴云密布,英国面临法西斯的毁灭性进攻时,丘吉尔第一时间通过广播向英国和全世界发表了许多极具鼓动性和感染力的演讲,其中著名的有《我们将战斗到底》《关于希特勒入侵苏联的广播演说》等。这些演讲对于团结英国人民共同抵抗敌人、形成世界反法西斯统一战线、最终夺取战争胜利起到了十分关键的作用。

在我国也不乏类似实例。例如：2008 年 5 月 12 日四川汶川地震后,在报纸、电视、互联网等媒体因技术等原因,信息发布、传输受阻的情况下,广播发挥自身优势、承担历史使命,第一时间启动应急预案,及时填补信息空白、引导舆论、安抚人心,中央有关部委和地方也向灾区捐赠了 30 万部收音机,使广播成为抗震救灾中最有力的媒体。[②]

2. 声音符号强化人际传播

与报纸、电视的多种传播符号共同呈现信息不同,广播的信息传播符号较为单一,即声音符号。没有文字、图像等符号相辅助,广播只能靠声音传递所有信息。这看似是其缺陷和不足,但如果运用得当,单一的声音传播符号其实也是它的传播优势。

广播是一种真正意义上的伴随性媒介。它可以在不影响人们正常行

---

① 熊忠辉.广播电视节目形态解析.北京：化学工业出版社,2010：23.
② 潘力,张艳玲.汶川地震凸显广播价值——重大灾害报道之后的思考.现代传播,2008,4.

为的前提下实现有效的信息传播,如开车、做家务时不必停下手中的活计就可以正常收听,因而保证较好的传播效果。

广播媒介的声音符号既包括记者采访时的同期声如事实现场的环境声、记者与采访对象的对话、记者现场的解说和评析,也包括主持人播报新闻、主持人或评论员点评新闻事实等声音。这些声音符号对于听众来说构成了拟态的人际传播形式。虽然不是面对面的个体之间的交流,但全部信息皆是不间断的说话以及口语化的说话方式的改变,使得广播媒介的信息传播过程如同记者或主持人与听众之间的说话交流,具有人际传播的特征。这种传播方式使得传受双方更贴近,更易实现心与心的交流与对话。在这一过程中,话语方式的改变具有特殊的价值。"说新闻"的方式改变了生硬的播新闻方式,使受众感觉记者或主持人在对自己讲话,告诉自己有关事实信息和意见信息,因而信息变得更易接受。如湖北电台2002年12月9日播出的广播新闻《"造林"还是"造字"》一开头是这样说的:听众朋友,你平生见过的最大的标语字有多大?最近,记者在湖北省郧西县算是大开了眼界。今天的《焦点时刻》请听湖北台记者杨宏斌、通讯员胡成采制的录音报道:《"造林"还是"造字"》。今年11月28号,记者乘车经过郧西县店子镇太平寨时,突然发现,公路旁陡峭的高山上,一个巨大的水泥字扑面而来。因为离得较近,记者无法看到它的全部,只有跑到500米开外的地方抬头仰望,才看清这原来是一个硕大的"禁止"的"禁"字,而它只是一幅巨型标语的1/4。记者驱车十几分钟,才终于将山体上用石头砌成的这四个大字看清:"封禁治理。"四个大字连成一排,挺立在群山之间,十分壮观。这样朴素的语言、聊家常式的叙述方式,就好像是跟朋友说八方事、讲一家言,听众也能听得入耳入心。

二、广播评论的基本要求

由于广播媒介的信息传播诉诸受众的听觉,希望受众能通过"听进去"然后产生心理共鸣的传播效果,因此广播评论在创作上应遵循两个基本要求:"入耳"和"入心"。"入耳",主要是指广播评论要遵循声音符号的传播规律,便于受众收听;"入心",则是指广播评论要符合当时的社会心态和听众的接受心理,使受众乐于接收其传递的观点信息,从而起到舆论引导的作用。

1. 入耳：为听而写

广播评论是先通过作用于人的听觉器官才能进一步发挥其社会功能的，只有先"入耳"才能达到"入心"的目的。为了使广播评论"入耳"效果更佳，主要应从简洁精练、通俗易懂两方面入手。

（1）简洁精练

与以陈述事实为特色的新闻报道不同，新闻评论以理性见长，以说理为主。在无法与评述者直接面对面的条件下，听众很难长时间地集中精力倾听说理性内容。由于广播的"线性传播"特性，在一般情况下，听众只能按节目顺序收听，无法像对报刊那样反复阅读、认真揣摩。此外，广播评论自身具有的抽象性特征，又增加了听众收听理解的难度。为了便于听众听懂并理解其观点，广播评论必须简洁精练，即使是长篇广播述评，相关点评也要讲究简洁精练，避免拖沓，只有这样才能在有限的时间内吸引受众，让听众愿意去听。

请看 2011 年 3 月 23 日中央人民广播电台早间节目《特别声音》栏目中播出的一则短评。

男：新闻纵横，追问新闻。王艺、子文和您一同倾听"特别声音"。

王乡长："让村民们自愿种烟叶兴不起来，所以只有强制。这样县里就有优惠政策。"

女：眼下是麦苗返青的时节，洛阳市嵩县九店乡陶庄村的 200 多亩麦田，却被乡长带头毁了，为的是改种烟叶。负责烟草种植的王乡长告诉记者，只要种植烟叶，就能得到乡政府每亩 20 元的补助，并给村干部发工资。由于收益不如种麦子，当地村民都不愿种烟叶，于是乡里决定强制执行。可县里的工作人员却表示，并不强求种烟叶。

男：纵横点评：国家提倡禁烟，地方却鼓励种烟。为了 4000 多元的烟叶补助，乡政府宁可毁掉 200 多亩麦田。难道年初的抗旱保苗、引水浇地，是为了给烟叶涵养土地？利字当头的烟草种植，毁的是群众的麦田，肥的是干部的腰包。待到有朝一日"无米下锅"，可真要"饿着肚子"数钞票！

在这则时长约 1 分钟的广播短评中，男主播引出了广播短评集中评议的事由——河南省洛阳市嵩县九店乡负责烟草种植的王乡长的雷人话语："让村民们自愿种烟叶兴不起来，所以只有强制。这样县里就有优惠政策。"在女主播用简洁的话语概括了相关事件的大致脉络后，男主播用非常精练的话语，直截了当、简洁明了地表明评论所持的立场和观点："利字当头的烟草种植，毁的是群众的麦田，肥的是干部的腰包。待到有朝一日"无米下锅"，可真要'饿着肚子'数钞票！"——这样的评论写得干脆利落，短而有物，便于收听。

（2）通俗易懂

广播是一种伴随性收听媒介，人们往往是边做事边收听，很少会聚精会神地去收听；广播是一种线性传播媒介和只有声音符号的传播媒介，一旦没听清或没听懂就影响收听效果，影响人们继续听下去的耐心；广播是一种受众面广、老少咸宜的媒介，无论文化程度高低，都是适宜收听广播的听众，因而必须让广播评论成为各个层次、各个年龄段人群都能听得懂的节目形式。基于听众的这些收听特点，广播评论理应写得通俗易懂，善于把抽象、深奥的道理通俗化，尽量用浅显易懂的话语表达出深刻的道理。

实践表明，选用与普通百姓生活密切相关的事件作为新闻评论的由头、选用老百姓熟悉的语言、多采用一些形象化的修辞手法、不用或少用晦涩难懂的书面语言等，都能使广播评论通俗易懂。

如广播评论《不能鼓了腰包，秃了山包》[①]是这样评述的：

听众朋友：这两年，洮河林区的一些村民，靠一把斧子两只手，钻山进沟，毁林致富，发木头财，吃现成饭。这种杀鸡取蛋的作法，实在不可取。

林区群众中，有这样一句顺口溜："要想快快富，进山砍松树。"咋一听，"生财有道"。细细一想，却不是个正道儿。常言说：靠山吃山。问题是怎么吃法。吃山首先要养山，只吃不养，只能坐吃山空。农谚讲得好："山上松柏青，胜过拣黄金。山上没有林，有地不养人。"大自然的惩罚是无情的。就说今年吧，卓尼和临潭的一些地区遭受暴雨、

---

① 朱玉林. 不能鼓了腰包，秃了山包. 甘肃甘南人民广播电台，1987-12-23.

洪水袭击，庄稼被冲，房倒屋塌，给当地群众的生命财产造成了严重的损失，这和大面积森林被毁，植被遭到破坏直接有关。现实告诉我们：只抓"材宝"，就会伤了"绿宝"。秃了山包，到头来，腰包也鼓不起来。

　　毁林致富，也是国家法律不允许的。前不久，临潭、卓尼两县依法处理了几起毁林案件，毁林者分别受到没收木材、罚款、行政拘留、判刑等处分。这不，吃亏的还是自己。

　　致富路有千万条，靠毁林致富，既不正当，又不长久，何必偏走这条道呢？

在这篇广播评论中，作者的立场十分鲜明，针对当时一些村民中存在的错误思想和做法进行了针对性很强的批评，但作者并没有板起面孔进行说教，而是采用了当地村民们十分熟悉的顺口溜、农谚、毁林引发灾害、毁林者受到处罚等论据作支撑，用"不能鼓了腰包，秃了山包"为标题，把书面式的成语"杀鸡取卵"改成了村民更易明白的口语"杀鸡取蛋"等，实现了整个评论的口语化，使整个评论显得十分通俗易懂，又平易近人。

　　（3）形式活泼

　　基于广播听众的收听习惯，广播评论还应在评论形式的多样性下功夫。即使说理，听众也不喜欢听人板起面孔摆出一副说教腔来讲大道理，而希望真诚地直抒胸臆，用平实的话语阐明相互而深刻的道理，这就要求广播评论者说话的方式应尽量生活化，平实宜听；即使广播评论尽力追求短小，也难免会因为题材重大、事实复杂等因素而使评论相对较长，广播电视评论并不强调一味短小，关键在于尊重听众的收听心理创新评论形式，可以通过夹叙夹议、多人对话、穿插音乐等方式，打破说理板块的整体固定性，增强其变化的动感，使之变得活泼轻松，易于收听。

　　2. 入心：亲切可感

　　通过入于心而见于行实现舆论引导，是广播评论的目标所在。要增强广播评论深入听众内心的可能性，广播评论应在把脉社会心态、表达独到识见、话语平实宜人等几个方面下功夫，力使广播评论能贴近百姓、贴近实际、贴近生活。

　　（1）把脉社会心态

　　因为线性传播的特点，广播评论必须时时抓住听众的心，让听众在收听时迅速产生情绪共鸣。这就要求广播评论必须摸准社会的脉搏，找准社会问题的焦点，抓准公众最为关切的热点，以便在评论时击中听众的兴趣点。

任何新闻评论都强调选择有一定社会关注度的事实作为评论对象，但广播评论强调瞬间抓住听众，就更需要在选题上下功夫，要把听众感兴趣的、有困惑的、希望得到解释和点评的事实作为重要的选题。如果选题能够找准听众的兴趣点，就为评论的内容赢得关注打下了基础。获得第21届中国新闻奖一等奖的广播评论《善待民工才能够缓解民工荒》①，就抓住了当时全国媒体都在热议的"民工荒"问题：春节以后，一场始料未及的"民工荒"波及浙江乃至我国沿海地区，并继续在各地发酵、漫延。企业招不到足够工人，部分生产线停开；一些老板开着小轿车，到车站"抢人"……农民工，似乎一下子变得紧俏起来。这是一个非常反常的现象，因为在人们的头脑里，习惯性认为农民工遍地都是，他们一直在为找活干发愁，现在却反过来了——老板们为找农民工犯愁？这种矛盾冲突点就在于，在农民工与企业老板的供求关系上，过去一直都是农民工处于"求"的一方，处于被动的地位，如今却让企业老板们处于"求"的一方，能否招到工人要看农民工的脸色。无论是城市里的听众还是农村里的听众，都会对此热点话题感兴趣。

评论的角度选择也涉及是否切中公众关注的焦点问题。即使面对同一事实，选择不同的评论角度，其受关注的程度也会大不相同。有些评论选取的是官方视角，有些评论则选取公众视角，这两种视角常常并不完全一致。选取的评论视角不同，听众的收听态度自然也会不同。广州亚运会前夕，广州市政府公布一项惠民政策，亚运会期间广州地铁公交一律免费。免费政策实施一周后，因为地铁被"挤爆"而被紧急叫停，改发交通补贴。对此，各家媒体纷纷发表评论，多集中于批评政府朝令夕改，决策缺乏严肃性和权威性。广东人民广播电台的评论《政府"拍脑袋"决策，好事也难办好》②，关注的视角是政府决策程序不科学问题，即这项前无古人的"创举"来源于领导的追求"创意"和"大胆"决策。领导既不考虑地铁公司反复论

---

① 袁奇翔，王掌，甘洋.善待民工才能够缓解民工荒.浙江广电集团,2010-3-24.
② 黎辉.政府"拍脑袋"，好事也难办好.广东人民广播电台,2010-11-7.

证后提出的客流量剧增超过地铁承受力的担心，也没有经过征集民意，就拍板决策了。即使后来因为担心安全问题而改为发放交通补贴，征求意见也成了走过场，因为征求意见会结束不到一个小时，补贴方案就正式公布，而事先提供讨论的方案一字未改。公众对政府"拍脑袋"的决策方式一直议论纷纷，此篇评论号准了社会心态的脉，因而颇受听众欢迎。

（2）表达独到识见

什么样的评论能深入人心？除了问题抓得准以外，还必须分析透辟，抓得住问题的实质，表达独到的识见。

虽然广播评论要求短小精练，但不能蜻蜓点水，人云亦云，需有独到的认识和见解。独到的识见既指独立的思想和与众不同的观点，也指深刻的思想和直指核心实质的判断。只有独到的识见，才能在听众并非专心收听时吸引其注意，从而取得有效的传播效果。

前文提到的广播评论《善待民工才能够缓解民工荒》中，记者深入诸暨、温州、杭州等地的企业、劳动力市场，采访了大量农民工、企业主，还采访了一批从事农民工研究的专家、学者，请他们从理论、实践等方面剖析、论述发生民工荒的深层次原因，以及缓解民工荒的思路，使得评论是在掌握了大量第一手材料，在深入分析之后提出自己的见解，避免了一些评论作者不切实际空发议论的问题。这篇评论反映了现代化进程中的农民工权利意识觉醒背景下的矛盾，农民工告别了进城初期不问待遇只求有活干的阶段，开始争取和维护自己的合法权利："我才拿 1800 块钱还吃自己，大家住在一起的高低铺，就是简铺，甚至我们现在用那么点电费都是自己出的。始终没给我加工资，像我们驾驶员，一个安全奖你都没有，所以说我才不干了嘛。""搞 10 个小时以上，星期天什么都没有，人就跟机器一样的。我们那个车间，烧气焊，搞得乌烟瘴气，连排气扇都没有。""我们跟杭州市民，干的是一样的工种，户口不一样，工资要差很多的，这一点太不公平了。"记者分析道：数以亿计的农民工为中国经济发展作出了巨大贡献，可他们却得不到应有的回报。低廉的收入、狭小的蜗居；年年追薪年年欠；医疗和保障无处可寻；身份得不到认同，被看做是边缘人……毋庸讳言，农民工不尽如人意的生存状态，是造成"民工荒"的直接原因。现实表明，要缓解"民工荒"，企业和社会必须告别劳动力低成本，不断提升农民工生存质量,实行制度创新,让农民工沉淀下来,成为城市的主人。这篇由记者采访写的广播评论材料丰富翔实,分析独到,听来令人震撼。

(3) 话语平实宜人

广播评论要让听众真正听进去,除了选题、观点和论证思路有其要求外,表达方式也是很重要的影响因素。由于广播评论唯一的传播符号是声音,如何说话就非常关键。

什么样的话语方式能让人们产生心理认识、引起人们的共鸣呢? 在革命年代,演讲式的表达能唤醒和激发人们的斗志和激情,产生心理共鸣。如今,社会文化环境发生了根本的变化,人们早已不习惯于慷慨激昂的演讲,更倾向于朋友式地聊天、论辩。因此,广播评论要想真正深入听众的内心,既要在观点的表达与语言使用方面贴近百姓、贴近实际、贴近生活,使听众产生心理上的认同,又要在播出评论时尽可能采用"说评论"的方式,以聊天和讨论的方式叙述观点及其论证过程。一句话,广播评论的播出方式必须让听众感觉宜听,然后才谈得上入心。

第三节　形神兼备:电视评论的媒介优势与要求

电视媒体以画面与声音的有机配合成为吸引受众的重要"法宝"。声画合一电视媒介符号使得所有的电视节目形式都天然地具有形象直观的特征,电视评论也不例外。但电视评论又必须以理性分析见长,形象直观的媒介特征不能忽视了评论节目的本质属性。两者的有机结合构成电视评论的传播特征和优势。

一、电视评论的媒介优势

电视是形象直观的媒介,无论是事实呈现还是观点表达,都可以直观地显现于电视荧屏,呈现于观众眼前。同时,电视又是一个特殊的平台,它可以让不同的言论主体处于同一时空,就同一个主题实时讨论,其讨论过程直观地呈现给观众。因此,形象化表达、主客观融合、同时空讨论是电视评论的媒介优势。

1. 形象化表达

电视评论的形象化表达优势主要源于电视评论使用画面、声音、文字等多种传播符号,既包括语言符号也包括了非语言符号。语言符号包括口头语和以书写符号文字形态出现的书面语;非语言符号包括图像、颜色、光亮、音乐和人的体语等。非语言符号,主要有三类:一是语言符号的伴生符,如声音的高低大小、语速的快慢,文字的字体、大小等都是声音语言或文字的伴生物;二是体态符号,如动作、手势、表情、姿势等;三是物化、活动化、程式化和仪式化的符号,如服饰、音乐等。[①] 这些非语言符号携带的信息常常不需要任何语言表达,便可能加强或扩大口头信息。[②] 传播学研究表明,这些符号在信息传播过程中具有表述、传达和引发思考三个方面的基本功能。[③] 电视评论虽然归属于以理性分析见长的节目形态,但形象直观的电视媒介属性决定了电视评论的形象化表达特征。

电视评论的选题主要源于已报道的新闻事实。无论是报纸的文字报道还是电视的图像报道,都可以作为电视评论的由头,置于电视评论的开头部分。文字报道或者通过剪报或者通过字幕的形式呈现于电视荧屏,再由主持人言简意赅地介绍主要事实,声音与画面共同呈现评论的对象。电视报道则直接将完整的电视新闻或片段重放,事实就得以形象地重现。

电视评论在论证过程中,除了纯粹的说理会由主持人或评论员在镜头前独自分析阐释,凡以事实作为论据的论证,都应有相关事实的呈现,或图片或视频片段,既展示证据的真实性,也增加画面的丰富性。而述评类电视评论则更是大量展示事实过程以及记者调查事实的过程,其形象化表达更为充分。至于那些访谈类、论辩类的电视评论,论证过程的形象化表达一方面体现在事实论据(图像、文字、图表)的呈现,另一方面体现在评论者的访谈或论辩过程的完整展示。

值得注意的是,电视评论的形象化表达不能理解为单纯的事实画面的展示,它既包括事实过程的图像呈现,也包括主持人镜头前即兴评论、主持人与评论员的对话式评论、评论嘉宾的讨论或辩论过程的呈现,都是形象化表达的体现。总之,电视评论的符号体系,使电视评论具备了形象化表达的媒介优势。

---

① 郭庆光.传播学教程(第2版)[M].北京:中国人民大学出版社,2011:37.
② 威尔伯·施拉姆,威廉·波特.传播学概论[M].陈亮,等译.北京:新华出版社,1984:77.
③ 郭庆光.传播学教程(第2版)[M].北京:中国人民大学出版社,2011:38.

2. 主客观融合

电视评论的主观性,指的是电视评论是评论者对事实的认识,其观点的提炼与表达带有明显的评论主体的价值取向和判断。电视评论的客观性,是指电视评论在表达评论者观点的过程中,往往会借助电视媒介特有的画面和声音等多种传播符号呈现客观事实,使评论的说理过程给人以"言之成理、言之有据"之感。电视评论的主观与客观有机融合,是指主观性的价值判断和观点表达与典型事实的客观呈现融为一体,使说理的依据更充分,结论更具说服力。所以,电视评论更多地表现为调查事实与分析事实的融合,因而呈现在观众面前的形态就是既有评论所赖以为据的分析和推论的理性演绎,也有电视媒介所特有的事实过程画面的感性呈现,它们有机地融合为一个整体。

既然是评论文体,电视评论就必须具有充足的理性色彩,有评点,有推论,展现思辨的逻辑。不管是报纸评论还是电视评论,都必然是以说理见长,方可称为评论。

既然是电视节目,电视评论就必须有丰富的过程性画面来支撑,尊重电视的传播规律。无论是新闻节目还是评论节目,都必须有丰富的图像信息以满足观众的视觉需求,方可称为电视节目。

电视评论把思辨的理性与直观的感性有机地统一起来,既满足了受众的视觉需求,也实现了理性的深度。

重庆卫视的电视评论《会说谎的作文》[1],选题是具有一定普遍性但易被忽视的社会现象——小学生写撒谎作文。这种选题容易写成空泛的话题评论,但该篇评论通过深入学校调查,将学生作文撒谎的表现、原因等呈现为了一个个具体的事实。记者亲身体验小学作文课,调查、分析了学生写撒谎作文的原因,全片调动了一系列的新闻调查和表现手法,诸如发放调查问卷、体验式采访、做字幕图示、饼状图展示撒谎作文成因等,一个个具体的例证生动具体地呈现在观众眼前。而问题的设计、层次的安排、评析的导出,都体现了评论者的思维逻辑。

3. 同时空讨论

电视是一个特殊的言论平台,它可以让多人处于同一时空,就同一话

---

① 郝颖,贺应桃.会说谎的作文.重庆卫视,2010-5-26.

题各抒己见，互相讨论，真正还原多人讨论的现实言论状态。

与报纸所搭建的言论平台上发言者处于不同时空"各说各话"不同，电视所搭建的言论平台则让评论者坐在一起，实时讨论。这种形式的价值并不在于让电视评论过程更具丰富的画面感、更活泼，而在于让不同的观点同场交流甚至交锋，评论各方在阐释自己观点的同时抓住对方观点中的漏洞进行论辩，讨论会越来越激烈、越来越深入，从而真正体现"道理越辩越明"的真实内涵。其实，广播评论也能与电视评论一样实行多方同场讨论，但由于其传播符号的单一性，听众无法从画面上分清不同的评论主体，因而这种多人讨论的形式也会受到一定的局限。电视评论的声画符号有效地区分了不同的评论主体，其讨论、论辩的过程直接作为节目内容呈现出来，丰富了电视评论的内容和形式。与评论嘉宾同场讨论一样，电视节目现场的观众全程参与评论也是电视评论的媒介优势。

场外观众参与评论过程也是电视实现同时空讨论的一个重要体现。随着现代媒介技术的发展，场外观众可以通过电话、网络等媒介，参与评论现场的讨论之中。比如对嘉宾讨论话题发表看法、对嘉宾观点发表评论，通过网络发帖或视频连线等形式参与到节目中去，其参与过程作为节目的内容得以呈现，进一步丰富电视评论的内容和形式。

二、电视评论的基本要求

基于电视评论的媒介优势，要做好电视评论，就应在突出论据的现场感、增强说理性、营造言论氛围等方面下功夫。

1. 突出现场感

既然电视评论非常倚重形象化表达，电视评论就应在凸显事件现场的影像记录上发挥自身的优势。电视评论从起步到发展远比报纸评论晚很多，但近年来发展得非常迅猛，一个重要原因就在于它遵循了电视的媒介特点，突出电视评论的现场影像要素，不是将评论做成纯粹的说理，而是将说理与新闻报道紧密结合，做到了在报道事实中解释事实，观点建立在事实之上。

当电视台纷纷提出"第一时间报道，第一时间解释"、"新闻立台，评论强台"的口号时，其理念当是对复杂的新闻事实进行解释，帮助人们在第一时间获得对事实的科学理解,增强信息的确定性。一些影响较大、众人关注的焦点事实被报道后,媒体发出独立的声音,代表了媒体的立场,也在客观上起到了引导受众认识的目的。电视传播的线性特征决定了人们收视行为的即时性,如果观众对评论的对象不很了解,就难以达成与评论节目的知识的契合,于是就产生了收视过程中的知识盲点。若任由这种盲点继续存在,观众就会主动流失。若通过穿插于评论过程中的事实影像消除这种知识盲点,就会随时吸引观众收视评论节目。

虽然电视评论的形式多种多样,但述评结合仍是其最突出的特点。其中的"述",就是讲述事实,以电视影像呈现事实。无论是报道事实之后的短评、解读,还是对热点新闻事实的访谈,甚至是对争议较大的话题的论辩等,都必须有充分的事实影像贯穿其中,这是尊重电视媒介特点、遵循电视节目运作规律、吸引观众收看的必然选择。

荣获第20届中国新闻奖一等奖的温州电视台电视评论《温州:望楼兴叹》,反映的是全国性的普遍问题——高房价带来的弊端和危险,为避免空泛的议论,记者采取"用新闻事件去摆事实,用专家学者和权威人士直抒见解来讲道理"的做法,节目一开始主持人提出主要议题后,紧接着便是一段具有视觉冲击力的现场同期声采访,配以典型的事实画面,就这样完成一个新闻事件的表述。前面5分钟通过三个新闻事件叠加达到引人关注的目的。在这期14分42秒的节目中,共向观众讲述了"假摇号"、"砸盘"、"通宵排队购房"、"外来白领被迫居住在郊区"和"博士看《蜗居》"五个故事。事实的呈现不仅没有破坏评论的逻辑严密性,反而让结构更紧凑,加强了视觉冲击力。作者在总结这篇评论的创作体会时写道:电视评论阐明论点论据的方式不能仅靠文字解说,它必须辅之以具有强烈冲击力与说服力的画面内容和同期效果。在强化这种"现场感"的同时,不能忽视融合的问题,要始终保持镜头的逻辑性,使画面内容、同期采访、主持人或记者议论融为一体,互为作用,做到夹叙夹议,让电视评论散发出它独有的魅力,走出评论节目宏大叙事的阴影。[1]

事实的现场影像除了对客观事实过程的记录,也包括对采访对象观点

---

[1]　杨育彦.《温州:望楼兴叹》出炉记[J]. 中国记者,2011,1.

的呈现,这些采访对象的观点直接参与了电视评论。如《温州:望楼兴叹》中,记者采访了著名房地产商潘石屹,他说:"我觉得政府对钱和土地都是可以调控的,应该适当调控一下,如果不调控,市场上只能按照房价去调控。"这一说法用浅显的道理点明了政府与房价之间的关系。而这一采访画面也丰富了电视评论的叙事结构。

2. 增强说理性

电视评论作为说理性的电视文体,应以观点的表达和支撑观点的分析推论为出发点和落脚点,说理性分析应保持一定的分量。虽然电视的媒介特征决定了电视评论的形象化表达,注重论据的事实过程的影像展示,但如果缺少一定的理性分析和逻辑推论,缺少明确的观点表达,这样的文体就算不上电视评论了。

我国的电视评论最初除了在新闻节目中口播新华社和《人民日报》的评论外,没有电视台自己的评论。1980 年诞生的《观察与思考》设计了记者出镜采访、事实呈现、各方人士参与发表意见、记者分析等方式和环节,融纪实性与思辨性于一体,使电视评论有了自己的独特形式。随着《焦点访谈》的崛起,各地陆续出现调查类节目,这些节目一般都归为电视评论。问题在于,这些调查类的深度报道,越来越减少了"评"和"论"的色彩,几乎全部关于某个事实的调查,就是看不到记者或主持人的评论观点和逻辑推论,只是在节目最后由主持人说上一句"不能再这样下去了"或"我们希望有关部门下决心来管一管"之类的无关痛痒的话,这些话根本算不上什么观点的表达。这类节目严格说来可算作是深度报道类的专题节目,而不是真正意义上的电视评论。任何评论都必须有足够的"评"和"论"的色彩。

3. 营造言论氛围

电视媒介信息传播的直观性使得一些节目的制作过程包括采访过程、讨论过程都直观地呈现出来,这种"原生态"的呈现方式对电视评论的平台搭建和氛围营造提出了更高的要求。

除了自创的电视短评外,其他的电视评论形式都会涉及电视评论如何搭建良好的意见平台、如何营造良好的意见表达的氛围等问题。

述评类评论因为要采访不同的意见主体,请他们发表对相关事实的评价,就涉及采访哪些人的问题,采访对象的选择是否包含了持不同意见的人。如关于政策,有赞同者和反对者,他们各自的主张及其理由分别是什么。能否让持不同意见者对同一事实发表意见,是评价媒体是否搭建了良好的意见平台的重要指标。

访谈类评论因为要与访谈对象进行交流,就涉及记者或主持人能否给对方以足够的尊重,让对方的意见得到充分的表达。访谈对象对访谈主题的意见并非都是记者或主持人事先预料到的,当他们的观点分析与记者或主持人的论证思路不很一致时,是打断其观点阐述还是鼓励其充分表达,也是反映媒体是否搭建了良好的意见平台的重要指标。

讨论或论辩类评论因为参与各方意见存在差异,就涉及主持人能否平等地对待意见各方,给他们同样的尊重和平等的表达机会,不粗暴打断某一方的观点阐释,同时能有效地调控现场气氛,不让一方完全压制另一方,让多元化的"异见"都能得到平等的表达机会。

凤凰卫视《一虎一席谈》栏目主持人胡一虎用"挑拨离间"来形容自己在节目中的作用:"挑",是挑起每一个人说心里话的欲望;"拨",是撒播一个种子,去倾听别人的声音;"离",是使嘉宾离弃中国人过去人前不说话的怯懦性格;"间",是给彼此尊重的空间。这种说法形象地总结了评论节目中的主持人作用,就是营造良好的言论氛围,让评论者自由、充分、真实地表达自己的意见。

第三章　灵活多样：视听评论的表现形态

节目表现形态，即人们常说的节目形态。所谓节目形态，是指广播电视节目的基本形式，它包括节目的定位、名称、主题、形式及时长等内容，是构成特定节目的各种元素依据定位和风格而呈现的存在形态。

节目形态具有一定的稳定性。在一定的时间内，培养受众的视听忠诚度，并最终形成节目的品牌效应，节目形态往往具有相对稳定的外在呈现方式和内部组织构造。节目形态也具有一定的变动性。为了适应社会变化和媒介竞争的需要，视听节目在表现形态上往往会适时进行适当的调整。

视听评论的节目形态呈灵活多样的态势，既有传统的配发评论、即兴点评、新闻述评，也有新兴的谈话体评论等。

第一节　配发评论

配发评论，是指媒体配合该媒体当天刊发的重要新闻而发表的评论。它一般不会单独播出，而是在相关新闻报道之后播出，对相关新闻报道的内容起着深化、延伸和补充等作用，与新闻报道构成完整的新闻信息。作为视听评论的一种常见的节目形态，配发评论是视听媒体对相关事件或现象表明立场观点和态度、引导社会舆论的重要途径，往往代表媒体对相关新闻事实的立场、观点和态度。配发评论的形式有本台评论、本台评论员评论、本台短评等。

一、本台评论

本台评论，是广播电台、电视台等视听媒体就当前国内外或本地区范围内发生的重大新闻事件、民众普遍关注的重大社会现象所配发的评论。

从节目形态上看,本台评论与本台短评具有诸多相同之处,如篇幅短小、言简意赅等。它们之间的区别主要体现在二者的地位与功能上——本台评论在地位与功能上相当于报纸的社论,是广播电台电视台规格最高、最具权威性的评论形式。我国广播电视媒体播出的本台评论,直接代表编辑部就当前重大事件、重大典型或重大问题发言,具有"鲜明的针对性、政策性和指导性"。①

(一)地位与作用

本台评论,体现视听媒体对某一新闻事件、新闻人物或社会现象的基本判

图 3-1　本台评论《理解退赛　加油刘翔》

断、观点和态度,是视听评论中规格最高,政策性、思想性和权威性最强的评论形态,常被誉为视听媒体的"旗帜与灵魂"。在我国,由于新闻媒体被视为党和政府的"喉舌",所以视听媒体的本台评论不仅代表了媒体的声音,往往也体现了党和政府对待某一新闻事件、新闻人物或社会现象的基本态度和倾向。

例如:2008 年 8 月 18 日,北京奥运会 110 米栏比赛中,我国著名运动员刘翔因伤退赛在国内外引起轰动,各方反应不一。中央电视台在当晚《新闻联播》中播出了中共中央政治局常委、国家副主席习近平慰问刘翔及其教练的消息后,随即播出了题为《理解退赛,加油刘翔》(图 3-1)的本台评论:

今天,我国优秀运动员刘翔因伤退出了奥运会 110 米栏比赛,现场和电视机前的亿万观众在感到突然的同时,也表示了深深的理解。

奥林匹克的终级目标,是人类追求健康的生活方式和可持续发展,顾拜旦提出的"适度",已经成为现代奥林匹克运动的应有之义。更快、更高、更强,是建立在保护和增进人类身心健康的基础之上。

2006 年,当刘翔以 12·88 秒的成绩打破了这个项目沉睡 13 年之

---

① 涂光晋.广播电视评论学[M].北京:新华出版社,1998:266.

久的世界纪录时，他给世人带来惊喜。雅典奥运会至今的 4 年间，他一直在忍受伤病、不懈努力、积极备战北京奥运会。今天，不是万不得已，他不会退出比赛。刘翔今天的放弃，是为了明天的再来。我们衷心祝愿刘翔早日康复，继续在田径赛场上飞翔。

该评论在疏导公众情绪、帮助刘翔放下包袱安心治疗等方面起到了积极作用。

（二）表现形态与要求

视听媒体的本台评论以播音员口播为主，电视媒体的本台评论也辅之以字幕。这种表现形式给受众以严肃、庄重感，能引起人们重视，对于引导舆论、指导工作发挥着"号令"的作用。例如，为配合当地政府的治庸问责行动，2011 年 11 月 16 日湖北省襄阳广播电视台新闻综合频道播出了本台评论《感受不到危机才是最大的危机》。该评论旗帜鲜明地指出，在襄阳的党员干部和公务人员队伍中，一定程度地存在着各种"庸懒散软"的问题，要求各级干部都要深刻认识治庸问责的现实必要性和工作紧迫性。这种评论以铿锵有力的语调播出，态度鲜明，语气坚定，清楚地表明了媒体的态度，对于唤起人们的危机意识，引导社会舆论，营造良好的舆论氛围，发挥了非常重要的作用。但由于整个评论中始终只有主持人的影像辅以文字，画面显得单调沉闷，播报方式也略显生硬。

传播学研究表明，利用多种传播符号作用于人的感觉器官，往往比使用单一符号的传播效果更好。美国口语传播学者雷蒙德·罗斯指出，人们所得到的信息总量中，只有 35% 是语言符号传播的，而其余的 65% 的信息是非语言符号传达的，其中仅仅面部表情就可传递 55% 的信息。[1] 非语言符号的表现形式多种多样，如广播评论中播音员的

图 3-2 本台评论《理解退赛，加油刘翔》

---

① 雷蒙德·罗斯. 演说的魅力. 黄其祥等译. 北京：中国文联出版公司，1989：47.

语音语调语速、所配音乐、环境背景声及人物同期声等；电视评论中的播音员服饰发型和语音语调语速、新闻现场画面及采访同期声的采用、画面中文字的字体字号和色彩基调、相关图表的运用，以及画面编辑特技巧的运用等。

为体现视听媒介的符号特点和优势，一些视听媒体在本台评论的表现形式上开展了积极的探索。如上文提到的中央电视台的本台评论《理解退赛，加油刘翔》（图3-2）就综合使用了"播音员口播＋文字字幕＋相关画面（照片）"等表现元素，由播音员口播评论全文，同时将该评论的主体部分用文字字幕形式展现出来，并配了15幅不同的图片，从而起到了突出重点、增强视觉效果的目的。

也有一些电视台的本台评论中，采取了大小双视窗的表现形态，节目主播通过小视窗清楚有力地表达评论的核心观点，大视窗则真实再现新闻真相，较好地体现出电视新闻评论的传播优势。如上海东方卫视的《看东方》栏目于2011年4月19日、20日连续播出了浙江一些地方开展色情表演的相关新闻后，于2011年4月24日播出了《看东方·本台评论：色情演出的推手》（图3-3）。

图3-3　本台评论《色情演出的推手》

在该期评论节目中，节目主播提出："非法演出的泛滥源于对金钱、利益的追逐，以及市场管理的缺失和对国家法律的漠视。关于记者拍摄到的内容，还有许多问题还没有解决：为什么一个专门组织色情演出的商人会有演出经纪人的资格？面对这样的演出，相关管理部门为什么充耳不闻、视而不见？一个个问号摆在了文化市场管理者面前，公众有权知道这些问题的真相。"而大视窗则用电视技术手段，巧妙而真实地再现了浙江某些文化演出场所公然组织色情表演的场景。这些场景，充当了电视评论的论据、增强了评论的可视性、提高了新闻评论的传播效果。

本台评论除遵循新闻评论的一般规律外，还有着自身的要求，大致包括以下几方面：第一，数量讲究少而精，防止本台评论过于频繁而降低其权威性和影响力；第二，选题讲究普遍性，选择那些事关全局或公众普遍关心的重大政策、新闻事件或社会现象作为自己评论的对象；第三，内容讲究导向性，本台评论的基本态度、立场和观点应符合党的方针政策、国家的法律法规和主流价值要求，立场鲜明、导向正确，忌模棱两可、含糊不清；第四，表达适度口语化，即在用语措辞方面，既要体现用词的规范化，又要考虑到受众的接受习惯，适度使用口语化的表达，增强贴近性；第五，篇幅力求短小精悍，本台评论主要通过画面和声音符号传播，具有转瞬即逝、不易长久保存和记忆等传播劣势，因此在篇幅上，应做到要言不烦、短小精悍，避免长篇大论，以方便受众接收记忆，提高传播效果。

二、评论员评论

评论员评论，是指由广播电台、电视台等视听媒体以"本台评论员"、"本台特约评论员"等个人名义发表的评论。

（一）地位与作用

一般情况下，评论员评论名义上是代表个人的观点，实际上却反映了媒体编辑部的观点和倾向，特别是不署名的评论员评论，更是直接代表媒体编辑部的意见，其重要性和郑重程度仅次于本台评论。

评论员评论，因其论述的内容十分广泛、形式多种多样而日益受到视听媒介的青睐，其地位和作用介于本台评论和本台短评之间：既有本台评论的大气庄重，也有本台短评的灵活机动；既可彰显媒体立场观点有效引导舆论，也可展示评论员的个人魅力与风采。

图3-4 评论员评论《艰难选择——美国增兵阿富汗》

随着视听媒体对新闻评论分量的加重，评论员评论的采用也越来越频繁。一些重要新闻的解读、剖析、评价，都会邀请评论员来完成。他们的评论有高度,有深度,有力度,也有巧度,颇受媒体及受众的青睐。一些视听媒体既有专职的评论员,也有兼职的特约评论员,他们常常活跃于各档新闻栏目,就每天重要的新闻事实及时地发表评论。

(二)表现形态和要求

评论员评论既有不署名的,类似于报纸的评论员文章,更多的是评论员直接亮相,发表自己对某一新闻事实的看法。随着视听符号的优势越来越受重视,评论员直接发声就成为不可逆转的趋势。

相对于本台评论而言,评论员评论在选题和表述等方面具有更大的灵活性和自由度,因此在表现形态上也更加丰富多样。从目前业界的实践来看,主要表现为演播室内外的连线式评论和演播室内的现场互动式评论。

连线式评论员评论,主要表现为演播室内的节目主播(主持人)与演播室外的评论员通过连线就新闻事实发表评论。一般表现为先播报新闻,然后连线评论员,请其对此新闻发表看法。这种情况适用于评论员无法到达演播室现场,媒体需要其就当天的新闻事实发表评论。连线式评论员评论方式灵活,打破了评论员与媒体的距离界限,使得评论员的来源可以得到极大拓展。连线评论员评论并不是由评论员独自发表意见,它常常是由主持人提问、评论员回答,双方在交流中共同完成的。

现场互动式评论,是指主持人与评论员同处演播室,就某一事件或现象进行交流所发表的评论。现场互动式评论一般先播报新闻,或由主持人对相关事实进行简要阐述,然后请已受邀到演播室的评论员进行评论。较之连线式评论,现场互动式评论具有准备更充分、互动更频繁、评论更深入等特点。在现场互动式评论中,主持人会提出一系列受众所关注的问题,评论员一一阐述,因而这种评论的篇幅比连线式评论要长一些。

图 3-5　评论员何亮亮评中日钓鱼岛冲突

凤凰卫视在其新闻节目中,就经常请该台评论员阮次山、曹景行、何亮亮与主持人一起对相关事件发表评论。例如:2012 年 9 月 23 日凤凰卫视《新闻今日谈》(图 3-5)栏目中,该台时事评论员何亮亮与栏目主播杨娟在演播室内，就因日本单方面宣布钓鱼岛"国有化"后引起中国政府和民众一系列反应进行现场式评论，从历史的角度，中国政府与美国、苏联政府对日本采取的不同态度的角度进行了深入的分析，指出中国民众的反日情绪易被煽动有着深刻的历史原因。

央视在新版《东方时空》中也加入了评论员与主持人在演播室现场进行交流点评的环节。2012 年 9 月 25 日的《东方时空》(图 3-6)，就中国首艘航母入列服役一事，请特约评论员尹卓解读"航母交付给中国军队意识着什么"、我国战舰的命名规则等具有一定深度、公众知晓度较低的信息。通过主持人的多次提问、评论员的细致阐释，新闻的深度信息就得到了充分挖掘和呈现。

图 3-6　特约评论员尹卓解读
中国首艘航母入列服役

评论员评论的生命力主要源于两个方面：评论议题的选择和评论员的选择。评论议题的选择，主要是指评论所涉及的主要事件或人物应具有一定的评论价值，主要包括议题的新闻传播价值和舆论引导价值。邀请评论员发表评论，不能是为了丰富新闻报道的形式而设计的环节，发表一些没有什么实质内容的观点，也不能对于一些受众关注度高的敏感话题避而不谈，留下一堆疑问给受众。评论员的选择，主要是指所选择的评论员应具有博而专的知识储备，具有很强的认识能力和分析能力，具有通俗流畅的语言表达能力，能够简明清晰且准确地表达自己的论点、论据和论证过程。

三、本台短评

本台短评，是指配发评论中内容单一、分析扼要、以编辑部名义发表的简短评论。它常常直接表达态度和观点，重评轻论。

(一)地位与作用

本台短评，以其针对性、时效性和思想性强的内容和短小、灵活的形式优势，在视听评论中占据重要的一席之地。其地位仅次于本台评论、评论员评论。短评常常是抓住事实中的关键一点进行评论,着力点集中,直指要害,能起到画龙点睛、深化报道的作用。由于篇幅短小,使用灵活,因而短评这一评论形式在视听新闻报道中被经常运用。

大到重大事件,小到人情世故,只要编辑部觉得需要表态,就可以运用短评的形式。可以长达一两百字,也可以短到几十个字。无论长短,都是一种正式表态,都能发挥舆论引导的作用。例如:2012年,《新闻联播》播发了《"两弹一星"元勋黄纬禄:"一点贡献"不枉一生》的新闻后配发短评:"留学归来研发导弹,身处逆境不离导弹,90多岁高龄还在牵挂导弹。中国之所以能在那么薄的家底子上创造那么多国防科技奇迹,就是因为有一批黄纬禄这样一生胸无杂念、舍了身家性命也要干出名堂的科学家和开拓者。科技创新需要高智商,更需要这种个人得失抛在脑后、国家利益至高

无上的坚定信念。"而对于一些国际问题,短评同样可以实现意见的简明表达,如2011年8月1日《新闻联播》在播报消息《美国会两党就提高债务上限达成一致》后,播出了短评《排场大于内容的政治表演》(图3-7)。该短评针对美国国会两党已就提高债务上限达成一致的表象,一针见血地指出:"在美国债务危机的

图3-7 本台短评《排场大于内容的政治表演》

舞台背景上,民主、共和两党共同完成了一次排场大于内容的政治表演。""民主、共和两党除了在一些经济问题上的理念差异外,主要关心的,是通过相互发难、能捞到多少有利于大选的政治资本。至于美国如何破解危机,危机会给美国经济和国际金融秩序造成什么样的危害,并不是这一次驴象之争的要害。"

(二)表现形态与要求

本台短评有的直接以"本台短评"的形式出现,有的以"编后"的形式出现。

"本台短评"以播音员(主持人)口播为主,配以字幕,有时也配以相关事实画面。由于它是以编辑部的名义发表的评论,因而要求它达到较高的水

准。虽然篇幅短小，但必须言之有物、论题集中、重点突出，起到画龙点睛的作用。如《新闻联播》2010 年 9 月 23 日播出了山东德州坚持生态立市、大力发展太阳能等战略性新兴产业的消息之后，随即配发了《本台短评：截弯取直抢先机》，全文如下：

> 经济欠发达地区，如何发展？山东德州的做法是向太阳要能源，他们认准目标，十年磨砺，新兴产业的壮大，促进了经济健康增长，城市更加适宜人们居住，"中国太阳城"的城市名片名扬世界。追赶别人，却不重复别人的弯路。在转方式、调结构过程中，找准定位，发挥优势，走绿色发展之路，就能赢得未来发展的先机。这就是德州的实践给我们的启示。

这则短评从山东德州的做法出发，以"转方式、调结构，走绿色发展之路"为落脚点，全文仅 150 余字，却起到了"抓住一点，推动一般，突出重点，深化主题"的作用。

编后语属于编者按语中的一种，又称编后小议、编者附记、编辑后记、编余等，是对新闻报道所作的延伸和发挥。编后语多用议论、抒情、联想，常依附在新闻稿件之后，目的是深化新闻报道的主题和报道思想，给人以深思的余地。[①] 在创作编后语时，应简要说明编辑部对有关新闻事件或新闻人物的基本态度，并因事抒情、借题发挥，力求从新的角度，对新闻报道起到深化主题、突出重点、明确目的的作用。

值得注意的是，目前许多电视报道中的本台评论与本台短评之间的界限日渐模糊，一些电视评论主题宏大，篇幅较长，播报语调高亢有力，就像报纸的社论，但电视屏幕上却打出了"本台短评"的字样。2010 年 8 月 18 日某电视台播出的本台短评《以人为本，生命至上》就是一例：

> 在与特大山洪泥石流灾害的抗争中，从防灾避险，到抢险救人，直至安置保障，我们之所以能最大限度地避免人民群众的生命财产损失，与党和政府抢险救灾工作中贯穿始终的"以人为本"、"生命至上"的理念密不可分。正是坚持以人为本、生命至上，面对突如其来的灾

---

① 　丁法章.新闻评论教程［M］.上海：复旦大学出版社，2006：260.

害,我们的监测预警及时准确,临灾避险有力有效,安全转移了群众,避免了重大人员伤亡。正是坚持以人为本、生命至上,在抢险救援中,我们竭尽所能、全力营救每一个受灾群众。正是坚持以人为本、生命至上,党和政府尽力做好受灾群众安置,千方百计保障受灾群众的基本生活。以人为本、生命至上的理念,成为贯穿抢险救灾全过程的根本取向和总体要求,使人们在面对各种突发灾害时,能够坚持挺立、攻坚克难、万众一心、共度难关。

这种模糊本台评论与本台短评界限的做法,值得商榷。

第二节　即兴点评

即兴点评,主要是指由记者或主持人在新闻报道的现场或演播室内,针对某个特定的新闻事件或新闻报道所发表的简短评论。它既有根据事先准备好的内容或提纲在现场所作的点评,更多的是指记者或主持人事先无稿的情况下,在事发现场或演播室即兴发表的评论。

一、记者点评

记者点评,就是指视听媒体的记者针对自己报道的某一新闻事件(新闻人物)发表的简短评论。由于记者是新闻事件的报道者,能深入事实现场,相比较而言,其对新闻事件的来龙去脉、前因后果的认知更全面,其发出的点评也往往能起到第一时间释疑解惑、补充延伸信息、挖掘新闻深度的作用。有人认为,记者点评更能准确地表达记者自己的意见、可以增强时效性,也有一定的权威性,是一般署名评论(小言论)不可比拟的。[①] 根据评论发表时间与空间进行区分,可将记者点评划分为事前点评、事中点评和事后点评三种。

(一)事前点评

事前点评,主要是指在新闻事件发生之初或在事件发生之前,记者根据自己此前掌握的信息和对事物发展规律的认识,对新闻事件所涉及的相

---

① 许海滨.一种新兴的评论样式——记者点评[J].当代传播,2001,4.

关人物、事件的发展走向等作出的前瞻性点评。事前点评一般由身处新闻现场的记者完成。

事前点评，既承载着公众的关注与期待，也体现着记者的主观预测和判断，既有很高的传播价值，也充满变数与风险。因此，记者在点评时要事先对所评对象的相关信息有较全面深入的把握和理解，深谙事物发展规律和公众心理，能对事实的发展作较为准确的预测，同时在点评时要留有余地，切忌把话说得太满、太绝对。

（二）事中点评

事中点评，是指记者在新闻事件发生的第一时间和第一现场、在报道新闻事件的过程中，对现场所见所闻发表简短评论。这种点评一般是记者将观点穿插于报道之中，如广播记者在报道中边陈述事实边发表观点，电视记者出镜报道时边梳理现场事实边发表观点。

事中点评一般是身处现场的记者面对所见事实情不自禁的有感而发。这种点评既可能是一些感慨，也可能是提出疑问。感慨类的点评并不是没有内容的空洞感慨，那不是评论，评论必须言之有物。如北京电视台在2011年11月3日早间播出的《太空之吻——天宫一号与神舟八号成功实现交会对接》新闻中，记者点评道："北京航天控制中心注定是一个产生奇迹的地方……今天，2011年11月3日注定将载入史册，随着天宫一号与神舟八号顺利地实现交会对接，中国人探索太空的梦想又一次地变成了现实，而白手起家的中国航天人用震惊世界的速度逐步构建起了中国的太空家园。"记者的这份点评严格说来是一种感慨，但它是有内容的，点出了中国人实现太空梦的成就感。提出疑问本身就是一种态度的表达，继而通过探究真相的采访打开这些问号，这种报道过程中的质疑式点评更有价值，也更显记者的功力，因为它需要记者对现场事实有深入的思考和独立的判断。比如，2011年7月23日甬温线发生动车追尾事故，造成40人死亡，200多人受伤。7月25日的《新闻1＋1：中国高铁，重建信任》中，评论员白岩松提出了一系列的问题：

王勇平曾经说，初步了解事故原因是雷击造成设备故障导致。但是我想，我和很多人的第一感受都是这样，我们等待的并不是这样的结果。为什么？第一，雷击每一年到了这个季节总会有，是不是将来我们的铁路也会像航空一样,每年这样的雷雨季节都要停运呢?第二,造成设备故障。设备有的时候是可以出现故障,但是我们要设计相关的纠错的能力,这样的话,才会在既有雷击,又会导致设备事故的情况下,不出事故,尤其不造成人员这样的伤亡。

为什么看似理论上极其安全的三套保障系统,在这一次事故当中都没有出现?如果我们说的是雷击造成设备故障,我们想反问一句的是,为什么事故的处理,第一件事要做的就是撤掉了上海铁路局的局长、党委书记,还有一个管电的副局长。如果是雷击造成的设备故障的话,为什么要撤人呢?仅仅是为了平民愤吗?还是这是一起责任事故?

这些问题不只是评论员可以提,现场报道的记者出镜分析事实时同样可以如此推理和质疑,以提升报道的深度。这些分析和质疑也属事中点评。

(三)事后点评

事后点评,即是记者在新闻事件发生之后所发表的评论。由于事实过程及采访过程都已结束,记者能够对事实进行完整的回顾和梳理,也对采访中一些情绪和思考进行梳理,因而事后点评更能全面把握事实,点评也更理性、更客观、更准确。

记者的事后点评,表现方式可以是以"记者感言,采访后记,采访札记"等样式、以"字幕+口播"的方式在新闻报道后播出,也可以采取主持人与记者问答的方式共同完成。

图 3-8 记者感言"三八节"

记者感言式点评,往往是从记者自身的所见所闻所感入手,由此及彼,由个别到一般地展开点评。例如:2008 年 3 月 8 日河南电视台播出了女记者李馨的一则《记者感言》(图 3-8),就是由自己作为"两会"报道的女记者,在"三八节"收到鲜花、被媒体关注写起,到女记者/女编辑在新闻大战中不逊于男同胞，最后落脚于"在今天的中国，女性在政治生活、社会生活的方方面面都在发挥着越来越重要的作用"。而 2011 年 1 月 6 日贵州卫视在《贵州新闻联播》中播出的《记者感言：凝冻当前　共产党员靠前站》则针对当地交警在凝冻天灾面前坚守岗位入手，盛赞贵州全省的共产党员正用自己的行动起着模范带头作用。

事后的记者点评较多的采用将记者请进演播室由主持人发问、记者回答的方式，记者结合自己的采访经历，阐述对相关事实及话题的理解。比如，邀请采访重大矿难事故的记者，请他们结合自己的采访经历，包括耳闻目睹采访受阻，记者被跟踪、被收买等事实，发表对新闻专业主义的看法。这种主持人＋记者的事后点评，易变成采访经历的故事化叙述，忽略了点评的本意。因此，要特别强调点评的观点表达和理性分析。

二、主持人点评

主持人点评，是指新闻节目主持人（主播）就刚刚播报的新闻事实即兴发表评论，或在新闻事实的现场出镜点评。

主持人即兴点评主要是在播报新闻稿件后发表自己的看法。这些看法并不一定代表媒体的观点，主要还是主持人的个人观点，具有鲜明的个性风格。主持人即兴点评一般由主持人自定，因此即兴点评的选题、内容，一般较少提前控制和把关。

根据事先的准备程度，主持人即兴点评可分为带稿（提纲）式的点评和纯粹即兴发挥式的点评；根据主持人的配备情况，可分为单个主持人独白式点评、双主持人对话式点评；根据其在整个节目中的位置、分量比重，可划分为串词式（导语、串联语、结语）点评、独立成篇式点评，等等。

"独立成篇"的即兴点评一般选择公众关注高、有一定评论空间的新闻事实进行点评，主持人的点评与新闻事实一起构成完整的新闻信息，因而能获得较高的关注。这种点评常常是主持人播报新闻稿件之后兴之所致情绪的自然流露，也是真实思想的表达。正因为如此，一定程度的情绪失控就在所难免。如喜怒之情未能自控，出现口不择言的状况。特别是面对一些令人愤怒的事实，主持人难免会以普通人的心态谴责甚至怒骂之。如果失去管控，主持人极易出现情绪失控，一些非理性的言语就可能脱口而出,造成不良的传播效果。所以,主持人点评必须加强情绪自控。也正是因为即兴点评是主持人个人观点的随性表达,因而具有非常浓重的个性特点,可以反映出主持人的评论风格和评论水平。

第三节 新闻述评

新闻述评,是新闻评论中融新闻与评论于一体的一种体裁。新闻述评既要报道事实,又对事实做出必要的分析和评价,[①]介于新闻与评论之间,因而兼有两者的特点和优势。新闻述评的基本功能是对信息进行整合、深化和延伸。

一、新闻述评的地位与作用

新闻述评最大的特点是夹叙夹议、融新闻和评论于一体。它通过画面、解说词、同期声、字幕、音响等手段,既报道事实、又对事实进行分析与评价。它以对事实的报道为基础,但对事实的报道又不是平铺直叙的,而是力求透过纷繁复杂事态表层,抓住其本质和内在逻辑,引导观众思考,并作出自己的判断。[②]

新闻述评是当前视听评论中分量最重、所占时间最长、影响最广的表现形式。1980 年 7 月 12 日,中央电视台以《观察与思考》命名的电视述评栏目开播。它以一种崭新的评论手法和评论形态出现,融音响、画面、文字于一体,融记者现场采访、各方人士参与议论和记者有针对性的分析点评于一体,融叙事与议论、纪实性与思辨性于一体,使新推出的电视述评,既不同于报刊评论和广播评论,又不同于十几年前的“口播、资料画面”的早期电视述评。自 20 世纪 80 年代中期开始,一些省级电视台也先后开办了电视述评类栏目,对新闻事件和社会问题做出报道与评析。涂光晋教授分析称,1994 年 4 月 1 日央视开播的《焦点访谈》,以每天一期的高频率和每日一个焦点(或话题)的大视野,以报道与评析最新(乃至当天)发生的事件的高时效与预察事物进程的前瞻性,以声画兼备的形象性和探究事物规律

---

① 胡文龙,秦珪,涂光晋.新闻评论教程[M].北京:中国人民大学出版社,1998:307.

② 石长顺.当代电视实务教程[M].上海:复旦大学出版社,2007:186.

的思辨性，以议论的参与性和论点的复合性等特征，拓展了电视评论性节目的内容，确立和加强了栏目与节目自身的地位和功能，也由此带动了全国范围内的"电视评论热"。《焦点访谈》的示范效应，促使许多省、市电视台纷纷成立新闻评论部或新闻评论组，开设或改版"焦点访谈"式的节目，而这一节目样式在最初的几年几乎成为电视评论类节目的代名词。[①] 据统计，历届中国新闻奖广播电视评论获奖作品，基本上都是新闻述评。可见新闻述评在视听评论中的分量与地位。

新闻述评是比较能发挥视听媒介符号优势的评论形式。它兼具新闻事实呈现和观点信息表达两种内容结构，事实呈现形象具体，符合视听媒介注重展示事实过程信息的特点，而穿插其间的意见表达则对事实进行必要的分析、解释，对相关信息进行整合、深化和延伸。这种夹叙夹议的结构使得事实信息与意见信息交织，意见信息伴随着事实信息一起得以传播，对事实信息的解读更及时，受众得到的事实信息因为有了及时解读而更确定。同时，这种意见信息的传达因为有充分的事实信息作基础和支撑而具有生动性，比单纯的意见信息更易为受众所接受，传播效果会更好。

二、新闻述评的基本结构

结构是指各个要素、各个组成部分的搭配和排列。新闻述评的结构，就是指组成新闻述评的各部分内容之间的逻辑联系、搭配和排列。

视听媒介的新闻述评一般遵循"提出问题——分析问题——解决问题"的逻辑思路安排结构，具体表现为：以某一新近发生的新闻事件（广受关注的社会现象，中央或地方新近出台的政策、法律法规等）为新闻由头切入——对相关事件来龙去脉的简要回顾（事件回放）——对相关事件的前因后果展开分析和评论——提出解决问题的思路、办法、要求和注意事项等。如第21届中国新闻奖一等奖获奖作品、2010年3月24日在《浙广早新闻》播出的广播评论《善待民工才能够缓解民工荒》，遵循的就是"提出问题——分析问题——解决问题"的结构。在这则新闻述评中，作者以2010年春节过后波及浙江乃至我国沿海地区的"民工荒"及其产生的社会效应

---

① 涂光晋. 多媒体生存·多功能延伸·多主体参与——改革开放30年新闻评论的发展与变化. 现代传播,2008,6.

为新闻由头进行切入,通过采访农民工、企业主以及从事农民工研究的专家学者,剖析了发生民工荒的深层次原因,提出了缓解民工荒的思路:以人为本,善待民工;注重对农民工可持续发展的培养,让农民工真正融入城市。

综观视听媒介的新闻述评,其结构大体可以分为先述后评、边述边评两种形式。

(一)先述后评

这是《焦点访谈》等述评类节目中最常见的结构形式,其基本特征是用事实说话,事实占据绝对主导地位,主持人的评论主要是起到画龙点睛的作用。这种结构的好处是,寓论断于叙事,能让受众感受到记者和主持人的评论是建立在新闻事实基础之上的,易于让受众在接受事实信息中自然而然地接受节目传递的观点。

如《焦点访谈》2012 年 1 月 7 日播出的《学籍注水为哪般》。在这期节目中,由记者在采访时发现的奇怪现象入手——"一些农村学校在校学生人数和上报的统计表上的人数对不上。这些学校都有两套统计报表,两个表的数字各不相同。"通过多方采访,该期节目通过画面、同期声等,将真假数据、官员前后矛盾的表述、知情人的揭露等充分展示出来,起到了揭示事实真相的作用。在节目结束时,主持人发表简短的点评:"在报表数据上弄虚作假的行为,不光是套取国家资金,损害着这项政策的落实,同时还使数据失去了真实性和严肃性。人们还要追问:这笔被套取的所谓的富余资金到底富余到哪去了? 这件事发生在教育部门,我们不得不说得再远点,管学生的人这样做,学生们该怎么理解'诚信'二字呢?"以这种简短的点评结束,表明媒体态度和立场,既起到了画龙点睛、卒章显志的作用,又给人以水到渠成、余音绕梁的感受。

在先述后评的述评节目中,目前较多地存在着重述轻评的现象。许多节目 90% 以上的内容都是呈现事实,重头戏放在把事实的来龙去脉弄清楚,评论的内容只是区区几句话,甚至只是在节目的结尾处匆匆几句类似"希望有关部门重视此事"、"这种现象再也不能任其发展了"的无关痛痒的话。正因为如此,许多述评节目被质疑是否该归类为评论节目。

(二)边述边评

边述边评,也称夹叙夹议。在这种结构中,事实和评论并行,新闻事实主要以现场画面、采访同期声等形式呈现，评论既可以由主持人在呈现事实之前、之中、之后承担，也可以由采访对象通过回答记者的提问来承担。采访对象的观点表达可以是一人多处呈现，也可以是多人多处呈现。这种结构的基础特征是：事实与观点并行，述评主体多元化。

如获得第22届中国新闻奖一等奖作品、上海人民广播电台2011年12月26日播出的广播评论《严禁酒驾带给社会的启示》，以具体的事实入手：

> 24号晚，恰逢周末、又是西方的平安夜，23点的西藏路淮海路口依旧人来车往。此时全国范围的"查酒驾"统一行动拉开帷幕。黄埔交警豫园中队在此路口设卡检查。在记者跟随采访的两个小时时间里，这个点共检车辆约150辆，却没有查到一起酒后驾车行为，黄埔交警支队勤务路设科李科长告诉记者："去年我们查酒后驾车最早8点半开始查，基本查到11、12点已经战果累累了。5月份入刑以后，运气不好的话查一百部都不一定有。各个区交警支队基本上每天晚上都有设卡。1月份到4月份，醉酒驾车55起，5月1号到现在为止，5起，下降90％。"

记者提出疑问，酒驾大幅下降的成效在全国带有普遍性，如此良好的社会效果只是因为法律上加大惩处的缘故吗？

采访对象点评：社会学家、上海大学教授顾骏认为，重典固然重要，但更重要的是"执法力度的加大"和所有人在法律面前的"同一待遇"。高晓松案就是一个典型案例。"它的严格执法程度从未有过，所有的人都不能幸免，拒绝通融，拒绝具体情况具体分析。法律要发挥作用，必须对一切人有效。如果管不住一部分人，法律就管不住所有的人，再有力度的法律规定都没有了意义。"

事实呈现：上海一年食品安全方面违法案件少说有四五千件，这些查处大部分都是以罚款的形式来进行处罚，上海每年大概有两位数的违法案件追究刑事责任已经很不错了，酒驾抓到一个就是刑事责任。

采访对象点评：多年从事法制研究的、上海市社联党组书记沈国明对这一现象也非常感慨："刑法修正案八中既规定了醉酒的问题，也规定了食品安全的问题。而且有个共同点，不管有没有压死人、不管有没有吃死人,它是不管后果的,只要你有这个行为,就判刑了。它的力度和醉酒是一样的,但是你看人家都不知道,说明执法认真不认真。造势情况如何、宣传怎样都很重要。""如果我这个企业在什么区,我对它 GDP 贡献很大,区里也不希望我垮掉的。地方政府就这种很微妙的态度,在某种程度上,他们都有保护伞,他不是一对一,不知道背后有多少力量。都有部门利益、地方利益,所以大家基于利益这个角度来权衡对法律的态度,这使得很多法律都不能得到很好的执行。"

记者点评:法治社会要求:每个人或每个部门都只对法律负责。严查酒驾的"人人平等",凸显了法律的作用和威严。然而当下,环保、拆违等很多领域在执法时往往强调事物的特殊性。

采访对象点评:上海市联合律师事务所高级律师江宪和顾骏教授分析说,当总是强调特殊性时,问题就出现了。"我们目前走到今天,确实是由于我们在强调事物的特殊性,忽视了法律主要是针对事物的普遍性的。我们现在总是把法律当做一种很实用的东西,我要用的时候用一用。千万不要搞成法律只是治一部分人、却放过另外一部分的。执法者首先必须守法,法律管不住执法者,执法者就管不住普通人。""我们现在的问题是有法不依的问题。在有些事情上严肃执法了、有法必依了,但有时又有法不依了,这样造成整个社会起起伏伏。"

记者点评:建立一个健全的法制社会,受益的将是社会中的每一个人。而每一个人又都是法治社会的推手。

数字呈现事实:市绿化市容局的一组数据,今年 1 月至 10 月,本市工程渣土车涉及的交通事故共 50 起,其中 28 起是由电动车主、自行车或行人负主要责任。

采访对象点评:上海人大法工委主任丁伟说,公众在强调权利的同时不能忽视责任和义务。"现在整个国家法制的发展趋势是不断限制公的权利。公权利加以限制我认为是社会进步的标志。相对来讲私权利就扩张了。现在普通社会公众你们准备好了没? 如果你们遵法守法意识没跟上的话,那,我认为这个社会也会不稳定的。"

记者点评:越来越多的事例告诉人们,社会治理没有什么其他办法,唯有依法。人们只有敬畏法律,把法当真,管理部门像查处酒驾一样来查处所有的违法行为,社会一定有条不紊。

这则述评采取夹叙夹议的形式,既有事实呈现,又有分析评价,事理都很充分,事实典型具体,观点层层推进,步步提升,是一篇上佳的新闻述评。

三、新闻述评的基本特点与要求

新闻述评虽有不同的结构形式,但万变不离其宗——述评结合、以评统述。

(一)述评结合

新闻述评兼具新闻报道与新闻评论两种体裁的功能,因此,视听媒介的新闻述评也就应该做到有述有评、述评结合。人们对事物的认知,要经历由个别到一般、由具体到抽象、由感性到理性、由表象到本质的过程,述与评的有机结合,更符合人们的认识规律,更易为受众接受,有利于提高新闻述评的传播效果。无论是先述后评,还是边述边评,都必须做到有述有评。过于弱化甚至忽视点评的位置,它就不再是述评而只是新闻报道了,充其量算作深度报道。

针对新闻述评节目普遍存在重述轻评的现状,有人提出新闻述评应以评为主的观点。我们认为,新闻述评重要的并不在于事实陈述与分析评论的分量孰轻孰重,而是都应保证一定的分量,符合新闻述评节目的内在规定。事实陈述是基础,基础若不厚实,评论的观点就缺乏根基;分析评论是目的,目的不明确,再厚实的基础也只是"毛坯",无法达成目标。只有给评论以应有的分量,新闻述评才能回归评论的体裁,才能体现评论的价值。

(二)以评统述

所谓以评统述,是指新闻述评作品要以"评"统摄"述",其中的"述"应服从并服务于"评"的需要。这就要求,视听媒介的新闻述评主创人员,必须掌握足够数量的素材作为"述"的基础,并从中遴选出具有典型性和说服力的素材作为"评"的依据。需要强调的是,"以评统述"更多的是指新闻述评的叙事结构,并不包含新闻述评创作的全过程。否则,就易犯观点先行、事实为观点服务的错误。因此,在新闻述评的创作前期,主创人员应在全面客观深入了解新闻事实的真相后,科学严谨地作出自己的基本价值判断;在新闻述评的创作后期,则应围绕基于事实作出的价值判断,本着"以

71

一当十、精当高效"的原则进行科学选材,遴选出具有典型性和说服力的事实作为"评"的依据,达到"以评统述"的效果,避免新闻述评成为新闻素材的简单堆砌。

如获得第21届中国新闻奖一等奖作品、江苏公共频道2010年7月9日播出的电视评论《版权保护——南通家纺市场成功密码》,紧扣近年来国家强调"调整经济结构、转变经济发展方式、提高自主创新能力"的大背景,抓住世界知识产权组织发布全球第一个版权保护专项调研项目《加强版权保护对南通家纺市场产业发展的影响调研报告》这一新闻事件,在掌握了大量鲜活的第一手材料后,结合江苏全省对于知识产权保护工作的宏观态势,提炼出"尊重知识产权,掌握自主知识产权就是抓住了发展的生命线,版权管理,成就了南通家纺市场的成功之路"的总论点。在这一总论点的统领下,根据新闻事实提炼"行政推动带来版权意识大觉醒、民间维权带来创意井喷、司法介入构成完善的版权保护体系、版权保护带来企业自主创新和产业转型升级"的分论点。围绕这些观点,通过精选案例、专家点评等方式进行由点到面、由浅入深的叙述和分析,揭示了南通家纺市场版权保护的成功经验及其对全国知识产权保护工作的启示。

◐ 第四节　谈话体评论

谈话体评论,是指视听媒介以社会公众为传播对象,针对特定的新闻事件、新闻人物或社会现象,采用节目主持人与现场嘉宾(有时还有场内外观众/听众)谈话的形式制作的评论。视听媒介的谈话体评论,往往采用"节目主持人＋现场嘉宾"或"节目主持人＋现场嘉宾＋场内外观众/听众",以面对面交谈对话的形式,通过视听传播媒介公开传播。因此,谈话体评论就其本质而言,是人际传播的大众化过程,具备了人际传播与大众传播的传播优势,避免了传统评论中常见的"我播你听"、"单向训导式"传播中的种种不足,给受众以亲切、平等交流之感。

按照主持人、嘉宾与受众在评论中所起的作用划分,我们可将谈话体评论的表现形态分为访谈式、闲聊式、论辩式等。

一、访谈式评论

访谈式评论，是指主持人与嘉宾采用一问一答双向交流互动的方式，对某一新闻事件或话题发表评论的节目形式，它是双方共同完成的评论。这种形式的评论是视听评论中最常用的评论形式。

（一）节目形式

访谈式评论的典型形式是主持人提问、评论员回答，双方在一问一答中实现对事实的评论。在这一过程中，评论员就某一事实或话题进行解读、分析或发表评论是核心，但关键却在于主持人的提问，即"访"。没有提问，就没有访谈。

主持人的提问，主要是为了引导评论员阐发对相关问题的评论。这种提问，不只是开始的一句"请您谈谈对这件事的看法"，还应包括对评论员观点的回应式提问，这种提问不是礼貌性的，而是抓住评论员观点阐述中的一些问题进行追问，促使评论员进一步回答和阐释。那种只是开头"引导员式"地邀请评论员发表看法后就不再参与交流、只是由评论员独自发表意见的形式算不上访谈。真正的访谈应是参与交流的双方互动频繁，主持人要有精妙的提问，评论员要有充分的阐释。主持人的提问不仅有事先准备充分的问题设计，还有从评论员的观点阐述过程中捕捉的新问题。评论员的阐释要有针对性，且观点鲜明、深刻。双方在问与答、观点的交流与碰撞中实现对事实本质的揭示，以及对观点的深入挖掘和充分表达。

访谈式评论既可以是主持人与评论员同在演播室完成，也可以由演播室内的主持人与场外的评论员通过连线完成。同处演播室的面对面访谈，主持人与评论员的交流更直接，互动更顺畅，因而访谈也易更深入，持续的时间也长一些。而处于不同空间的连线评论，主持人与评论员的交流增加了空间距离，提问与回答更简洁，互动相对会少一些。

访谈式评论可以运用于多种节目。新闻节目中对新闻信息的解读和分析可以对评论员进行访谈，如《新闻联播》《早闻天下》《东方时空》等，专题评论节目中也可以就某一问题对评论员进行访谈，如《新闻1＋1》《新闻深一度》等。主持人与评论员的互动交流频繁程度不仅取决于节目的时长，更主要取决于主持人对话题认识的深度和对评论员观点中的问题把握能力。

（二）节目特点和要求

访谈式评论的突出特点就在于问与答。问要问得精准和深入，答要答得简洁和深刻。提问的精准性主要体现在主持人提问必须抓住问题的要害和受众的关注点，而不是绕来绕去抓不住要领。提问的深入性主要体现在主持人提问不能停留在表面，要拨开表层的现象，认识事实的核心实质，就事实的核心问题提问，以求得到答案。回答的简洁性主要是指评论员的回答不能拖泥带水，外围打转时间过长而不得要领，要简明扼要直奔主题，毕竟视听媒介的采访一直处于直播或准直播状态，提问与回答都会原态地呈现于媒介。回答的深刻性主要是指评论员对问题的分析应直达事实的核心实质，体现出请评论员发表意见的价值，而不是停留于事实表层，说些人人都能说出的话。

这就对主持人和评论员提出了较高的要求。就主持人而言，要主动提问，不能只当听众，要明白好答案是问出来的，通过提问激发评论员的思维。主持人要擅于从评论员的阐述中捕捉可以继续追问的问题，并在追问中与评论员进行观点的交流和碰撞，从而产生新的观点。就评论员而言，要善于选择恰当的评论员。不是每一个评论员都胜任每一个评论选题，每个人都有其擅长的领域，也有其不擅长的领域。不要随意挑选评论员，而要根据评论的选题选择评论员。要让被挑选的评论员的专长与评论的选题相匹配，以做到评论有内容、有深度。评论员也应拒绝自己不擅长的话题，不然的话，评论就可能陷入空话、废话一大堆，不着边际，了无新意。

二、闲聊式评论

闲聊式评论，是指主持人与嘉宾针对某个话题进行漫谈式交流的评论节目形式。这种评论形式不追求达成共识和意见统一，而重视各抒己见和"异见"纷呈。

（一）节目形式

闲聊式评论的典型形式就是聊，几个人围绕一个话题各抒己见，进行观点的交流。这种交流没有设定固定的程式，只要认为有与话题相关的内容可讲，无论是事实信息，还是意见信息，都可以充分表达。凤凰卫视的

《锵锵三人行》、新浪网 2012 年奥运会期间开办的《奥运三健客》栏目就属此列。

《锵锵三人行》是凤凰卫视的一档颇具特色的漫谈式评论专栏。其节目简介中称："由主持人窦文涛与两岸三地传媒界之精英名嘴，一起针对每日热门新闻事件进行研究，并各抒己见，但却又不属于追求问题答案的'正论'，而是'俗人闲话'，一派'多少天下事，尽付笑谈中'的豪情，达至融汇信息传播、制造乐趣与辩析事理三大元素于一身的目的。看似'平衡一下'的'滑头话'，其实是窦文涛引导嘉宾发表具个人色彩的大胆言论，营造日常聊天的形态、谈笑风生的气氛，力求轻松、惹笑。"这种闲聊式评论话题广泛，似乎什么话题都可以聊；没有方向限定，什么倾向的观点都可以表达；没有范围边界，只要与选题相关的信息都可以交流。

《奥运三健客》是新浪网在 2012 年伦敦奥运会期间开办的评论栏目。由主持人黄健翔邀请文体名人、评论员、大学教授等就有关体育的话题进行交流评论。在总共 14 期的节目中，讨论的话题包括"奥运选手的体制之殇"、"裁判打分潜规则"、"三大球未来更不好过"、"刘翔伤病之谜"、"举国体制下的金牌战略"、"奥运选手选拔的秘密"等。该评论专栏基于网络平台，讨论的话题更具关注度，分析也更具深度，能够直达问题的核心实质，因而虽然播放持续时间不长，但影响很广。

（二）节目特点和要求

闲聊式评论的突出特点就在于形散而神不散。闲聊式评论看似闲聊，显得不着边际，实际上有一根红线贯穿始终，即评论节目的选题。因为闲聊，所以参与者更放松，也更能激发和表达真知灼见。

正是由于闲聊式评论的形散，因而对话题、主持人、嘉宾表达都有一些特殊要求。

（1）话题要有较高的公众关注度。因为参与交流者的思维发散度较高，显得不集中，对于受众而言，如果不是有较高公众关注度的话题，就会觉得讨论太过分散，游离主题太远。如果话题选择有较高公众关注度，受众就会因为对话题感兴趣而耐心倾听嘉宾的交流。

（2）主持人要有较强的主线意识和调控能力。虽然闲聊式评论因为类似日常聊天的氛围和状态而显得形散，但讨论的"神"不能散，这个"神"就是话题这根主线。主持人必须在头脑中抓住这根线,既让嘉宾发表具有个性色彩的大胆看法,又紧紧围绕讨论的主题进行。这就需要主持人既要积极投入与嘉宾的交流互动中去,又要对讨论的气氛、话题收放进行适当的调控。

（3）嘉宾要有较强的自控能力。虽是闲聊,但作为公开传播的谈话节目,嘉宾的表达也不能太随意、漫无边际,必须围绕话题发表看法,做到主题集中;同时,观点表达应在受众能接受的范围内,不能口无遮拦,信口开河;再者,闲聊式评论必须是有深度的评论,它不是茶馆里清谈,而是传达意见信息的视听评论节目,必须以理性的、有深度的观点表达为目的。当然,闲聊的深度在一定程度上也取决于主持人的引导。

三、论辩式评论

论辩式评论,是指主持人、嘉宾与场内外观众或听众,共同就当下某一重大事件、焦点或热门话题展开讨论,甚至形成双方对垒式辩论的评论节目形式。在这一过程中,主持人、嘉宾与受众各持不同立场、敞开言路、直话直说,从而营造出一个公共话语空间。

（一）节目形式

论辩式评论会将参与话题讨论的嘉宾分成不同阵营,就某一具有较大争议性的话题进行讨论。由于立场不同,观点针锋相对,论辩的每一方都力图证明自己同时证伪对方,因而讨论的过程极易演化成激烈的论辩。这种激烈的论辩本身就具有一定的情节性,因而也具有一定的观赏性。

论辩式评论一般在演播室进行。参与论辩式评论者不仅有演播室内被分成不同阵营的嘉宾,他们是论辩的主体;也有演播室内的观众,他们可以支持某一方,同时说明支持的理由;还有场外的听众或观众,他们通过视频连线参与到场内的论辩过程。

虽然激烈的论辩本身就具有直观性和观赏性,但论辩式评论节目也会在观点论辩过程中插入事实过程画面,突出视听评论的媒介优势。

论辩式谈话节目中,主持人一般不明确表达自己的观点,其主要职能在于营造现场嘉宾和场内外受众参与讨论的氛围。凤凰卫视的《一虎一席谈》《时事辩论会》《全民相对论》和东方卫视的《东方直播室》等是其中有代表性的栏目。

（二）节目特点和要求

论辩式评论的突出特点就在于被分成不同阵营的意见主体之间的激烈论辩，论辩必须有序而热烈、理性而深刻。

论辩式评论的这一特点对其选题、主持人、嘉宾选择都提出了特殊的要求。

（1）选题具有较大的争议性。有争议才会形成论辩，选择争议性大的话题才能使嘉宾之间展开激烈论辩。"正方 VS 反方"的形式和环节设置将参与论辩的双方分成对某一观点持支持或反对的两方，就表明话题本身就具有很大的争议性。如《时事辩论会》的"虐童教师该不该重判？""奥数能真正被叫停吗？""金牌能否造就体育强国？""中国该不该对日本进行军事反击？"等。

（2）主持人要有较强的现场调控能力。在论辩式评论节目中，主持人的职责不是发表评论，而是体现在搭建意见表达的宽阔平台，营造意见表达的良好气氛。这就要求主持人具有高超的现场调控能力，能激发嘉宾和现场观众的谈话热情；能在论辩过于激烈时适时调整话题走向，弱化论辩的激烈程度，引导讨论保持有序和理性；倾听嘉宾阐述观点，对所有嘉宾给予同等的尊重，让各方观点得到充分呈现，引导讨论走向深入。论辩式评论存在着三个谈话场，即演播台上的主持人与嘉宾所构建的核心谈话场、主持和嘉宾与场内观众共同构建的第二层谈话场、场内人员与场外参与连线评论的网友共同构建的第三层谈话场。这多层谈话场有赖于主持人去营造。

（3）嘉宾选择要兼顾表达能力和自控能力。参与论辩对表达能力的要求是不言而喻的，不仅独自阐述个人观点时能清晰而简洁地表达，而且在与对方进行论辩时能迅速组织论点、论据并在有条不紊的陈述中完成论证。同时，论辩过程中证实自己和证伪对方的方式，易于激发情绪化表达，在一定程度上失去理性，为确保评论的理性和深刻性，评论嘉宾的选择必须看重能够控制情绪的、真诚地进行观点交流的人。

总之，"正方 VS 反方"的出现，将冲突性的言论同时呈现，还原了冲突性的言论景象，是我国媒体公共意见平台的成熟标志。[①]

---

① 何志武，杨怡.正方 VS 反方：搭建公共意见的平台.新闻战线，2007，11.

第四章　有的放矢：视听评论的选题与立意

　　"评论写作的全过程，主要包括构思和表达两个阶段。"构思阶段"主要解决写什么的问题，涉及选题、立论和论点、论据等"。[①] 其中选题、立意关系着一篇评论的整体，是构思阶段的主要环节。

　　评论的选题，就是确定所要评说的对象和话题范围。俗话说，"题好一半文"，好的选题是文章、节目成功的一半，也是一个栏目生长的源头活水。选题的质量，决定着节目的质量。随着视听评论节目日益增多，谁拥有高品质的评论选题，谁就能在激烈的竞争中脱颖而出。

　　评论的立意，是指一篇评论作品的思想内容、写作意图和构思设想。古人言，"文以意为先"，"意，犹帅也；无帅之兵，谓之乌合之众"。"意"，就是文章的主旨和中心，为文章之魂。"这个'意'，指的是文章中统摄'事'即材料的中心思想，虽然它并不就是具体论点，但却是诸论点的总和并且统率诸论点，可以说是全文的基调，也是评论写作全过程中的一个具有决定意义的中心环节。"[②]立意一旦确立，评论就有了明确目标。评论的论点、论证等都将围绕立意进行，立意构建了新闻评论的场。

　　在通常情况下，选题和立意的过程同时进行，即在酝酿、确定选题的过程中，也基本确定了评论的主题，明确了要"说什么"。有时选题与立意的过程也并不同步，即选题确定了、但评论要表达的中心思想并未确定，需要再进一步思考。

◎ 第一节　视听评论选题和立意的关系

　　评论的选题与立意是紧密联系的两个环节。选题为立意提供基础，立

---

　　① 王振业，李舒.广播电视评论［M］.北京：中国传媒大学出版社，2009：275.
　　② 张骏德.新闻评论的"立意"［J］.新闻战线，2003，4.

意赋予选题灵魂,二者相互渗透,不能割裂。

一、选题——视听评论的"头道工序"

复杂多变的社会现实,海量多元的新闻信息,提供了无限丰富的评论话题。选取什么问题作为评论对象,就关系到评论的选题问题。

评论的选题,从广义上说,是指选择所要评论的新闻事件和所要论述的问题;从狭义上说,则是指所要评论对象的某个侧面、某个点,目标更为集中一些。比如,武汉市政府2011年4月实施治庸问责计划,掀起了一股影响深远的治庸"风暴"。治庸问责"风暴"以摧枯拉朽之势,席卷了全市上上下下的每一个层次、每一个角落、每一个岗位、每一名干部:重点整治得过且过、工作推进不力等10种"庸病";50种损害投资发展环境行为要问责;致力打造"零障碍"投资发展环境,全面清理或取消省以下审批行政事项和省以下行政事业性收费项目;大力精简会议,改进会风,提倡少开会、开短会、少讲话、讲短话。对于此次"风暴",评论的选题可以是整个治庸问责计划的推行,也可以是某一次治庸行动;可以是对整个计划进行系列的评论,也可以是对一次行动所涉问题的评论。确定评论的选题就是从广泛的社会事件、社会现象、社会问题中筛选、提炼出人们普遍关心的话题,是就事论理中的"事",有的放矢中的"的"。

选题的确定是评论制作整个流程中最基本、最重要的一环,也是第一步的工作。只有有了恰当的选题,才能激发受众的阅读或视听兴趣。受众的阅读或视听兴趣也是激发评论者发表意见和阐述论据的重要动力。选题是评什么的问题,然后才有怎么评的问题。选题确定得怎么样,直接影响评论的质量,因为选题关系到评论的价值。评论的价值,主要体现在话题的焦点性和争议性、观点的独到性和启发性。比如,2012年伦敦奥运会是举世关注的焦点事件,因而也就成为新闻评论的重要选题。有关奥运会的信息非常丰富,选择什么作为评论的选题,事关评论者关注问题的视野,也事关评论者在庞杂的信息中筛选值得评论的重点话题的能力。在这里,每天都传出各种新鲜的有冲突性的信息,有关中西方对待奥运的观念差异(包括开幕式的设计和对待比赛成绩的态度)、裁判执法尺度不一,甚至错判、大牌选手的失败、高龄选手的坚持、观众的情绪表达等,都可能成为评论的选题。选题的筛选和确定,反映了评论者的价值取向,或关注事件中的问题,或关注事件中的积极信息,或关注各国媒体对奥运的解读,这就将选题范围进一步缩小了。不同价值取向主导下的评论选题确定之后,接下来的观点表达也就围绕着确定选题的思路展开。

就视听评论而言,虽然论据呈现和论证过程的直观性在一定程度上能增加其吸引力,但选题的确定仍是关系到节目能否受关注的第一环节。选题是否抓住了社会热点,是否击中受众的关注点,决定了视听评论的价值及评论的空间。缺乏关注度的选题,即使论据很充分、论证很严谨,也会失去受众,自然也就失去了评论的价值。而选题一旦选准,即使缺乏丰富的声音和画面信息作支撑,只有评论员的独自分析,也会吸引受众给予较多的关注。还是以伦敦奥运会为例,刘翔在 110 米栏预赛跨越第一个栏时脚踩栏架跟腱撕裂而退赛,引发了铺天盖地的评论。这的确是一个好的选题。刘翔是中国田径史上里程碑式的人物,他在 2004 年雅典奥运会上以 12·91 秒的成绩平了保持 11 年的世界纪录,之后在瑞士洛桑举行的田径超级大奖赛中,以 12·88 秒打破了保持 13 年的世界纪录,是集奥运会冠军、世锦赛冠军和世界纪录保持者于一身的男子 110 米栏大满贯得主。然而,他在 2008 年北京奥运会 110 米栏预赛时因伤退赛,引起了国内外舆论的强烈关注,尤其是国内网民提出了强烈的质疑。后来经过长时间治疗,他得以恢复并回到赛场,2009 年以来,连续在国际赛事中取得好成绩,尤其是 2012 年上半年连续在伯明翰室内田径赛 60 米栏、世界挑战赛系列赛日本川琦站、国际田联钻石联赛上海站、国际田径联钻石联赛尤金站均获得冠军。这一系列优异的成绩激起了国人对于他在伦敦奥运赛场披金挂银的期待。然而,奥运预赛才开始,刘翔又一次因伤退赛。这一次,刘翔单脚从栏外跳到了终点,并深情地亲吻了他的第四道栏架。人们惊呆了。央视解说员杨剑哭了,说:"以我对刘翔的了解,他知道他今天根本就跑不到终点,他也不知道他起身后会发生什么事情。刘翔就是个战士,在明知道不可能跑到终点的时候,他飞了起来。"许多观众认为刘翔在表演,各大媒体纷纷就此事件发表评论。有质疑中国代表团事先未公布刘翔伤情的,有质疑刘翔伤退是一种阴谋的,有反驳阴谋论的,如此等等。视听媒介的评论也纷纷关注这一选题。除了电台、电视台之外,网络视频评论虽然没有充分的事实画面支撑，但通过评论员生动的剖析而使评论颇具吸引力。如新浪网推出的《体育评书》栏目中，著名媒体评论人梁宏达以评书的形式，以"刘翔摔倒是怎样一出戏"为题，就此事发表了评论，获得了极高的点击率。

当然，选题与标题是不一样的。同一个选题，不同的人可能会选择不同的评论视角，发表不同的评论。选题是从更大范围和领域里确定评论的对象，而标题则指明了评论对象的具体某个点、某个侧面。总的说来，有了好的选题才可能有好的评论；没有好的选题，很难产生好的评论。无论节目形式如何，选题是视听评论的基础和前提，是视听评论的"头道工序"。

二、立意——视听评论的灵魂

立意是继选题之后展开的又一思维过程。唐代杜牧说过："凡为文以意为主，气为辅，以辞采章句为之兵卫。……是以意全胜者，辞愈朴而文愈高；意不胜者，辞愈华而文愈鄙。是意能遣辞，辞不能成意。"这个"意"，就像一根红线，把所论述的"事"即材料串联起来。古人所谓"意在笔先"，就是说一篇文章动笔之前就应确定立场和中心观点，这是文章的魂。同样，一篇评论文章或一期评论节目，也必须事先确定评论的立场和中心观点，其评论过程都依此展开。

所谓立意，是评论者对所评述的事物或问题提出自己的看法，表达自己的见解。换言之，就是评论的中心思想和基调。中心思想要揭示事物的本质，贯穿于评论的始终，起着统帅全文的所有观点和材料，包括论点和论据，以及诠释和衔接文字、音像和画面的作用；基调则规定了评论的角度、高度和深度，它们从不同角度体现评论的预期目标。

有一种看法，认为立意就是总论点。其实，它们是两个不同层次的概念。立意和选题同属于评论的整体层次，它并不具体表现在评论中，而是通过包括总论点在内的诸论点表现出来，并为受众所理解；总论点则是居于主导地位的论点，与分论点同属于评论的要素层次。论点可以用一句话来表达，而立意则是一种更为完整的思想见解。

立意的过程，就是确定主要见解、主要观点的过程。立意一经确立，即可下笔行文。文章的结构、层次、引据、联想、论述、证明等，都围绕立意进行，形成一股气、一种场。一篇评论的质量高低、价值大小，起决定作用的是评论所确定的主题思想,即立意。

立意是视听评论的灵魂和统帅。立意不同,即使面对同一选题,评论质量也会呈现明显的差异。这主要涉及评论的立意所选择的角度、思想的高度和深度。比如,2012年8月8日,《中国青年报》发表了题为《去基层调研 抱怨接待差 女博士微博"吐槽"引风波》的新闻,内容是厦门大学经济学院的一位女博士随校方组织的博士团到闽北山区的原国家级贫困县政和县调研有关生态与经济发展的课题时,在微博上抱怨说:"吃的一点都不好,什么乱七八糟的,菜全部被吃光。哎,小地方,做事不行,而且他们显然不把我们学生放在眼里!""破地方,过得太憋屈了!每天的饭都是那几个菜,一个重口味的师傅,县宾馆的厨师该换了!下午出去找吃的,也没个超市,卖的尽是瓜子豆子好利友!"这位女博士在3天的调研结束时发微博称,"明天,姐终于要告别这里了!你们慢慢玩吧,姐要提前退场!要求:1.统战部配个好车送我们;2.航班返回厦门一切顺利!"针对这一新闻事实,不同的评论者选取不同的评论视角,立意也各不相同。有的从中看到了"教育的畸形",有的看到了"城乡二元结构的极度失衡",有的看到了"养尊处优式调研"风气的盛行,有的看到了"基层的生态"……立意不同,思想的深度和高度也不一样。有的立意浅显,有的立意深刻,有的立意老套,有的立意新颖。

随着越来越多的视听媒介增加了新闻评论节目,选题趋同就难以避免。然而,同题评论立意互异成为媒体竞争的必然选择。要想在相同的新闻材料中做出独家的报道和评论,就必须以新的视角进行深入的分析,得出独到的结论,提出新颖的观点。一个新颖独特的立意,可以使一篇评论从众多同类选题的评论中脱颖而出,产生巨大的社会影响力。相反,那些立意平庸、观点雷同的评论只会淹没在信息的汪洋大海中。

三、选题和立意的关系

如果说选题要确定的是提出什么问题,那么,立意就是确定用什么样的立场,从什么角度提出问题和分析问题,进而确定要得出什么样的结论。选题和立意紧密联系,密不可分。

(一)选题为立意提供基础

选题与立意是一个统一过程的两个环节。一般选题在前,立意在后,选题为立意提供基础。有了评论的选题，立意才有对象目标、植根的土壤。只有确定了评论的选题，评论者才能确定文章的立意、中心思想以及安排评论的结构等内容。若没有明确的选题，再好的立意也是无的放矢，放空炮。所以，必须先有选题，后有立意，选题是立意的基础和根基。

当然，选题与立意作为一个过程的两个环节，也并不是截然分开的前后两个阶段。很多时候，人们在确定选题时，往往会同时考虑评论的立意，确定评论的立场和中心观点。尤其在评述重大问题时，选题与立意的过程往往是同时进行的，在酝酿、确定选题的过程中，对事件或问题的大致看法和观点也逐步形成。

我们说选题在立意之前，是从一般意义上而言的。有时也会出现先有立意后寻选题的情况。一种情况是，评论者长期关注某一类问题，形成了自己的思想，需要恰当的新闻事实来承载这些思想，此前已发生的事实已显陈旧，错过了新闻评论的时效要求，一旦出现与这些思想相契合的新闻事实，就被确定为恰当的评论选题。如关于一些地方政府对待民众上访的态度一直备受评论者的关注，上访行为被当做"无理取闹"，上访民众常被政府官员视为"刁民"，一律采取劝阻甚至关押等手段予以制止。研究者指出，上访是群众越过底层相关行政机关到上级机关反映问题并寻求解决的一种途径，反映出群众对上级政府的信任，是群众反映意见、上层政府了解民意的一个重要途径，政府理当重视并保护上访者的合法权益。此类事实一再发生，评论也源源不断。一旦新的事实发生，此前形成的观点立即找到了载体，即确定了选题。2006年，湖南永州发生一起骇人听闻的幼女被逼卖淫案引发国人强烈关注。2006年，年仅11岁的幼女乐乐被逼迫卖淫，在随后的3个月内，被逼卖淫100多次。其母唐慧因不满法院判决，多次上访却在2012年8月2日以"严重扰乱社会秩序，造成了极坏的社会影响"的名义被送进劳教所。8月10日，湖南省劳动教养管理委员会经复议，决定撤销永州市劳动教养管理委员会对唐慧的劳教决定，备受关注的永州"上访妈妈"唐慧被释放。针对这一事件，一些评论纷纷提出唐慧案不能止于放人，要对"维稳式劳教"进行制度性反思。

另一种情况是，对以往发生的事实进行审视后总结出较为深刻的思想，需要等待恰当的时机表达出来才会有较好的效果。比如北京奥运会中国夺得金牌榜和奖牌榜第一,引起国人欢呼雀跃的同时,也引发国人的思考:中国是体育强国了吗?2012年的奥运会上,到8月10日,中国累计获得夏季奥运会金牌数已达到200枚。从第1枚金牌到第100枚中国用了20年,但从第100枚到第200枚,只用了8年。金牌数量飙升正是思考我国体育发展战略的良好时机,因而就在8月10日这一天,许多媒体都刊发了相应评论。如中央电视台《晚间新闻》中评论员白岩松评论道:200块金牌只是一个量变的过程,只能说明我们是应试教育的高手,不能说明我们已成为体育强国,要将应试教育转变为素质教育,我们还有很多工作要做。而第二天的《长江日报》连续刊发了《为什么不是体育强国》《拿不到第一又怎样》的评论。各大媒体纷纷在"金牌大国≠体育大国"的立意下发表评论。

这两种情况有一个共同点,就是评论的立意此前就已出现,只是静候恰当的事实和时机。表面看起来是先有立意后有选题,实际上这些立意是上一次选题基础上的立意,只不过这些立意用于后来的选题同样恰当而被延用,所以它们仍然印证着选题是立意的基础的论断。

(二)立意赋予选题以灵魂

立意源于选题,高于选题。选题是评论者找到所要评论的对象,而立意则是评论者进一步确定评论的具体目标、核心论点。立意是整篇评论的基调,角度是否别具一格、站位是否高人一筹、分析是否更深一层,都显示出立意是否独具匠心。立意赋予选题灵魂,评论是立意的具体呈现。立意不同,即使选题相同,评论的质量也会出现很大的差异。面对同一选题,有的立意是常规战术,即多数人闻此信息后产生的第一反应,有的立意则是非常规战术,即只有少数人才可能思考到的角度和深度。当然,不同角度的立意也为评论提供了不同的视角,为人们提供了思考问题的多重视角,因而也都是有益的。

例如,2011年底,新任湖南大学校长赵跃宇公开宣布:任期内不申报课题、不带研究生。2012年7月,新任北京师范大学校长董奇在就职演说中承诺:在担任校长期间,将做到"四个不",即不申报新科研课题,不招新的研究生,不申报任何教学科研奖,个人不申报院士。同年8月,新任北京外国语大学校长韩震向全体师生公开承诺"三不":担任校长期间,不再做自己的专业学术研究，不再申请自己原有学科专业的研究课题，不再谋求与教学有关的个人荣誉。对于这几个同类事件，有的评论立足于其颠覆了当前大学校园内"行政权力通吃"的潜规则，认为校长参与评奖、评名师、评课题，就等于裁判员也上场比赛了，就难以保证比赛的公平性；有的立足于校长精力有限，认为既当校长又参与其他大量的评比，很可能影响其一心一意当校长；有的立足于高校校长定位转变，由学者兼职的"双栖"向"专职校长"迈进，认为校长的任务不再是小范围里介绍知识，传播思想，而是服务于已有的教学——学习——学术成长链，如清华大学前校长、教育家梅贻琦所言："校长不过是率领职工给教授搬搬椅子凳子的"，"管家"才是校长的核心身份。这些不同的立意为评论定下的基调不同，其评论的深度、巧度自然也不相同。正所谓"魂"不同，"形"亦不同。

🌀 第二节 视听评论选题的价值取向

衡量视听评论的质量高低，不单是看写作技巧、表达水平，首要的是看其选择的话题如何。评什么，这是视听评论能否吸引受众的先决条件。话题选得好，评论就可能脍炙人口，引人入胜；否则，就会空洞无物，干巴乏味。那么，确立选题的标准是什么呢？这就涉及选题的价值取向。

选题的价值取向一般来说有两种，一种是新闻价值，一种是宣传价值。所谓新闻价值，是指新闻评论中可能给人们的信息量的大小，它包括评论的观点、理念、思想和知识等。所谓宣传价值，是指新闻评论发表后对社会的影响力和震撼力，即社会效果。[①] 任何选题，评论者都应提前预判它可能具有新闻价值或宣传价值。有其中任一价值，都可以作为评论的选题。不过，对于有新闻价值的选题，应尽力做出它的社会效果即宣传价值来。而对于有宣传价值的选题，如果受众不很关注，应尽力寻找其中的公众兴趣点，做出它的新闻价值来。总之，既有新闻价值又有宣传价值的选题当属最好的评论选题。

---

① 赵振宇. 现代新闻评论[M]. 武汉：武汉大学出版社，2005：224.

一、选题的原则

视听评论与报刊的视听评论在地位、作用和体裁上有相同或相近之处,但在表现方式上又有其不同的特点,从而形成独具特色的评论体裁。因此,视听评论节目的选题,既有与报刊评论共同遵循的原则,也有一些自己独具的要求。

（一）新闻价值原则

新闻评论是新闻报道的一种体裁,新闻价值是确定新闻评论的重要原则之一。视听评论的选题确定也是如此。

这是因为:其一,从视听评论的传播过程来看,只有赢得传播对象的青睐,为其所关注,才能实现有效传播。通俗地讲,新闻价值就是公众的兴趣。事实的新闻价值就是事实中包含的引起公众兴趣的要素。徐宝璜先生在《新闻学》一书中指出:"新闻之价值者,即注意人数多寡与注意程度深浅之问题也。""而最好之新闻,即最近事实中之能引起最多人数之最深注意者也。"[①]评论的新闻价值就是评论选题包含的引起公众兴趣的要素。评论的选题只有遵循新闻价值原则,选择受众关注的事件或话题进行评论,才能为受众所关注,评论才有落脚点。其二,从视听评论的传播功能来看,只有回应社会热点,发挥舆论引导和舆论监督作用,同时,解析各类社会焦点问题,为群众释疑解惑,新闻评论的传播功能才得以体现。视听评论勃兴的原因之一就在于解析社会热点问题、增加信息传播确定性的需要。回应社会热点,评析社会焦点事件,解答热点问题,理应成为视听评论的重要职责。遵循新闻价值的原则确定选题,就契合了视听评论的这一传播功能。

遵循新闻价值的原则确定评论选题,应从两个方面下功夫。第一,从有新闻价值的事实中寻找评论的选题;第二,对公众关注的事件或话题不设禁区。

从有新闻价值的事实中寻找评论的选题,就是从具有较高公众关注度的新闻事实中寻找评论的选题。这是还原视听评论公众性的本质要求。

---

① 徐宝璜.新闻学[M].北京:中国人民大学出版社,1994:24.

视听评论不是评论员自说自话的特殊形式,而是向公众传递意见信息的重要形式。它强调评论话题的公共性,从最新的新闻事实、公众热议的焦点话题中筛选和确定评论选题,以引导人们从不同的角度认识热点问题,充当人们情绪释放的减压阀,解答人们心中的疑惑。人们收听收看视听评论,缘于人们想听听或看看视听媒体是怎样解释或评价热点事实、焦点话题的。如果视听评论的选题热衷于没有多大新闻价值、人们并不十分关注的话题,就会沦为评论员的自言自语。

对公众关注的事件或话题不设禁区,就是指只要是具有较高关注度的新闻事实,就应发表评论,呈现与事实相关的意见信息。重大新闻事件发生后,人们给予了高度的关注,但新闻所提供的信息只是事实的基本信息,其背后隐藏的深层信息、延伸信息,需要进一步解读。视听评论对相关热点事实的关注,就为人们提供了信息解读的服务,帮助人们科学认识事实,减少信息的不确定性。无论什么事实,既然已成为新闻报道的选题,就应该能够成为新闻评论的选题。如果对一些新闻事实设立评论的禁区,就会增加信息的不确定性,给人们自行解读增添障碍。如一些政策出台后,视听媒介从不发表评论,就让公众难以科学理解政策出台的理由,也影响政策的有效执行。

审视一些优秀的视听评论节目,基本都是选择新闻价值突出的事实作为评论选题的。从这些选题可以看出,只有深深扎根于人民群众之中,切实贴近人民群众,与人民群众息息相通,视听评论才能打动受众、启发思考、引导社会,才能不断增强生命力。

评论者要经常倾听群众呼声,了解群众疾苦,体察群众情绪,反映群众愿望。要把反映人民群众意见的信息汇聚起来,去粗取精,去伪存真,作为视听评论选题的重要依据。

（二）宣传价值原则

如果单纯按照公众的兴趣即新闻价值确定新闻评论的选题,就可能失去了一些评论题材。研究表明,人们总是对负面信息比正面信息更感兴趣。正所谓好事不出门,坏事传千里。这也正是问题指向占据评论绝对多数的重要原因之一。不仅如此,还有一些题材不被人们所关注,是因为人们对它们缺乏较多的了解,尚未产生兴趣,比如一些经济、科技题材的事实,一旦媒体对其做深度解析,找到这些题材与公众兴趣的契合点,同样会受到关注。所以,仅以新闻价值确定评论选题是不够的。

这就提出了一个新闻评论选题的宣传价值原则问题。无论是公开强调新闻媒介作为党和政府的喉舌,还是标榜新闻客观中立,不管愿意不愿意承认,宣传都是新闻媒体的重要职能。"现代宣传活动必然要利用现代传媒,就像影子离不开人。实际上,没有哪家报纸不在天天从事着宣传活动。"①

关于宣传价值,许多学者将其定义为事实所包含的有利于传播者并能证明和说明传播者政治主张的要素。这些要素表现为一致性、针对性、普遍性、典型性、时宜性。② 一致性主要是指与一个时期的中心工作相一致;针对性主要是指事实对社会现实具有"针尖对针尖"式的触及,尤其是当社会上对一个时期的方针政策不理解时,事实对理解方针政策具有很强的解释力;普遍性主要是指事实能引起人们的广泛注意,事实所包含的思想对人们具有普遍的教育意义和指导作用;典型性主要是指事实对于解释和说明某个观点具有突出的代表性和说服力;时宜性主要是指发表的时机适当,能收到很好的宣传效果。通俗地讲,宣传价值就是信息传播后的社会效果。

作为党和政府的喉舌,视听评论在表达意见、传播观点时理应传达党和政府的主张,传播社会的主流价值观,充分发挥视听评论的舆论引导作用。基于此,视听评论确定的选题,必须坚持宣传价值原则,从与中央和地方一个时期中心工作具有一致性、针对性、普遍性、典型性、时宜性的事实中寻找选题。

关于遵循确定选题的宣传价值原则,有几个关系必须理清:新闻价值与宣传价值、宣传与批评。

新闻价值与宣传价值之间并不是对立的关系,它们之间是可以共生共荣的。具有新闻价值的事实并不必然没有宣传价值,新闻价值中的受众关注与宣传价值中的普遍性、典型性等要素都是一致的。公众的兴趣并非只集中于低级趣味,一些重大、重要的严肃题材的事实也是公众关注的焦点。

---

① 童兵.比较新闻传播学[M].北京:中国人民大学出版社,2002:114.

② 潘堂林.怎样发现新闻[M].武汉:湖北人民出版社,2007:18—19.

随着人们文化水平和认知水平的提高,他们对国家和地区的政治、经济、文化、社会发展等问题给予了越来越多的关注。与此同时,随着传播文化的发展和普及,传统的宣传理念和宣传方式越来越多地受到诟病,越来越多的学者和政府官员认识到宣传与新闻可以有机结合。这就为视听评论结合新闻价值与宣传价值寻找和确定选题提供了可能。

宣传与批评同样不是对立的关系,它们的目标可以是一致的。宣传是为了说明和传播党和政府的主张,这种说明并非只能用正面的事实来印证,相反,用负面的事实予以反证往往能收到更好的效果。反证更易唤起受众的正义感,更易促进惩恶扬善舆论的形成,从而有效地发挥新闻评论的舆论监督作用。因此,确定视听评论的宣传价值原则并不意味着不做舆论监督,两者在本质上是一致的。

（三）适宜表达原则

任何评论都存在借助媒介表达的问题。媒介不同,表达方式不同,其选题也会有所影响。确定选题必须考虑媒介的特殊性,要以适合媒介表达为原则。

视听评论之所以不同于报纸评论,主要源于二者载体的相异性。与报纸相比,视听媒介的传播符号既有声音和文字,更有图像。它通过图像的剪辑来传达观点和态度,主要以视觉形象直接作用于受众,同时又通过语言,进一步描述事实,表达观点。因此,受视听媒介传播方式及其特点的制约,视听评论还具有自己特殊的选题原则,即选择适宜视听媒介表达的选题。

视听评论诉诸声音与画面符号,它不是报刊评论的有声版,而是有着视听媒介独特符号和独有传播规律的评论形式。即使是以说理为特征的视听评论,仍然必须凸显视听媒介的声画符号特征,具有明显的视听媒介传播属性。因此,视听评论的选题选择和确定,必须遵循视听媒介的信息特点和传播规律,尽量选择具有丰富的视听要素作支撑的题材。受众在收听收看广播、电视及网络音视频评论时,不光在听观点,也在收听收看声画符号支撑的事实过程,尤其是视频类评论更是如此。

尽管视听评论中也有纯粹观点性的短评、讨论式评论,但它们都是伴随着充分的事实过程展示而存在。没有事实过程的充分展示,纯粹的观点展示会失去受众。

二、选题的来源

客观地讲,视听评论的选题俯拾即是,关键在于评论者是否能从广泛的信息来源中发现和捕捉到恰当的选题。

视听评论的选题从哪里来?从党和政府的指示精神中来,从各类媒体的新闻报道中来,从民间的意见和建议中来。

(一)党和政府的指示精神

作为党和政府的喉舌,视听评论承担了宣传党和政府的路线、方针、政策的重要任务,因此,必须紧紧围绕党和政府在一个时期、一个阶段的重点工作,从党和政府的指示精神寻找评论的选题。党和政府的指示精神,贯穿于中央和地方党委的各种会议、颁布的各项法规和文件以及领导人的讲话等。邓拓在讲到《人民日报》社论的选题时曾提出五个方面的根据:① 党中央和国务院的决定和指示;② 地方党委和政府提供的情况和意见;③ 从主管部门了解的情况和意见;④ 记者提出的报道题目和线索;⑤ 读者来信反映的情况。前两个方面就是党和政府的指示精神。

党和各级政府的指示精神是指导全国和地方经济、政治、文化和社会发展的纲领,是各级新闻媒体的宣传重点,通常也是人们关注的焦点,是各级媒体的重要报道内容,也是视听评论的重要选题来源。许多有影响的视听评论节目都是紧紧围绕党和政府的指示精神找选题的。如中央电视台的《焦点访谈》栏目,每逢中央重要会议召开、重大政策出台、领导重要讲话,都会从中寻找选题,制作有分量的评论节目。2011 年 10 月 15 日至 18 日,中国共产党第十七届六中全会在北京召开,审议并通过了《中共中央关于深化文化体制改革推动社会主义文化大发展大繁荣若干重大问题的决定》。《焦点访谈》抓住这一重大选题,制作了一组有关推进文化发展的评论节目:《建设文化强国——十七届六中全会精神解读(一)》(10 月 25 日)、《推动中华文化走向世界——十七届六中全会精神解读(二)》(10 月 26 日)、《推进社会主义核心价值体系建设——十七届六中全会精神解读(三)》(10 月 27 日)。2012 年 7 月 23 日,胡锦涛总书记在省部级主要领导干部专题研讨班上发表了重要讲话,内容涉及中国特色社会主义发展的经济、政治、文化、社会、生态文明建设及党的自身建设等方面，并以十六大以来的十年为时间跨度，阐述了中国特色社会主义事业的总体布局的发展情况，提出了实现未来发展的新要求。《焦点访谈》8 月 7 日制作了解读胡锦涛重要讲话精神的评论节目。节目开篇就指出：再过一段时间，党的十八大就要召开了，在这个时候，举什么旗、走什么路、由什么样的组织领导、靠什么样的力量推动我们国家继续前进等等这些重大问题，再一次成为焦点。胡锦涛的重要讲话回答了这一系列问题，电视评论对其解读就是要进一步阐释讲话中的精髓，让中央的精神进一步为群众所理解，做到深入人心。

从党和政府的指示精神中找选题，首先，要熟悉和领会党和政府的指示精神，然后才能找到其精髓和实质，并产生深刻的认识和体会。其次，要找到党和政府的指示精神与社会现实的联系，在两者的结合中寻找评论点。这是让党和政府的指示精神"落地"的重要步骤，避免政治宣传的空放议论的弊病。尤其要注意发现社会现实中的问题和矛盾，倾听基层群众的呼声，找到这些问题和矛盾与党和政府指示精神的结合点，从而有针对性地解释和宣传党和政府的指示精神。要切忌照抄照搬文件，孤立地从文件中找题目，不联系实际，不做具体分析，不解决任何实际问题。

（二）各类媒体的新闻报道

大量的新闻评论都是对已经或正在发生的新闻事实进行评说，视听评论也不例外。首先，这是因为新闻评论的选题原则与新闻报道的选题原则在很大程度上是一致的。判断一个事实是否该报道，其依据就是新闻价值和宣传价值。此外，视听新闻对事实的选择还须看它是否适合视听媒介的呈现要求。视听新闻报道所选取的事实作为评论选题，同样会受到广泛关注。其次，视听评论是对视听新闻报道的延伸和补充。新闻报道所呈现的是事实本身，而新闻评论所呈现的事实的延伸信息，包括事实的深层意味、深刻影响、深度价值。许多事实被报道之后，受众在关注事实本身的同时，还希望有人对事实进行解析和评判，帮助他们认清事实，尤其是面对信息汪洋大海的今天，这种需要更为迫切。视听评论正是在这种背景下得到了迅猛发展。再次，视听评论在很多时候是与视听新闻同步呈现的。这是视听新闻报道的独特形式。记者在现场报道时陈述事实与评述事实交织进行,将事实信息与观点信息融为一体,这种基于记者调查而产生的观点往往更具说服力和感染力。

新闻报道的内容非常丰富,所涉领域、类型非常广泛,政治、经济、文化、军事、社会生活无所不包,事实新闻的报道、观点新闻的呈现、正面典型的宣传、负面问题的揭示,应有尽有。这些丰富的新闻题材为视听评论选题的确定提供了丰富的基础。实际上,视听评论的选题主要是从新闻报道中获取的。如央视的《新闻1+1》《今日观察》大多是从当天的新闻中选取一条焦点新闻进行评论,一些有影响的评论节目都是从受众热议的最近的新闻事实中确定选题,如《一虎一席谈》《东方直播室》等,而大量的时事短评更是就刚刚播报的视听新闻进行评说。

从新闻报道中寻找和确定视听评论的选题,关键在于评论者头脑中要有一个"社会问题单",要从新闻报道中准确梳理出当前的社会问题,认清社会矛盾的焦点,抓住问题的实质和要害,摸准公众情绪的脉搏,找到它们之间的结合点。只有这样,才能敏锐地发现新闻报道中的视听评论选题。

从各类媒体的新闻报道中寻找视听评论选题,是指寻找评论选题不能局限于所在媒体,其他媒体包括不同介质的媒体所报道的事实也是视听评论的选题来源。事实上,纸质媒体的新闻报道题材远比电子媒体的报道题材丰富得多,尤其是非事件新闻,报纸新闻的"独家新闻"就比广播电视媒体多。从这些广受关注的事实中寻找视听评论选题,将大大拓宽视听评论选题的视野。

(三)民间的意见和建议

这也是一条获得视听评论选题的重要渠道。任何一家媒体的记者数量再多,精力再充沛,活动范围再广,都是有限的,其报道的题材也是有限的。而分散于各个地方、各个阶层、各个群体的普通受众,弥补了记者数量、精力、活动范围的局限。他们是社会变动、新闻事实最直接的感知者,在感知的过程中自发或自觉地扮演了评论员的角色,阐发自己的观点,也参与意见的交换。他们可以给媒体写信,也可以借助网络平台自主地提供事实,发表评论。这些来自民意的事实信息和意见信息也为寻找和筛选视听评论的选题提供了丰富的来源。

在网络时代,网络成为民意信息的集散地。通过网络社区、网络跟帖、博客、微博等平台,网民可以发表文字信息、图片信息、视频信息,这些信息可以是事实,也可以是观点,它们有的可以直接成为视听评论的选题,有些则开启了确定视听评论选题的思路。比如,一些网民跟帖虽然只是只言片语,却极具智慧,富含真知灼见。

正是基于对受众意见的重视,一些媒体向受众征集评论的选题。如《东方直播室》通过天涯社区征集"社会话题",《一虎一席谈》在凤凰网设置了受众话题建议的栏目。这种从受众端获得的视听评论选题,来源更广泛,选题更丰富,也更能激发受众的参与热情。

第三节　视听评论立意的巧妙构思

任何一篇视听评论,不论选题大小、篇幅长短,评论的对象是人物、事件或是观念、现象,是正面宣传还是负面揭露,都有一个明确的立意,即中心思想。如果没有明确的立意,就像没有穿线的珍珠,即使颗颗晶莹璀璨,也不过是一盘散珠。有些评论之所以给人"东一锤头,西一棒子"的感觉,很重要的原因就是没有形成明确的立意,没有形成贯穿其中的指导思想。

一、立意的基本要求

清人刘熙载在《艺概》中提到:"若不异之是,则庸而已;不是之异,则妄而已。""是"是指真理性,"异"则是新异、独到的意思;而作为对立面的"妄"、"庸",则可以分别理解为虚妄、平庸。这番论述虽然是针对文学艺术创作而言,但对于我们理解视听评论的立意不无启发。实际上,在长期的视听评论实践中,我们在立意方面所追求的,也可以归纳为"是"和"异",或"真"和"新"的统一。

(一)求真戒妄

立意求真,"真"是什么呢？真实性、真理性。评论追求的真,是准确反映事实的本质内涵,深刻揭示事实的价值意蕴。视听评论立意的"真"包含评论对事实本质认识之"准"和评论对事实深层意蕴挖掘之"深"。"准"与"深"都是认识真实地反映客观事实的重要体现。

首先,视听评论的立意对客观事实的反映要力求准确。评论表达的一

93

种意见、一种观点,是主观对客观的认识和反映。在主观反映客观的过程中,由于受到主客观因素的影响,如事实本身的复杂性和认识主体的认识水平问题,人们并不一定能准确反映客观事实。在确定视听评论的立意时,虽然不同的人会选择不同的角度,但必须准确反映客观事实,所确立的中心思想必须与事实相符,而不能随心所欲乱评一气,不能为了追求观点新颖而不顾事实,为了追求视角独到而得出似是而非的结论。新闻评论只有尊重事实、符合事实,其立意才有价值。

2012年8月15日,香港"保钓"行动委员会船只载十余人赴钓鱼岛,7人携带五星红旗登岛。日本第11管区海上保安总部当天以"涉嫌违反《出入境管理及难民认定法》"为由,先后"逮捕"了14名香港"保钓"人士。中国外交部提出严正交涉,要求日方确保14位中国公民的安全并立即无条件放人。当天的《新闻1+1》请清华大学当代国际关系研究院刘江永教授分析指出:在2004年3月24日中国的保钓人士登上了中国固有领土钓鱼岛,也使日本感到非常棘手。当时小泉纯一郎内阁已经由于参拜靖国神社问题造成中日之间的关系极度恶化,在这个问题上他曾经表态,希望慎重处理。也就是说,当时虽然也是根据所谓的"非法入境"这样的罪名扣押了中国的登岛人士,但是不久,也就是在两天之后日方采取了一个政治上的处理方式,就是没有走司法程序,而是作为强制驱逐出境这样一种做法,实际上是放回了中国的一些保钓人士,他们平安回家。这件事情也就此落幕。那么这次,野田佳彦内阁,同样有可能采取这种方式,但是目前他们究竟会怎么做,现在还不得而知。也可能采取其他的方式,比如说他们继续强调是非法入境。这样的话,他要把这些人作为一种未来对日本更加有利的法律上的案例加以处理。第二天的《东方时空》请来中国国际问题研究所曲星教授发表点评,他明确指出:14名保钓人士被日方扣留是野田政府给自己制造了一个难题,他们不会也不敢进行所谓的"重判",这些保钓人士会很快回家的,野田政府应该尽快让这些保钓人士回到中国,否则,扣留越久,中国民众的情绪会越强烈,日本国内民众的情绪也会越强烈。当两国民意形成非常强烈的对立时,野田政府就非常为难了。如果按他们所说的"重判",中日关系会受到严重伤害,后续会给日本带来什么伤害很难预测;如果不"重判",日本媒体会说首相说话不算数。所以,这些人士会很快回到国内。当然，日本政府会给自己的行为找到某种司法解释。两位评论员的评论不尽相同，但对事实本质的分析和事实走向的预测都准确地反映了事实，因而其立意是一致的。

而8月15日凤凰卫视资讯台副台长吕宁思在《凤凰焦点关注》中评道，民间保钓浪潮为官方造成巨大压力，对中日政府都是如此。钓鱼岛之所以成为国际争端问题，它是从一百多年前甲午战争开始到第二次大战结束，到琉球被美国托管，然后直到私相授受的，要把钓鱼岛交还给日本，这就引发了中国民间的愤慨和连续40年来绵延不断的保钓运动。北京和台北市政府从来都坚持钓鱼岛是中国领土的立场，但是为了维护中日关系，与日本政府实际上达成了搁置争议的共识，可是后来根据联合国东亚远东经济委员会的勘探结果显示，钓鱼岛附近的广大大陆架海域可能有大量的石油，这一发现对于本土不产一滴石油，全部都依靠国外，特别从中东进口的日本来说实在是太宝贵了，所以多年来日本不断以小动作化大动作，想造成钓鱼岛主权归属他们的既成事实，而实际上日本也确实是控制了钓鱼岛的大大小小7个岛，说到底这是国家与民族生存的一种资源竞争。我们从历史上看，从过去看，生存竞争，以前的解决都是靠战争手段，日本百多年前发动的吞并朝鲜，吞并我国台湾，还有70多年前发动全面侵华战争，一直到1945年的今天它战败，还有朝鲜、台湾光复，之后又连续和平发展了67年。67年后的今天，我们看到了世界国际经济竞争，已经导致国家关系再度紧张，能源争夺导致曾经偃旗息鼓的领海领土之争不断加剧。所以钓鱼岛争端在未来不但难以平息，而且有日趋激烈之势。与北方四岛和独岛不同，钓鱼岛是在日本的实际控制中，前仆后继的民间保钓浪潮肯定是对官方构成压力，无论是北京政府、台北政府，或者是东京政府，自然都不想以武力解决这争端，但是面对保钓浪潮，中国又如何以政治外交手段解决争端呢？目前我们看不到根本的方法。所以我们觉得目前一波又一波的保钓运动是在告诉历史，告诉后代，钓鱼岛是中国的，不能忘记。凤凰卫视的这番评论选取的视角和立意虽与央视不同，但它同样准确地反映了中日关系的历史与现实。

其次，视听评论的立意对客观事实的反映要力求深刻。深刻反映事实的本质也是真实性、真理性的一种重要体现。新闻报道重在记录事实，对事实的深度分析和价值意蕴的挖掘则由评论来完成。作为对事实的反映，新闻评论不是对表面事实的复述，而是对内在本质的挖掘。由于认识方法、认识能力存在差异，人们对事实的内在本质进行挖掘时也存在很大的差异。有些评论深刻揭示了事实的本质，揭示了事实的深层价值及其影响，揭示了对人们认识事实有所启示的深刻道理；也有些评论所阐释的道理是众人皆知的浅显道理，有些评论看似深刻但偏离了事实本质，因而也是一种失真。立意深刻的评论不仅能给人以启发，而且是经得起推敲和质疑的评论。

仍以"保钓行动"为例。凤凰卫视 8 月 16 日的《时事开讲》中，时事评论员郑浩在评论中回应了"保钓行为"该在什么层次展开才能解决与日本的主权争端。他指出，8 月 15 日香港"保钓行动"意义重大，彰显中华民族维护国家主权的意志和决心，而且也唤起了全球的华人维护领土主权的意识，特别是形成了一个强大的维护国家主权的新的气场。但是，必须将这种民间行动转化成国家的行为，同时，对钓鱼岛的实际控制是必须具备的，如果不能够实际控制钓鱼岛，就没有办法真正掌握或者是收回钓鱼岛的主权。这一评论触及问题的实质，即实际控制钓鱼岛才能收回主权。

视听评论要达到立意深刻，要求评论员掌握科学的认识方法，具有较高的理论水平和较强的认识能力，能够透过现象揭示本质，发现蕴藏在事实内部的真理。同时，它也要求评论者具有探求真理的品格，不能浅尝辄止，要勇于步步发问，层层探寻，直至问题的核心实质。当然，立意深刻也不能"失度"，不能把事实本身不具备的内涵强加其中，要防止誉过其实、层层拔高、无限上纲现象。这种言过其实的"失度"，也是一种虚妄。

（二）求新弃庸

古人云，文章最忌随人后，自成一家始逼真。《南方都市报》在给专栏作者来稿回复的电子邮件中写道：我们希望的认知价值，可能需要专栏作者排除自己看到新闻首先涌现出来的第一个，甚至第二个想法，穷尽到第三个、第四个，自然就能言人所未言。这是强调认知的创新。立意求新，"新"指的是视角新、思想新，能给受众以思想启迪，给实际工作以新的启示。

评论的立意要有新意，要有异于往常、异于平常的视角和思想，没有新意就没有吸引力，也就失去了生命活力。随着媒体竞争日趋激烈，创新成为竞争的重要武器。如果评论只会发人云亦云之论，给人似曾相识之感，就会落入俗套，就会失去它的价值，就会让人感觉索然无味。而有新意的评论则让人耳目一新，引人关注。

首先，视听评论的立意力求视角新。"横看成岭侧成峰"，观察目标对象的角度不同，就会得出不同的结论。新闻报道如此，新闻评论也是如此。面对同一事实，大多数人会选择相同的视角观察和评判事实，得出的结论也大同小异。第一个发出的声音会受人关注，第二、第三个相同的声音就不再新鲜。如果换一个角度，从另一个侧面观察这一事实，就会有不同于他人的新发现，提出新的判断。即使评论发表的时间并不占先，但新的视角、新的论断也会让人耳目一新，给人以新的启发。任何事物都有多个侧面，因而观察和评论的视角也可以是多维的。

比如，2012 年 8 月 14 日，湖北省首场"三农版"电视问政在荆州电视台演播大厅举行，省委常委、省纪委书记侯长安现场观摩指导。这是湖北省首次进行广播、电视、网络同步直播"三农版"电视问政节目。此类电视问政在全国尚属首例。"电视问政"的一个个尖锐问题，让官员直言"冒汗"。此节目一经播出，评论纷至沓来。有人认为它是科学执政的创新突破，有人却质疑它作秀，这就是不同的视角得出的不同结论。有的称其为人民群众参政议政的一柄利器，希望有问责续集；有的称不能让电视问政沦为一场"应急秀"，期待更多的"面对面"问政形式，能有更多的部门、机构和官员，能够充分利用微博这一平台，在民意的有效畅通、问题的实质解决上有更多作为。这些从不同的侧面确定了对同一事实的评论立意，都有一定的新意。而《华西都市报》8 月 16 日刊登的毕诗成的评论《电视问政是"聚"不是"剧"》，从电视节目的视角审视了这一现象，别具新意。

> 这些问政节目观赏性不亚于电视剧："领导"坐镇，平日难见的厅官"候审"，主持人犀利，于是电视镜头面前，厅长们频频吐出"震惊"、"愧疚"、"承诺"、"心情沉重"的字眼，难得官员坐立不安、道歉说软话，"态度诚恳"，于是善良的老百姓总是时不时送上"一片热烈掌声"，有问题、有质询、有承诺、有热闹、有嘴瘾……让人忧虑的是：这么"好看"的剧，到底会以怎样的形式收场？这是个不可复制的独幕剧，还是会

持续做下去的连续剧？这是徒具观赏性的泡沫剧，还是直指民生积弊的现实剧？这会是某些官员被问责的"苦情戏"，还是会成为官员口头认个错就一切都过去的"团圆剧"？口头认个错容易，切实反思难。如果问题不能深入，几期过后遭遇收视疲劳，"电视问政"这出戏又如何自我救赎？种种疑问，也正是电视问政从一登场之时，就要考虑的命题。某种意义上讲，"剧"只是其表象，"聚"才是其精神内涵——如果从节目开始，就将其视为一幕剧，追求的是热闹、嘴瘾、形式，以此为看点，这节目也就注定走不了多远；如果将电视问政作为一个凝聚社会信任的平台，强调解决问题，探究根源，从而塑造理性开放的官民互动，这个节目才会具有领先其他任何"戏剧"的内核。视其为"剧"，就会简单追求对抗性、碰撞性，甚至指望以让谁难堪换取看点，"好看"就容易遮掩住"好用"；视其为"聚"，就会站位更高，社会担当更多，更容易以"静静水、深深流"的韧性，塑造一个官民互动的良性平台。也唯有如此，一个一个问题的深刻讨论与挖掘，才会律动出一揽子一揽子问题的求解。

面对繁荣的报刊评论和网络文字评论，视听评论应更注重评论视角的创新。不然，充斥于视听媒介的"大路货"只会为受众所抛弃。

其次，视听评论的立意力求思想新。新闻报道重在讲述新闻事实，新闻评论重在呈现思想观点。思想新主要是指评论者对事实的剖析要有真知灼见，能够提出不同于已有观点的新观点。如同新闻报道追求新的事实一样，新闻评论追求新的见解、新的观点。没有新的思想，评论就是拾人牙慧，人云亦云。纵使这些思想观点富含真知灼见，但重复他人观点就等于没有思想，没有观点。优秀的评论就是提出自己的独立思想，表达自己的真知灼见。获得第十九届中国新闻奖一等奖的广播评论《田字新解》[1]，用古老的说文解字的手法来评论耕地流失这一现实，其立意就在于"把根留住"。虽然说的是一个朴素的道理，但因为对"田"作了新的注解，即田字向不同的方向出头变成"由"、"甲"、"申"，凸显出评论者新颖的思想，弃庸脱俗。

---

① 孟文峰,张聪,李昌文.田字新解.山东人民广播电台,2008-12-12.

我们小时候的第一个字，就写在了田字格里。它横平竖直、四四方方，农民躬耕其上，它奉献着五谷、养育着民众、呈现着四季轮转。五千年的华夏文明，恰是一部"田"字的演变史。

如今，为了这个"田"字，44 岁的泗水农民吴均平抱头痛哭。半年前，他家的 2 亩果园被县政府强行征用，没有补偿，也没有任何理由。

（农民）【呜呜……没有地了，老百姓没地了怎么治？咱有地的时候地里栽点什么东西，一年卖个七千块钱，能供两个孩子上学。现在么也没有。】

同样是为了这个"田"字，在山东省的一次通报会上，国家土地督察济南局副专员刘玉萍的话语中透着严厉。

【山东省第三季度发现违法用地 1059 宗、2.12 万亩，其中耕地 8854 亩，违法用地面积大幅上升，形势非常严峻。】

田字格里写大字，但是许多地方官员的能力显然已经超越了田字格的约束。田字格被屡屡突破，甚至有人把田字格本当成演算纸任意涂抹——耕地就像是指缝间的沙，在迅速流逝。十年当中，全国丢失的耕地面积相当于一个河南省。而每块耕地丢失的背后，无不闪现着地方政府或明或暗的身影。

之所以用地单位未经批准，仍敢滥占耕地，虽然直观看是基层政府和村集体用地单位签订协议，但谁能保证背后没有上级政府的纵容、支持或者默许。

在某些地方领导眼里，土地的确是制造政绩的最好工具。招商引资，需要土地；城市扩张，需要土地；道路拓宽，也需要土地；至于盖新的办公大楼、领导别墅，更是离不开土地。更有甚者"挂羊头、卖狗肉"，打着"土地流转"的名义，干着违法占地的勾当，集体所有的土地俨然成为自家的后花园。

目前，山东省的水泥覆盖国土面积全国第一，这样的"第一"让副省长才利民唏嘘不已。

【违法违规用地说到底，还是一个政绩观的问题，不能有正确的政绩观，搞那些形象工程，急功近利。我们的浪费土地现象随处可见，比如马路的宽度，不考虑到车流人流，觉得宽了比较气派。】

尽管从1998年起,违法批地在我国就被列入刑事犯罪,但十年来从来没有一位政府官员因此入狱。既然对土地无止境的攫取无需支付法律成本,禁令势必成为一纸空文,监督肯定严重缺位。

【有些工厂都建好几个月了,巡查干什么去了?这个东西又不是高科技,都在地上的建筑,都是水泥钢筋混凝土,你怎么能看不见呢?巡查也是到那就喝酒,早就喝迷糊了,喝完了就走了。主陪三杯,副陪两杯,然后再依着转,喝完了拉倒走了。就这么巡查办法吗?】

经济学上有一个著名的规律,叫"巴泽尔困境",说的是,如果没有清楚界定的产权,人们必将争着攫取稀缺的资源。于是,某些地方在"土地依赖症"的作用下,工厂越建越多,耕地越征越少,农民的怨恨越积越深。

(农民)【死也找不着窝了,有个老鼠窟窿钻进去觉得肃静肃静,你说这都弄的么?老百姓第一是吃,第二是住,你说上哪住去?你起码得叫老百姓活呀!】

如果失去中心内涵,"田"字就变成了一个"口":地方政府可以无原则地松口,开发商更可以狮子大张口,肆意侵吞土地和农民的利益,进而转化成让自己膘肥体壮的营养。

要堵住这张血盆大"口",就必须坚持原则,敢用重典!

(才利民)【要重拳执法,刹风治乱。现在我们需要用重典了,再吃点安痛定不行了,得打吊瓶了,别不痛不痒的。一个地方的党委政府要对你那个地方的土地负全责,你在这儿主政,出问题就要找你,行政问责也包括县委书记。】

"田"字不是不可以出头,但向上出头必须有充足的理"由"。地方领导的手再大,大不过党纪国法,大不过社会的公开监督,大不过历史和时间的检验。

"田"字可以出头,但向下出头必须有个"甲"等的选择。农民之所以被称做农民是因为手里有了土地,拿去他们赖以生存的土地,就必须塞给他们一个更为牢固的饭碗。济南市为失地农民办养老保险的做法就是一个不错的选择。

"田"字必须出头,这是生产力发展对生产关系提出的"申"请。经济发展需要土地的支持，小康社会也的确不能建在半空中，但社会发展对土地的利用必须有节有度。

党的十七届三中全会指出，"要坚持最严格的耕地保护制度，实行最严格的节约用地制度"，"土地承包经营权流转，不得改变土地集体所有性质，不得改变土地用途，不得损害农民土地承包权益"。

著名经济学家、国务院发展研究中心副主任陈锡文表示，无论土地如何流转，如何征用，18亿亩耕地的红线都不能动摇。作为一个拥有13亿人口的国家，如果粮食出现问题，世界上哪个国家也养活不了我们。

【最可怕的就是，没有人来真正关心农地的保护。如果从上到下都有卖地的积极性，回过头再过若干年的话，你后悔都来不及。城市退不回农村去，农地就没有了。】

最后，让我们再把这个"田"字用心写一遍：中间是一个"十"字，一横代表着农田的用途不允许改变，一竖强调着土地集体所有制的性质不允许改变，"十"字交叉的中心点，则象征着农民的利益不得损害。"十"字的周围有四条边，我们不妨把它们理解为"科学、民主、公平、公正"。这就是制度，这就是红线，这关系到我们的未来。

二、立意的思维方法

立意的求真戒妄、求新弃庸，要求评论者对事物进行深入、全面的分析，富有深刻而新颖的识见，力戒主观性、表面性、片面性、平庸性。要达到这些目标，除了评论者本身具备丰富的社会阅历、较高的政治水平和认识问题的能力外，思维方式也起着相当重要的作用。立意是一种创新性活动，依赖于科学的思维方法。科学的思维方法才能使评论真正从陈陈相因的公式化中解脱出来，不落窠臼，不囿于俗见、成见，不断推陈出新。

（一）逻辑思维＋形象思维

众所周知，评论是一种意见性的信息，无论是文字评论还是视听评论，都必须对事实进行深入的分析，这种分析必须遵循科学的逻辑，从对事实的感性上升到研究的理性，让理性思维的特点和优势得以充分显现。

理性思维，又称逻辑思维、抽象思维，是运用概念、推理、判断的逻辑方式来进行分析论证的思维过程。以观点呈现为落脚点的新闻评论都必然以理性分析见长,以逻辑推导见长,在正推与反推的过程中让各层论点环环相扣、层层递进,从而使论点更具理性和逻辑的严谨性和合理性,更经得起推敲和质疑。这种理性思维、逻辑思维的任务就在于透过事实表面的偶然性揭示事实过程的内在规律性,以理性的目光来审视事物,寻求目标事实同相关事实之间的内在联系,揭示新闻事实发生、发展的原因和结果,使受众透彻了解事件的来龙去脉。虽然视听媒介的信息传播具有形象化要求,但视听评论仍然不能背离理性分析、逻辑推导的评论共性,不能缺少对事实进行系统化的理论审视。当然,对于视听评论而言,单纯的逻辑思维也有一定的局限性,它使评论过于抽象,理论色彩过浓,对于受众来说,会显得枯燥、艰涩。基于此,视听评论的立意过程,一刻也离不开形象思维的参与。

形象思维,是指人们在认识和分析问题的过程中利用已有的直观形象的思维过程。这是视听评论不可或缺的思维方式。视听传播的媒介属性要求它必须充分而巧妙地运用事实过程图像、记者出镜采访及评论、被采访者叙述评说、播音员声音、现场音响、字幕、照片、图表等等声画符号的形象化叙述,让评论的理性和逻辑得到充分的体现,增强评论的感染力和可读性。其实,视听评论在运用形象思维的过程中,也会运用形象进行分析和推理,因而视听评论的思维方式兼具形象思维和逻辑思维的特点,是将形象的声画语言与抽象分析、议论结合起来,用缜密的思辨性提炼和提升声画语言无法表达的思想内涵和理性分析,是一种特殊的思维方式。

以逻辑思维+形象思维确定视听评论的立意,一方面要求评论者在确定立意时运用科学的理论对评论选题进行深入的理性思考和逻辑推断,以确定其是否具有合理性、创新性、深刻性等属性;另一方面,要求评论者在确定立意时考虑视听形象是否能支撑其拟定的立意,或者说其初拟的立意能否以视听符号予以呈现。

(二)创造性思维

评论的立意是一项创新性活动,创造性思维是这一活动过程的灵魂。它要求评论者改变固定的思维模式,摆脱陈旧的思维框框,突破只从一个方面、一个方向、一个角度、一个层次去思考问题的思维局限,对目标对象进行多元素、多角度、多层次、多向度分析,更加准确地认识和反映客观事物的本来面目,揭示其本质特征和发展、变化规律的意义及内在联系,进而产生新的认识和发现。

大体来说,视听评论赖于生存的创造性思维主要包括以下几种方式。

1. 发散思维

发散思维是指围绕一个中心问题,沿着不同的方向、不同的角度思考问题,从多方面寻找问题的多个答案。由于"心理定式"的作用,人们的思维常常拘泥于一种固定的和机械的框架之中,难以突破。而发散思维这种思维方式,可以帮助我们摆脱传统习惯的禁锢,充分发挥人的想象力,让思维的触角像电波一样,不受时间和空间的限制,从一点向四面八方扩散开去,朝多种多样的方向去探索,力求扩大自己的审视范围,寻求多种答案,提出新颖独到的创见。

发散思维的特点主要有:一是多端,对一个问题,可以多开端,产生许多联想,获得各种各样的结论;二是灵活,对一个问题的思考能根据客观情况的变化而变化,即能根据所发现的新事实,及时修改原来的想法;三是精细,就是全面细致地思考和分析问题,不仅考虑问题的全部,而且要考虑问题的细节,不仅考虑问题本身,而且考虑与问题有关的诸多因素;四是新颖,思考和分析的路径突破了固有的模式,其结论摆脱了千篇一律,呈现出千差万别,新意迭出。

面对曾经出现过的事物,发散思维选择和确定视听评论的立意就是要善于和敢于突破"前人说"、"众人说"的传统言论格局,让评论者进行独立的思考,形成独立的判断,确定独立而新颖的立意。前人的言说即使是科学的,但并不一定就是唯一答案、标准答案,换一个角度看问题,或许就能得出与之不同的结论。众人所持的观点虽然也具有科学性,同样并非是唯一答案、标准答案,只要换一种思路,所得结论也会与众不同。况且,前人、众人的观点也可能因其思维的局限,结论并不可靠,发散思维所具有的创新价值就会进一步得以体现。总的来说,发散思维可以发现别人不曾想到又确实可行的独特立意,表现出与众不同的新鲜视角,形成对论题的网络化分析,使立意更加全面、深刻。

2. 逆向思维

逆向思维又称反向思维、反常思维,是和正向思维相对而言的。它不拘泥于传统的题材或见解,打破思维定式和传统观点的束缚,朝着人们习惯性思维相反的方向去思索的思维方式。这是一种在评论中最常见、也最富有创造性的思维方法。这种思维方法,就是把事物的各个侧面、各种关系联系起来,先顺着想,然后有意识地反着想,从而打开一扇别开生面的思维之门。学会和掌握了这种思维方法,就会在相同题材或现象中构思出许多不落俗套的、具有独到见解的立意来。

一般来说,逆向思维有几种表现形式:

(1) 正面文章反面做。一些惯常会被当做正确、合理的做法,往往会存在一些不尽完善、不尽如人意之处,这些不甚正面的方面常常会被忽略,一旦被提及就可能受到广泛关注,对事实的发展和完善起到积极的促进作用。这也是一种逆常规思维而动的逆向思维方式,它有助于挖掘隐藏于事实内部的问题,有助于开阔人们的视野,发现和提炼独特的评论立意,提升视听评论的价值。大量有影响的评论都是这种思维方式的产物。比如,发现并质疑一些政策的不合理之处。

(2) 反面文章正面做。一些众人批评的问题,如果换一种思维,就可能找到其中的合理之处,由此展开的评论就可能给人以新的启示。这也就是反面文章正面做。上海人民广播电台 2003 年 10 月 3 日《"召回"新政策也是进步》,敏锐地抓住一条热点新闻——肆虐全国的 SARS 过后,上海市卫生局出于防患于未然的考虑,在 7 月 30 号出台新规定,宣布在 2004 年 6 月底前,将上海市营业面积低于 50 平方米的餐饮店全部关闭。这项新政策出台仅两个月就被收回。如果评论者按照习惯思维立意,就可能对这一这一新闻事件批评一番。这样写出来的广播评论往往缺乏新意,可听性甚差。但评论者却以逆向思维,从"召回"新政策也是进步的视角来立意,通过对营业面积小于 50 平方米的餐饮店一律关门,这一规定被"召回"前后的充分报道,清晰地向听众展现了政府部门好心办错事、但能及时纠正具体做法的新气象,表现了"执政为民"的重大主题。这就对现实很有针对性,道理也较鲜活,对听众能产生一种很强的吸引力。

运用逆向思维可以达到两个效果:

第一,它往往能对传统观念提出挑战与否定,反其道而行之,有助于思维的多向性、开阔性,提出新颖独到的立意。

第二，它可以运用正反对比，把道理说得透彻，从而加深立意的深度。

当然，运用逆向思维不应该是钻牛角尖，不能走极端，不能为了标新立异而刻意与人唱反调，更不能把逆向思维弄成诡辩。必须以正确的思维方法和科学的、先进的思想为指导，将逆向思维当做科学认识事实的方法，以多维视角揭示事实本质为己任的重要方法，而不是思维方法的"炫技"。

3. 联想思维

联想思维是指人们将不同事实联系起来，通过对比发现事实之间的相似与反差，进而发现某一创造性构想或方案的思维方式和思维过程。联想思维也称对比思维、比较思维。联想思维既包括寻找事实之间的相同点、相似点的思维过程，也包括寻找事实之间差异点、反差点的思维过程。任何事实都不是孤立存在的，它们要么作为某一类事实的另一个而存在，要么作为某一类事实的对比物、对立面而存在。无论是发现相似还是反差，都是寻找事实之间的联系，都是运用联想思维的过程。

许多评论都是评论者运用联想思维的结果，正是由此及彼的思维过程，使得评论者突破就事论事的思维局限，在比较中寻找新的视点、确定新的立意。以2012年伦敦奥运会男子10米跳台跳水比赛为例，中国选手邱波和林跃分别获得亚军和第四名。赛后，中国队有关负责人在接受记者采访时指出，回国后我们要好好总结这次失利的教训，中国运动员也受重挫般闷闷不乐。网上刊登此项比赛的新闻后，有网友跟帖称，获得第一名的美国运动员在庆祝，获得第三名的英国运动员在狂欢，而获得第二名的中国运动员在反省。短短的几句话点评就是比较思维的结果，其立意就是中国运动员或体育官员对待比赛及其结果的态度太过沉重，与别的国家大相径庭，背离了体育的本质。这是从反差中寻找立意。也有一些评论是从相似的不同事实中寻找立意。例如，第十五届中国新闻奖获奖作品《"办证"与"教授"之间》，把两种看似无关的事物——卖假证的社会不法行为现象和教育界的不良学术现象——进行比较，找出了类比点：

"办证"的最大特点是不问需求者与所开证件的内容是否相符，只要付钱，保你满意；给影星封"教授"，似乎也不用太多考虑影星是否够资格，能否教授，只要有名便可，不必计较这名影星与教授之间有没有联系。

"办证"的另一个特点是成本低廉，让影星当教授（当电影学院等相关专业的教授,应不在此列),对出聘书的校方而言,看上去也不过是"成本"问题,反正也无需影星上课教授,不必考虑因教学质量低下而引发负面影响;而对影星本人而言,不必经过考核评审,摇身一变为知识精英,简直是物美价无的事。

当然,创造性思维方式还有很多,如纵深思维、问题思维、前瞻思维等。每一种思维方式对于视听评论立意的确定都是非常重要的。这些思维方式常常是互相交织在一起的,面对具体的事实,认识和分析必须综合运用这些科学的思维方式和认识方法,才能使评论的立意更准确、更巧妙、更深刻。

第五章　切中要害：视听评论的观点提炼与呈现

　　评论的选题和立意确定之后，就要进入评论的观点提炼和呈现环节。严格说来，立意的过程就是观点提炼的过程。尽管它们并不完全等同，立意是文章的中心思想，不是具体的观点，但观点是中心思想的具体化，因此，作者往往在确定立意的时候也基本提炼出了具体的观点。特别是以即兴表达为特征的广播电视评论，更是要求评论者迅速确立评论的立意，同时提炼评论的观点，以实现"第一时间第一解释"的需要。

◎ 第一节　视听评论的临场性特征

　　视听评论大多是即兴的口头表达，没有先撰写初稿后再修改的过程，而是临场发言的脱稿评论。无论是出镜记者的现场点评、主持人播报新闻后的即兴点评、评论员的即兴点评、主持人和嘉宾的交流点评，还是评论节目现场的嘉宾论辩，都具有明显的临场性。

一、现场点评：第一解释

　　在新闻现场，视听媒介的记者不仅采访和报道新闻，也直接分析和点评事实，为受众提供对事实的解释性信息。记者在新闻现场对事实的分析点评，实现了评论与事实发生过程同步，因而也是对事实的第一解释。

　　第一解释首先是指第一时间对事实进行分析解读，形成对受众接受信息的"先入为主"式引导，通过事实信息与意见信息的同步传播，实现受众对事实信息与意见信息的同步接受。现场的第一解释要求记者能迅速梳理现场事实，对纷繁复杂的现场条分缕析，提炼评论的论点。记者作现场报道所针对的对象，有些是突发事件，有些是预发事件。对预发事件作现场报道,记者可以提前做一些背景资料的准备,对报道对象有基本的了解,甚至对事实的实质提前研究,因而在进行现场报道时能更充分、更准确地对现场事实作深入的分析。如 1997 年香港回归,中央电视台对这一重大新闻事件作了全程直播报道,白岩松作为出镜记者之一,多次出现在直播现场进行现场点评,给观众留下了深刻印象。当白岩松在港督府门前出现场时,他评析道:星期一对于大多数人来讲是上班,而对港督彭定康来说却是下班了。当彭定康坐车离开总督府时,白岩松这样点评:临走之前,港督彭定康在港督府前绕了三个圈,寓意历史在这画上了句号,香港新纪元即将来临。当内地驻港先头部队第一辆车驶过那条深港两地标志性的分界线——管理线时,白岩松及时抓住这一历史时刻的瞬间,现场点评道:管理线并不长,车速也并不快,可是跨越管理线的一小步,却是中华民族跨出的一大步,为这一步,中华民族等了一百年。简短的几句话却寓意深刻,把管理线背后的深刻蕴涵解读得如此精妙。而对突发事件作现场报道,由于无从提前准备,记者只能现场取材、临场提炼论点,这对记者解读和评论事实的要求就更高了。它要求记者能迅速理清眼前景象,找准评论的触发点,并迅速提炼观点。这种突发事件现场的点评虽然不必长篇大论,但三言两语中透射出记者观察和思考问题的思路和风格。如果出镜记者不能就所观察的事实进行分析,只能告诉观众"我现在在……"、"我现在看到的是……"就与导游无异了。

第一解释其次是指对现场信息迅速梳理后的冷静分析,是对事实本质深入剖析后的权威解读,是具有说服力的观点呈现。现场报道除了要对事实进行全面、详尽的陈述外,对事实的解析也不可少。这种解析不是大而化之的泛泛而谈,而必须是直指事实核心实质的深刻见解。诚然,现场评论重在发挥现场事实论据的真实性和说服力优势,但对事实分析的落脚点仍是揭示事实本质的观点呈现。如果现场点评不能触及事实的本质,流于表面,作为评论的理性优势和说服力就会大打折扣。当出镜记者作现场点评时不能深入分析事实、揭示事实的内在本质,只是表面化地表达惊讶、感动、愤怒等情绪,现场点评就失去了意义。

现场点评最能体现记者对现场的把控能力、对细节的捕捉能力、对事实的研判能力以及对论点的提炼和表达能力,最能反映记者的思想、语言、知识功力。它要求记者迅速研判事实、分析事实、评论事实，能在事实发生的过程中准确判断事实和评述事实，做到层次清楚、观点鲜明、生动流畅。只有这样，才能进一步突出视听媒介现场报道的优势。

二、即兴点评：丰富信息

信息量是衡量信息传播质量的基础指标。没有一定的信息量作基础，空谈信息传播效果是没有多大价值的。一般来说，受众对于某一传播过程的评价，主要取决于此次传播过程能够给予其多少信息量。这里的信息量主要是指一次传播过程所能传递的有效信息数量。新闻评论在很大程度上是对新闻报道所传递信息的重要补充，它不仅解析事实，揭示新闻报道中未能明确呈现的信息，而且补充新的事实信息和意见信息，让新闻报道所传递的事实信息得以延伸、丰富和完善。视听媒介的即兴点评就属此类。即兴点评往往可以补充新闻未公开报道的事实信息，丰富新闻的信息量，使新闻事实的本质得到最大限度的暴露。同时，受众还能获得大量与新闻事件相关的背景性信息，满足其对新闻信息和情感信息的需求。

这里即兴点评主要指主持人或评论员对刚刚播报的新闻事实的即兴点评，并不包括出镜记者的现场点评，也不包括主持人或评论员提前写好评论再播报的情况。即兴点评一般是主持人或评论员对某一新闻事实的有感而发，是没有提前做好充分准备的临场评论，是在新闻播出后的第一时间对新闻事实进行迅速分析、临场解读、即兴发挥。它不求长，不求深，但求快，短平快成为即时评论的美学特征。

主持人或评论员的即兴点评并不需要很长，有的甚至只需一两句话，它可以是点睛之语，对新闻事实的解读让新闻内涵凸显，使新闻信息量增值；它可以表达主持人或评论员对新闻事实的态度，给事实信息补充意见信息，让新闻信息呈现 $1+1>2$ 的传播效果。

即兴点评对主持人或评论员的要求主要是能瞬间找准评论的角度和论点，能言简意赅地表达对事实的解析、对事实的评论。尽管即兴点评不是提前写好的评论稿件，但由于主持人或评论员会提前了解当天拟播报的新闻稿件，因而会对拟点评的新闻事实进行一些思考，包括评论的角度、重点以及论点的提炼等。即便如此，对主持人或评论员的评论功力仍是极大的考验。如果不能迅速抓住评论的重点，不能找准受众的共同兴趣点，就可能陷入空泛、肤浅、不得要领的"瞎评"境地。如果不能深入揭开隐藏在表层背后的问题实质，只是蜻蜓点水般地人云亦云，即兴点评就失去了其应有的意义。如果不能在播报新闻后的第一时间理性分析新闻事实，就可能情绪化地点评事实，让情绪掌控观点，让评论走偏。如湖北某电视台播放了一条两男两女四位东北人暴踹武汉女公交司机的新闻后，主持人激情点评道：我不知道这俩女的何许人也，只知道也操着一口东北腔……拿别人不当人的人，他本人也不是人，是什么，是畜牲。显然，这段激情点评不是事先准备好的，是主持人播报新闻后情绪所至有感而发，但因为情绪没有控制好，没有让理性在评论时占据上风，导致新闻与评论播出后网络舆论一片质疑。真正有价值的即兴点评理应是理性的、准确的、深刻的，而不是感性的、空泛的、肤浅的。只有这样，即兴点评才能对新闻信息予以补充和丰富。

当然，即兴点评也可以由受众参与完成。如广西电视台都市频道的《新闻在线》节目设置了"新闻即时评"环节，让受众在新闻直播过程中，通过短信平台及时发表对播出新闻的看法。最高峰时，一则新闻有 800 余人参与评论，充分实现了新闻与受众的互动。

三、交流点评：层层递进

与大众传播相比，人际传播具有传播内容针对性强、信息反馈直接、反馈速度快等传播优势。这种优势在劝服性传播中体现得尤为明显。将人际传播引入大众传播，是提升大众传播效果的有效途径之一。而交流点评形式在新闻评论节目中的运用，就是一种有效的实施手段。

交流点评，是指记者或主持人与采访对象或评论员通过交流共同完成分析新闻事实的评论形式。它是利用人际传播的形式，充分发挥记者、主持人与评论员同场交流的优势，引导受众的思维跟随交流双方的互动过程达到理性的高度。

首先，在交流点评的过程中，记者或主持人是一个提问者。既是提问，就应具有设计问题的能力。问题的设计必须由浅入深，直指要害，通过记者或主持人的提问与评论员的回答，引导受众一步步认清事实。优秀的提问者必须是善问者，善问不是问得多，而是问得好。问得好就是要问得巧妙、问到实质、问到公众的兴趣点。问得巧妙，主要是指提问的角度要有新意，不能人云亦云，要通过新异的视角触及事实的不同侧面，直到触及问题实质。问到实质，主要是指不要停留在事实的表面，要通过层层剥笋由浅入深直达问题的核心，揭示事实的本质。问到公众的兴趣点，主要是指要了解公众对相关事实的疑问点、兴奋点，要针对这些疑问点和兴奋点提问，以期得到评论员的解答。而对于评论员而言，记者或主持人的提问是临场拟定的，迅速回答要求思维敏捷、思维周密、分析深刻、见解独到，因而是颇具难度的，没有较深的评论功力是难以胜任的。

其次，记者或主持人也是一个交流者。记者或主持人的提问固然重要，但他们的作用不能仅限于提问，他们还参与跟评论员的互动交流，在表达自己观点的同时，引导评论员从不同的维度思考和解读相关事实，促使认识进一步深化。主持人与新闻评论员就公众关心的问题进行交流和探讨，双方既有观点的认同，又有观点的对抗和互补。无论是主持人还是评论员，交流的过程都是观点提炼的过程。无论事先有无充分的沟通，交流点评中都会随时迸发新的想法，交流中碰撞出的思想火花都是事先无法完全预设的。因此，主持人或评论员都必须在交流点评中加强理性分析和观点提炼，任何一方的不对等回应都会严重影响交流点评的质量。尤其对于主持人来说，如果无法对所评论的事实形成独立而深刻的认识，不能与评论员就所评论的事实进行深入交流，双方的交谈就无法有效推进，难以层层递进直达事实本质。

《世界新闻报》窃听丑闻曝光后，舆论一片哗然。中央电视台 2011 年 7 月 20 日《朝闻天下》栏目邀请特约评论员周庆安对此发表评论时，主持人赵普有问话，也有交流。主持人的几句话是这样的："前面我们播放了几条有关《世界新闻报》窃听丑闻的报道，默多克父子接受了长达 3 个小时的英国议会的质询，媒体包括他本人也称昨天是他最卑微的一天。从拒绝接受质询到接受长达 3 小时的质询，还遭到意外的袭击，你怎么看他前前后后的变化？"周庆安回答称这说明新闻集团处于历史上最困顿的时刻。接着主持人说："听证会上有几个细节动作，当他儿子发言时他突然插话，摁住他儿子；当他激动发言时，他的妻子邓文迪从后面轻轻地拍了拍他。从这些细节可以看得出来,他们的这种解释或道歉并不那么从容。这也说明事件的紧急性。当然这些都不重要。因为现在更大的舆论焦点集中在了英国首相卡梅伦身上。由于卡梅伦和英国警察局都雇佣过新闻集团的高层担任过媒体顾问,所以批评的矛头已经指向他了。您觉得丑闻对卡梅伦和英国未来的政治会产生什么影响?"周庆安称卡梅伦面临上任以来的舆论大考。主持人又阐述了自己的观点:"这种事情源起于《世界新闻报》的窃听,继而引起人们对英国媒体公信力的这种判断。我想,说到媒体公信力,套用中国一句老话,病来如山倒,病去如抽丝。要想重建公信力,不论对于默多克集团还是对于英国媒体,都是一件难事。当然,对于世界各国的媒体来讲也都是一样的。"主持人的这番观点陈述对于交流评论的推进是不可或缺的。

四、论辩点评:步步紧逼

用论辩的方式,把评论观点在对峙、辩论的状态中表达出来,往往会打破四平八稳的叙事方式,摒弃空话套话,表露真情实感,反映人性美丑,使评论生动明晰。在这一过程中,论辩双方你来我往的观点嵌入、频频紧逼,迫使双方瞬间寻找和提炼自己的观点,同时捕捉对方观点陈述中的漏洞,在证实与证伪中阐述自己的观点。

与其他形式的视听评论相比,论辩式评论更接近于生活中一群人围在一起就某一话题进行讨论。其间不乏激烈的讨论甚至争论,言语间的激情碰撞在所难免。这种评论节目形式中,主持人将参与论辩的嘉宾分为意见不同的阵营,双方就某一具有争议性的话题进行辩论,一方面寻找论据说明己方观点正确,同时寻找并抓住对方论述中的漏洞予以反击,在证明对方观点错误的同时证明自己。虽然事先会有观点指向的阵营分工,但详细的证实与证伪过程无从提供文字脚本,所以,双方论辩过程中的观点提炼具有明显的临场特征。无论是受到对方观点的启发而生发出新的观点,还是发现对方观点的漏洞而寻找批驳的理论性论据和事实性论据,都往往是临时产生的。这种观点碰撞中产生新观点需要严密的逻辑思维能力、深邃的洞察力、敏锐的判断力、高超的辨析力等。

在论辩点评中,论辩双方事先会对自己的态度指向有一个基本的认同,同时也会为论证自己的观点做一些准备,但更多的观点表达是论辩双方争辩过程中相互激发的。这些观点事先并没有准备到,是论辩过程中双方观点你来我往的激荡催生了新的思想观点。参与论辩的每个人都力图证明自己同时证伪对方,又都会受到对方或同伴观点阐述的启发,产生新的观点,从而将论辩推向深入。

对于观众来说,论辩点评并不在于谁赢谁输,而在于论辩过程中论证的智慧,即不在于"说什么"而在于"如何说"。论辩双方的观点交流针锋相对、短兵相接、环环相扣,呈现给观众的是不同观点的自证逻辑以及提示对方观点漏洞的反证逻辑。论辩双方通过嵌入式论辩将辩题讨论推向深入,观众在这些不同观点的自证与反证过程中选择自己认同的观点。

例如,2012 年 8 月 7 日的《时事辩论会》的辩题是:"以金牌论英雄"是硬道理吗?其由头是羽毛球队获得奥运会全部 5 枚金牌,而女双的一对选手因消极比赛而被罚取消比赛资格,由此引发了为了金牌不择手段的争议。论辩的一方先表明体育比赛争金牌没有错,但以拿金牌作为衡量一切的一切,就有些过头。中国体育非常弱,需要在国际赛场争脸面的时候是必要的,但倾全力去争,得有个尽头。论辩的另一方则表示没有得金牌的不一定不是英雄,但得金牌的一定是英雄。接下来的辩论涉及精英体育与群众体育、奥运体育本身是业务体育中国却把它当成了专业体育、这些金牌能给我们带来什么、精英体育让市场做而国家拿钱搞群众体育,等等。一些新异的视角、精彩的观点频频呈现,皆源于论辩中双方观点的互相刺激,激发了评论者的思维、智慧火花闪现。这才是论辩点评的精妙之处。

🌀 第二节　视听评论的观点提炼

纵观如今媒体之间的竞争,已由原来的新闻时效竞争转向新闻观点的竞争,由独家新闻竞争转向独家观点的竞争。这种从新闻时效性、独家性竞争,深化到观点独到性、思辨深刻性的竞争,意味着全球化语境下又一轮媒体竞争新阶段的到来。

观点是一篇评论的核心内容,它概括了对于评论对象的基本看法和主张,是视听评论的灵魂,是衡量评论思想高度和深度的重要标志。那么,如何提炼评论的观点呢?

一、抓住事实核心提炼观点

事物的本质总是通过表象呈现出来,由于受到各种不同因素的影响,事物的本质可能与表象一致,也可能并不一致;任何事物都往往会呈现多个不同的侧面,这些不同的侧面并非都是事物本质的真实反映,有些折射出事物的本质,有些则不是事物本质的呈现。而评论就是要抓住事物的本质进行评说,而不是停留于事物的表面、非主要侧面浅尝辄止,要引导受众获得接近事物本质的正确认识。

人们的认识都有一个由表及里、由浅入深的探索过程,同样,观点的提炼也有一个逐层深入的过程。具体来说,这个过程有三个层次,依次为:对目标事实的质疑;对背景事实的挖掘;对事实核心的提炼。这三个层次从人们的认识规律出发,层层深入,环环相扣。

对问题实质的认识从质疑开始。无论什么新闻事实,都是以冲突为特征,因冲突而受到关注。新闻评论就是要以弄清冲突存在的价值及其缘由为目的。因此,评论多以质疑"为什么会存在这种冲突"开始。以获得 1996年第七届中国新闻奖一等奖的《巨额粮款化为水》(《焦点访谈》1996 年 12月 7日)为例,节目一开始就对问题冲突提出了质疑:

> 主持人:辛辛苦苦种了一年粮食,最后换回一张白条子,这是农民最深恶痛绝的事情之一。当今年粮食大丰收已成定局的时候,党中央、国务院领导就多次强调,一定要把粮食收上来,把购粮款送到农民手里,不要打白条子,不要影响农民们种粮的积极性,但是打白条的事情还是屡禁不止。最近我们的记者在黑龙江省五大连池市了解到,当地的农民售出粮食 3个月来,竟然没有一个人拿到售粮款。

那么,应该"专款专用"的巨额粮款到哪里去了? 带着这个疑问,记者进行了深入的采访。最后发现:该市违反国家规定,把粮款挪用于建设矿泉水厂,严重影响了农业正常生产和农民的积极性,造成了一系列恶劣的后果。正是源于对冲突的质疑,记者开始了深入的调查、分析和评论。缺少质疑,就可能视其为平常,也就不会有探究的冲动。

对问题实质的认识不可缺少对背景事实的挖掘。客观事物往往是零零散散地存在，没有细心留意其中的联系，没有把这种零散的现象组合起来思考，就易于忽视其内在相连的本质特征。如果在观察现象时能再深入一步，从事物深处发现这些看起来不相干的现象有内在本质的密切相关性，就会使认识再进一步。《巨额粮款化为水》如果仅仅停留在对个别腐败问题的揭丑上，而缺乏从社会转型期的特征和现有机制等方面关注腐败问题，评论的力度和深度就会大大削弱。

对问题实质的认识体现于对事实核心的提炼。在提炼事实核心观点时，要经过仔细分析，对纷繁复杂的现象进行分析和研究，并加以去粗取精、去伪存真、由此及彼、由表及里的思索，才能够透过现象看本质，发现问题的根本性所在。在《巨额粮款化为水》节目最后，主持人从巨额粮款被挪用这个腐败现象揭示出问题的实质：

> 根据我们的了解，五大连池市的财政收入有 75％ 来自于农业收入，如果今年不能及时地把粮款送到农民手中，就无法再征收今年的农业税。那么这样的话，没有了农业收入这个基本收入，当地的其他工作都将陷入困境。不付给农民售粮款这样一件事，岂止是那个粮站负责人所说的"不算正确"这么简单，因为它已经产生了一系列的恶劣后果。首先它影响了当地的三十几万农民的正常生活，其次也影响了明年粮食生产的正常运作，更为严重的是它可能影响当地农民响应国家号召积极种粮的信心。

这条评论的标题提炼了评论者的观点，也直接指出了问题的实质。巨额粮款化为水，一是指农民的粮款都用以修矿泉水厂，变成了矿泉水；二是指农民的血汗钱被截留挪用，换回一纸白条，犹如东流之水，有去无回。只有这样直指问题的实质，视听评论才能说是抓住了根本。

因此，视听评论要点评到位，"评"到点子上，"论"到关键处。如果只是停留于事实表象，简单地就事论事，犹如隔靴搔痒，抓不住问题的实质，就失去了评论的意义。比如说有新闻报道市民反映多次而得不到解决的社会问题时，评论中主持人不是对问题本质进行分析，而只是简单地归结为政府部门不作为或作为不得力，并说："这个事希望引起有关部门的重视，尽快解决""这样能不令我们忧虑、三思吗?""人们应该在这件事情上汲取教训……""但愿类似的事件不再发生……"这样的话语似乎是主持人不经意的口头禅。这样随意说说,往往避重就轻,把一个严重的问题表象化了,并不能够深入问题内部。这样的评论,有关部门不会把它当一回事,又如何能够解决问题呢? 只有从当前社会背景出发,从评论对象的实际出发,对其进行恰如其分的概括和抽象,揭示问题的本质,才能有说服力和舆论影响力。

二、抓住社会热点提炼观点

新闻评论的对象主要是社会热点事实,或者承载了契合社会热点的事实。社会热点主要是指受到社会各界高度关注的某一社会现象、社会问题等。它通过具体的事实呈现出来,承载着各界对解决某一方面社会问题的期待。因此,新闻评论就应根据一个时期的社会热点,抓住一个时期的社会问题提炼观点,使得评论的观点具有强烈的现实针对性和贴近性。

抓住社会热点提炼观点,首先要求了解当前的社会热点。这里的社会热点,可以是政府倡导的观念、制定的政策、采取的措施,也可以是各界反应强烈的社会问题,还可以是社会的难点问题等。只有了解当前的社会热点,才能围绕社会热点的主题进行评论观点的提炼。比如,2012 年 9 月 11 日,日本政府与钓鱼岛所谓"拥有者"栗原家族正式签署钓鱼岛"购买"合同,引发中国各地民众上街举行抗议游行。这本是一种表达爱国主义的集体行动,却在一些地方演变成少数人打砸日系轿车、日系店铺,打伤日系车主、店主的行为。这种不理智的行为严重损害了凭劳动所得购买日货的中国同胞的感情,从中央到地方,社会各界对这种以暴力伤害同胞和同胞财产安全的行为予以谴责。这就是社会热点。中央电视台《新闻 1+1》分别以《"爱国":不能犯罪!》(9 月 24 日)《犯罪:不能披着"爱国"的外衣!》(9 月 26 日)为题进行了评论。两期评论节目围绕同一个主题,都是阐述爱国与犯罪的根本区别。"我们不妨看一位专栏作家对这件事情的评论:'这些违法行为无论在哪里都是不被允许的,这不仅在于它违反了明文法律,还在于它是在挑战和践踏文明的准则。一个社会的运作有赖于法律,而法律则以社会的文明共识为依托,在一个正常社会里,公民的人身安全和财产必须受到保护,这是基本的文明规则。如果承认这一点,那么爱国也好、立场也好,任何理由都不该成为挑战法律、践踏文明规则的借口。'"

其次,要求围绕社会热点提炼观点。它要求评论者从社会热点的价值指向提炼观点,使得评论观点向社会热点的核心内涵靠拢,让评论的观点指向社会热点,解释社会热点,契合社会热点。围绕社会热点提炼观点,要求评论者善于寻找评论观点与社会热点核心价值理念的契合点,进而提出既符合客观事实又有助于解释事实、解决问题的评论观点。如 2012 年中秋节及国庆节前夕,交通运输部等五部委发布了《关于重大节假日免收小型客车通行费的实施方案》,今后春节、国庆节在内的重大节假日 7 座以下(含 7 座)载客车辆一律免收通行费。9 月 30 日中秋节,京、津、沪、穗、深等地的高速公路车流量暴增数倍,出现了"史诗般的拥堵"。于是有学者开始指责"免费政策",认为高速免费等于动员大家一起上路堵车。而学者的这一观点立即遭到网友的激烈反对。10 月 1 日的《新闻1+1》提出了"拥堵:先不争着骂'免费'"的观点,既不同意说免费政策非常糟糕这样一种看法,也不同意今后全国应该所有的高速都免费,我们现在的基础建设还没到这个地步,如果全部免费的话,就不会再有投资去做相对偏远或者贫困或者二三线地区高速路网这样的建设,这会变得非常糟糕。今后公共政策也应该多用民主的方式征求更多大家的意见。另外,可不可以让地方去制定什么时候该免费这样的政策呢? 而同一天的《中国青年报》发表的题为《免费不是错,人为添堵才是祸》的评论,大家都集中抢着享受免费政策的蛋糕而造成了拥堵,不是说是免费政策有错,恰恰说明平时高速公路收费太贵了;造成拥堵不是因为车多了,而是虽然免费却仍然拦车发卡所致。相比较而言,《中国青年报》评论的观点提炼更接受真相,更能与社会热点的核心价值理念相契合。

三、抓住民议焦点提炼观点

一件事实、一个话题之所以成为民议焦点,往往是因为事实及其所引发的话题触发了人们内心的敏感点,这种敏感点往往也是人们共同的纠结点和疑问点。民议焦点往往是民众疑问最多的地方,也是评论释疑解惑的重点。视听评论的观点提炼理应围绕民议焦点而展开,解民议之惑,给受众以启发。

（一）言受众之欲言

以往视听评论仅仅被当做党和政府的宣传手段，新闻评论中出现的发言人无论是专家、主持人还是记者，都成了潜在的"政府发言人"。从概念到概念，从表态到要求，高高在上，空话套话，对百姓关注的问题所涉不多，离百姓话语越来越远。随着视听评论释疑解惑功能认识的深化，越来越多的视听评论承担了解答百姓疑难问题的责任。随着民众主体意识的增强，特别是互联网的兴起，宣告了传媒业"渠道霸权"时代终结，评论成为满足人们知情权和话语权需要的重要途径和方式。视听评论在国家和社会之间构筑了一个公共话语空间。在这个话语空间中，只有立足于群众的实际需要，讲百姓关心之事，发群众欲发之言，尤其是要回答人民最现实、最直接、最关心的利益问题，才能拉近视听评论与受众的距离，使理性色彩较强的评论不是停留在字面上、声音里，而是切切实实走进百姓的心里。

譬如北京电视台的《第七日》，其中的评论语言直白犀利、生动幽默而极富个性化，虽然从不讲什么大道理，却能让人明白不少事理。因为它说出了百姓的心里话，言受众之欲言，所以入耳又入心。

下面是《第七日》主持人元元在节目中的一段个性化点评：

> 各级政府都有红头文件，每一份红头文件都跟我们老百姓相关，我们从前却摸不着看不见。那是级别，那是权利。都让老百姓看了，级别不就体现不出来了？所以，我们常常挨了批挨了罚，却不知道犯了什么事儿。现在好了，红头文件市民可以随便取，结果一个月下来，光北京市劳动和社会保障局有关的文件，就有一万多份被领走，都快赶上畅销书了。这个数字肯定让那些发小广告的瞧着眼馋。

听起来说的都是老百姓的话，平实无华，但是仔细回味，主持人把话说到了老百姓的心坎上。其中主持人的立场、视角和表述方式中，充满着智慧，有叙说、有调侃、有概括，极具评论色彩，却没有丝毫的说教味道。

言受众之欲言，需要到新闻发生的现场，到群众的生活之中，进行大量的调查研究，多听听群众声音，多想想群众愿望和群众利益。

（二）解受众之所惑

目前我国正处于经济转轨和社会转型期，存在着诸多无法回避的矛盾和问题,给社会公众带来困惑和迷茫,引发了群众的不满,如房价物价、失业就业、教育医疗、农民负担、收入差距、权力腐败……如何化解矛盾,平衡落差,除了政府职能部门的政策调节,完善社会管理保障体系外,媒体应承担释疑解惑的重要职责。

　　视听评论作为一种思想传播方式,可以以科学的方法论为指导,帮助受众释疑解惑,引导人们科学认识和理解相关问题,以实现化解社会矛盾的目标。比如,2012 年 8 月 30 日,北京市正式公布 18 条社会办医的新政策。新政策将允许社会资本在北京举办各级各类医疗机构,逐步提高社会办医疗机构的比重。新政策显示,将保证社会办医与政府办医"一碗水端平"。此政策出台,人们首先产生的疑问是:鼓励民营医院会不会增加患者负担? 是不是政府推卸责任? 当天的《朝闻天下》节目请评论员对此项政策发表评论指出:鼓励社会办医,首先不是要降低政府在医改中的责任。我们知道,从 2009 年开始的这一轮新医改,有一个最基本的原则就是将基本的医疗卫生服务制度作为公共产品向全民提供,既然是公共产品,它的公共属性就非常突出。在这轮医改中,自始至终,都是政府为主导,整个办医的格局是公立医疗机构为主导,非公立医疗机构来共同发展,形成多元化的办医格局。在这一过程中,政府的责任一点儿都没减轻。同时,社会资本的进入也是对政府投入的一种有力补充。公立医院与民营医院是一种错位竞争的关系,一些公立医院未能覆盖的新城区民营医院可以去设点,服务项目上民营医院也可以在特色专科医疗上做文章。

　　面对纷繁复杂的社会问题、社会矛盾,越来越多的问题需要媒体去释疑解惑。要做到有效地为人们释疑解惑,就应有针对性地从解答受众疑惑的角度提炼评论观点。

　　首先,要了解公众的疑惑。要释疑解惑,前提是了解疑惑是什么。它要求评论员多到群众中去,多听群众的声音,了解他们对各种社会问题的困惑和诉求。如果没有平时的功课做基础,等到要发表评论时就可能无的放矢,瞎说一通。

　　其次,要有针对性地提炼和表达观点。既是释疑解惑,就应针对疑惑一一作答。它要求评论员有丰富的知识、严密的逻辑、睿智的分析作基础,能够既抓住问题的要害又针对群众的疑惑,做出有效的回应。如果回应缺乏针对性,只是在问题的外围绕来绕去,无法真正回应受众的疑惑,就失去了评论的释疑解惑作用。2008 年 7 月 1 日,北京男子杨佳持刀闯入上海市闸北区政法办公大楼行凶,导致六死五伤。面对这一令人震惊的惨案,居然有许多声音赞许杨佳的所作所为,甚至称杨佳为义士。人们不禁产生疑惑:为何行凶者受到赞许?《新闻 1+1》在《杨佳袭警案再反思》节目现场连线专家进行评析:杨佳属于"不定时聚合爆发"的肆虐性犯罪,犯罪的对象具有不确定性。白岩松则从两个角度进行解读:一是关注民众错综复杂的内心世界,解析一些民众对杨佳行为表示褒扬、怜悯背后的社会心理,反映出民众对国家司法机关的刻板印象;二是先列举近年来国内外类似事件,为民众展示出社会发展进程中出现的一些畸形现象,接着从社会心理学角度考察动机、行为之间的因果关系,最后把此类事件前后串联,从而消解了人们对于此类案件的恐慌和疑虑心理。

视听评论观点要解受众之所惑,可以从以下几方面入手:

① 针对人们普遍关注而又议论最多的问题,给予正确的回答和指引;

② 针对公众中流行的错误观点和认识,及时澄清;

③ 针对社会上某种容易忽视的倾向,提醒人们注意;

④ 针对当前工作中的薄弱环节,提示有关部门克服。

第三节　视听评论的观点表达

再好的观点,如果没有好的表现方式,就会散乱无序,其感染力、说服力难以得到充分有力的体现。况且,视听媒介由于自身的特性,其观点表达不像报纸评论那样可以纯粹靠逻辑演绎,而主要是依据形象化的画面语言和声音语言来表达和体现。因此,要求主持人、记者乃至被采访对象在夹叙夹议中来阐述评论的观点。总的说来,一是要旗帜鲜明,二是要理性平衡,三是要深入浅出。

一、旗帜鲜明

观点鲜明是视听评论的特点所决定的。新闻评论不同于新闻报道,新闻报道要求客观呈现事实,记者通常只报道新闻事实,而不直接表达自己对于新闻事实的观点、立场；而新闻评论则是通过评说一件事实、一种现象，阐述一个观点，给受众一个导向，这就要求评论的观点表达一定要旗帜鲜明，有的放矢，让受众明白无误地弄清楚评论者的观点。如果模棱两可，含糊其辞，观点不明确，受众就难以清楚评论者的观点，就失去了意见表达的意义。特别是在视听评论中，由于其信息传播具有明显的一维性特征，任何节点的信息都稍纵即逝，很难让受众能细细揣摩回味，因此，视听评论的观点表达更应该旗帜鲜明，让受众能够迅速把握住，不能欲言又止，含混不清，影响受众有效理解。

旗帜鲜明，就是要对评论的对象做出明确判断，明确表示赞成什么、反对什么、弘扬什么、鞭挞什么，态度明朗，观点明确，不能含含糊糊，模棱两可。特别是在一些关乎全局的重大事件以及一些敏感问题上，旗帜鲜明地表明立场、态度，对于发挥评论的社会功能意义重大。

只有观点明确，才是真正的意见信息。按照信息论创始人申农的观点，信息就是用来消除不确定的东西。无论事实信息还是意见信息，只有信息明确，才能减少或消除人们对相关事实或意见的不确定性。如果一条评论传递了一个明确的观点，能够减少甚至消除人们对于该观点的不确定性，那么这条评论才算得上是一条意见信息。如果观点不明确，不能让受众准确理解评论者的观点，无法减少和消除人们对于其观点的不确定性，就算不上是意见信息，自然也就失去了评论的意义。

只有观点明确，才能有效发挥评论的功能。无论是信息解读、释疑解惑，还是舆论引导、舆论监督，都以观点明确为前提。只有明确表达，才能对公共政策进行有效解读和有效传播，让受众清晰地理解政策；只有明确表达，才能对受众的疑惑给予清晰的解释，让受众消除疑惑；只有明确表达，才能让受众在明辨观点内涵的基础上进行选择，自觉接受观点引导；只有明确表达，公开指出某些丑陋行为"丑"在何处、危害多大，才能对丑陋行为的施行者产生震慑作用，才能有效发挥舆论监督的作用。

例如，新华网2008年4月11日评论《达赖和"藏青会"是"藏独"的两张脸》（第十九届中国新闻奖二等奖）就直接亮明评论的观点，对于意见信息的有效传播是非常有利的。评论指出：拉萨"3·14"打砸抢烧严重暴力犯罪事件发生后，一个名为"藏青会"的激进"藏独"组织开始引起世人关注，正是这个组织,直接参与策划组织了拉萨"3·14"事件。从今年1月开始,该组织连续举办包括游击战、爆破技术培训在内的各种培训班,招募人员、策划暴力袭击。事实证明,"藏青会"的所作所为与恐怖组织毫无二致,它的恐怖活动,已经对中国人民和世界人民的安全构成了严峻挑战。

在"藏独"势力内部,十四世达赖和"藏青会"可谓是一文一武:一个宣扬所谓的"和平非暴力",蒙蔽世人;一个则招兵买马、囤枪囤弹,处心积虑以恐怖手段破坏西藏的安宁与稳定。两者对外表现形式不同,但其本质都是要分裂中国……

这篇评论一针见血地指出达赖和"藏青会"的本质,与评论的标题相互呼应,旗帜鲜明地表明了媒体的立场。

有人指出,视听媒体的直观性不利于评论的理性阐述,用画面表述事实,由受众自己去下结论,因而主张视听评论的观点是隐匿的、含蓄的。正是基于这样的认识,视听评论被做成深度报道,做成了以述为主的新闻述评,"评"成为"述"的点缀。这种以"述"为主的传播方式,在某种程度上使得报道更加真实客观,但在相对复杂、相对重大的新闻事件中,仅仅依靠"述"+"点评"的形式,就使报道显得过于简单,缺乏剖析的力度和深度,更缺少媒体与生俱来的直指问题要害的风格。尤其是在价值多元的社会转型期,受众对任何事件都会产生见仁见智的多元价值判断,如果只提供包罗万象的讯息,是无法发挥舆论引导的作用的。

所以,视听评论的重述轻评,难以揭示问题的本质,无法提出有助于问题解决的合理性意见,其结果会造成视听评论的边缘化,难以发挥其应有的社会功能。因此,我们认为,无论载体如何,新闻评论应该明确以评论为主,以意见为表达载体。既是意见表达,就应旗帜鲜明。

二、理性平衡

以往的报纸和一些视听媒介多采取"一言堂"灌输的方式,评论重心集中于对现实社会问题的剖析上,即使邀请了评论嘉宾,也成了变相的本报或本台评论员。不管评说的内容如何复杂,都只有一种声音表达,"话语失衡"现象明显。长期"一边倒"的后果是由媒体所营造的"拟态环境"的表层失真,受众可感知的环境失真,对节目所表达观点的接受度就会大打折扣。

随着社会公众文化程度的提高和主体意识的觉醒，单向度的宣传说教越来越难以让受众信服，人们更倾向于听到多种观点，并做出自己的选择。而一个多元开放的话语空间，有关论题的任何理性意见都可以尽情发表，哪怕该意见只具有点滴真理。这种精神的提倡与公共领域意见的多元性相对应。

在这样一个理想的公共领域内，公民可以自由地交流意见，平心静气地讨论问题，多元思想得以充分表达，这样的公共领域成为市民社会的象征。这正如美国政治学家迪萨德所说："正确的结论是由大众的声音聚合而成的，而非权威的选择。尽管从许多方面而言，这确实愚蠢，但这是我们所有人借以依靠的东西。"①

而视听评论的突出优点在于，受众能够及时参与，通过电话、短信、连线等方式形成现场互动。不仅让当事人有话说，让多元观点的代表现场交流，更赋予受众随时插话、发表个人意见的权利，真正构建了媒体创造的公共话语空间。

在视听媒介所搭建的公共话语空间里，话语表达方式特别要强调理性与平衡。

首先，视听评论的观点表达必须是理性的。视听评论的表达方式是口头表达，无论是独自言说还是讨论、论辩言说，常常会出现越说越激动、越辩越激烈的现象。问题在于，这种现象会使观点表达呈现情绪化、非理性，会偏离以理性分析为目标的评论的初衷。比如，某卫视频道的时事辩论节目中，参与评论的 3 位嘉宾被分成两个阵营，随着话题讨论越来越激烈，"势单力薄"的一方力图以大声赢得势均力敌，岂料对方也回应以大声，双方不停地站起、坐下，辩论会演变成了高声争吵、唾沫横飞，处于劣势的一方气鼓鼓的，处于优势的一方喜滋滋的。在激情控制下的嘉宾未必真实表达了自己的意见，而观众只看到了论辩双方激烈争吵的画面，无暇关注他们分别持什么意见。因此，视听评论的观点尤其要强调理性表达。无论是独自言说还是讨论和论辩言说，无论什么话题，都必须控制情绪，让理性分析主导整个评论过程。

---

① ［美］Wilson Dizard，Old Media/New Media，Longman，1994：75.

其次,视听评论的观点表达必须是平衡的。视听评论的形式多种多样,可以是记者、主持人、评论员独自言说,也可以是通过采访让不同的受访者发表意见参与评论,还可以邀请多位嘉宾同台论辩。同此可见,听取多方意见、让多元声音参与表达是视听评论的媒介优势。无论是哪一种评论形式,视听评论都应从内容到形式做到为多元声音搭建交流的平台,从而使视听评论的观点表达趋于平衡。要使观点表达平衡,可以让不同意见的主体参与评论,无论是邀请评论嘉宾,还是选择采访对象,都是如此。随着视听评论越来越多地引入现场观众、场外网友参与评论,观点也越来越多元化,传统评论的封闭话语结构被打破,勃发出一个活力四射的开放话语场,评论的观点表达就越来越趋于平衡。

三、深入浅出

视听信息传播的一维性特征决定了它的瞬时性,声音信息和画面信息都转瞬即逝,不可能像报刊文字信息那样可以供人反复阅读,仔细品味。因此,视听评论的观点表达应注意在"深入浅出"上下功夫。深入,就是深入到事实的核心;浅出,则是观点表达浅显易懂。深入浅出,就是要把深刻的道理和平易通俗的表达结合起来。也就是说,道理既要讲得透彻深刻,能让人从中得到启发,又要讲得浅显易懂,让人易于理解和接受。

深入和浅出是内容和形式的关系。在一篇评论中,要达到深入,至少要做好这样几项工作。

第一,对所评的对象要非常了解。要了解事实的来龙去脉,了解事实的核心实质、了解事实形成的根本原因,了解事实的社会影响、了解问题的症结所在。只有全面深入地了解所评对象,才能真正做到深入进去,打通事实内部盘根错节的各个关节,弄懂弄通事实。一些电视评论员凡事都能评上几句,常常是没有评到点子上,被网友质疑为"万金油"。究其原因,就在于他们评论的对象太过分散,不仅数量多,而且题材杂,无论是知识积累还是时间精力都让他们无力对每一个评论对象进行深入的了解,因而遇到不甚熟悉的题材、事实,就会力不从心,只能蜻蜓点水、隔靴搔痒。

第二,对评论所要借用的理论性论据和事实性论据非常了解。要了解这些理论和事实用来说明所评论的对象是否贴切,能否准确地说明问题,即弄清论据与论题之间的内在联系。如果不能对理论性论据和事实性论据有充分的了解，也无法深入地认清事实的本质，无法发表深刻的评论。

浅出，则要求评论者善于运用人们熟悉或易懂的理论材料、事实材料和简洁的推理方法，引导受众了解深刻的道理。与文字评论不同，视听评论要通过视听符号呈现评论者的观点，把抽象的道理通过感性的声音和画面呈现出来。在运用理论性论据阐述深刻的道理时，要通过通俗的阐释让受众很容易跟上评论者的思维节奏，理解理论依据和由此推导的结论。在运用事实性论据印证某一观点时，要让事实能自然而充分地说明观点。所谓自然地说明观点，是指某一事实本身蕴涵着评论者所要表达的观点，而不是强扭，显得牵强。所谓充分地说明观点，是指列举相关事实就能透彻地印证评论所要表达的观点。一句话，浅出就是要通过声画符号、语言陈述、环节设置等手段，让受众易于接受评论所表达的观点。

具体说来，视听评论的观点表达要做到深入浅出，可从如下几个方面着手：

（一）浅显易懂

深刻的理论并非一定是晦涩的。评论所要表达的观点也是如此。只要把深刻的理论、观点真正弄通了，就可以用通俗的、生活化的语言说明白。这就是理论通俗化的问题。

浅显易懂表现在语言的通俗化、口语化。既然是口头表达，就应尽量使用通俗的、生活化的口头语言，以免使用生僻的词语。即使是艰深的理论，也尽可能减少专业词汇的使用，以便听众或观众能一下子听明白。比如，在《犯罪：不能披着"爱国"的外衣！》中，主持人引用了勒庞的《乌合之众》中的一段话："孤立的个人很清楚，在他孤身一个人时，他不能焚烧宫殿或者洗劫商店，即使受到这样做的诱惑，他也很容易抵制这种诱惑，但是在成为群体的一员的时候，他就会意识到人数赋予他的力量，这足以让他生出杀人劫掠的念头，并且会立刻屈从于这种诱惑。"这段话并不晦涩，但主持人仍进一步用人们熟知的说法予以概括——法不责众。这个概括就把深刻的理论用通俗的、生活化的语言表述出来，易于接受。

浅显易懂表现在内容方面的朴素深刻。视听评论是发表议论，阐述道理，若道理讲得生动、朴素，就易于接受；若道理讲得太过抽象就可能增加理解的难度,影响传播效果。视听评论应尊重其媒介特点,把深刻的道理讲得结构简洁一些、条理清晰一些、与生活结合得紧密一些,因而也显得朴素一些。比如,曾获得湖北省新闻奖的广播评论《反对听假话》(宜昌电台,1996年12月9日)讲述的是一个看似朴素的道理实则蕴涵着深刻的哲理。

多年来,"反对说假话"之声一直不绝于耳,可见说假话是何等顽固。过去治说假话,多着眼于嘴巴,现在看来,光治嘴巴不行,还得治治耳朵——反对听假话。

也许有人不同意:说和听,说在前,听在后,不说假话,何来听假话? 且慢。虽然说在前,听在后,但听,并不是只处于被动地位。说,是为听服务的。说了没人听,谁还说? 嘴巴挖空心思说假话,不正是为了讨好耳朵吗! 因为生活中爱听假话的耳朵不少,如有的耳朵好大喜功,听喜不听忧;有的耳朵偏听偏信,闻风就是雨;有的耳朵胸中无数,任凭嘴胡诌;有的耳朵欺上瞒下,专门奖励说假话的嘴巴……在这类耳朵的宠爱下,说假话的嘴怎不越长越大呢! 再则,说假话的名利算盘打得是非常精的,个个都是无利不开口。如果说一次假话,就失掉一次提级、加薪的机会,那说假话的嘴早就闭得严严实实了。所以说,耳朵不但不处于被动地位,而且还能主动地为说假话起着导向作用。

当然,不是所有的耳朵都有导向功能,只有手握重权的领导者的耳朵才有导向功能。治疗说假话这个顽症,首先就要治一治领导爱听假话的耳朵,领导的耳朵自觉反对听假话的时候,便是爱说假话的嘴巴被迫闭住的时候。

这篇评论为什么能够论述得这么浅显易懂呢? 其最终能够打动人心的因素就是善于运用现实生活中的典型事例,运用受众既有的生活经验说明问题。

当然,视听评论观点的浅显易懂并不意味着肤浅,表达的浅显易懂与观点的深刻并不矛盾。如果光在表达上求浅,而不追求分析的深入、观点的深刻,就有可能流于浅薄和庸俗。

(二)平易亲切

平易亲切与浅显易懂是相互关联的。浅显易懂主要解决内容和语言上的易懂易听,平易亲切更注意与受众的心理接近,让受众爱听。同样是讲道理，有的人是说教，有的人是沟通；有的人说话生硬，有的人和风细雨。方式不同，效果也不同。

首先，评论者要摆正与受众的位置关系。评论者要把自己放在与受众平等的位置上，平等地与其交流和探讨问题。主持人或评论员独立评论时，把自己置于与受众平等交流的位置，就会改变说教的态度，抛开教育者的身份杂念，从内容到形式都避免居高临下，而是与受众交换看法。主持人或评论员与现场观众或场外网友讨论时，应认真倾听他们的意见，并真诚地与他们交流看法。任何对观众或网友的怠慢都是没有摆正与受众位置关系的表现。

其次，评论者要以自然平和的话语方式表达观点。视听评论不是写评论而是说评论，就存在怎样说话的问题。虽然视听评论是分析问题、阐述道理和观点，但也不能动辄摆出板起面孔读社论的架式。无论是哪种形式的视听评论表达，都可以做到平心静气、朴实亲切，不必借口题材严肃而使观点表达生硬生涩，拒人于千里之外。北京电视台的《第七日》曾经播出《满地找牙》，主持人是这样评论的："马路陷阱害人不是一起两起了。这个地方，井盖没了，路灯还不亮了，您说能不掉井里吗？这么一想，刘师傅还算幸运，起码人在呢，牙没了；碰上不走运的，没准儿牙在呢，人不知哪去了。"主持人用平易亲切的言语在不经意的评述中就把"理儿"说透，让有关部门知道没有井盖的潜在危险，这种软性"引导"方式比那些"我们应该怎样"或"为什么井盖丢了没人管"等话语更能起到"润物细无声"的传播效果。

（三）生动可感

传播规律表明，绝对抽象化、概念化的内容在受众中容易产生"盲区"，从形象化的事物入手，将观点形象化，才能消除传播中的"盲区"。视听媒介的优势是形象化，它将视听因素同时存在的原生状态直接作用于受众的感觉器官，其过程环节比报纸要直接得多，形象得多。凭借这种感性冲击，视听评论的感染力被放大，有"亲临现场"之感的观点，使得视听评论比报刊评论的观点更为真实形象与具体可信。受众的感受由此也更容易上升为对事物的理性认识，正是在这一过程中，视听评论完成了以形象打动受众并在形象中表达意见和传达态度的目的。[①]

　　视听评论观点表达不是纯粹的概念演绎、观点陈述，它需要发挥视听媒介的声画特点和优势，让丰富的过程性信息穿插于观点陈述的过程之中。事实与观点有机配合，观点解析事实，事实支撑观点，从而使得理性的评论观点变得生动。视听评论以真实可感的视觉形象和声音形象，及时反映事物原貌，使评论观点建立在客观事物的真实形象之上，发挥出"眼见为实"、"耳听为实"的强大说服力。

---

① 　姜淮超. 新闻评论教程[M]. 北京：中国政法大学出版社,2003：209.

第六章　形象可感：视听评论的论据选择

如果说论点是视听评论的灵魂，那么论据则是这个灵魂的载体和支撑。论据选择得好，论点才能获得有力支撑，增强说服力，让人眼前一亮，骤然生色；反之，论据选择得不好，即使论点新颖抢眼，但因不能获得强有力的论据支撑，也会黯然失色。

按照逻辑学的定义，论据指的是用来证明论题判断的材料。也可以说是支撑论点成立并使人信服接受的佐证材料。"它可以放在评论的开头部分，作为挑开话题、引发议论的引子，这类论据，一般称为'由头'"；它可以放在中间或结尾，"作为形成或佐证论点的根据，使分析议论有所依托"；同时，形象可感的论据，还"可以起到感情发酵素的作用，使评论的议论和见解有情理交融的诱发物和支撑点。"①

视听评论的论据主要包括理论性论据和事实性论据两种。

◎ 第一节　理论性论据深刻通俗

理论性论据，也称道理论据，是用已被实践证明和检验过的正确道理作为论据来证实、说明论点。它包括先哲名人的经典言论、科学的理论、朴素的道理以及广泛传播的格言、成语和谚语等。用这类论据证明或说明论点，实际上是用已经确认的认识结果，证明或说明尚待认识的事物，分析和处理尚待解决的问题，也就是用已知证明或说明未知，使论证确凿可信，更具说服力。

一、理论性论据的分类

在视听评论中，经常运用的理论性论据，主要有以下三类：

---

① 涂光晋. 广播电视评论学[M]. 北京：新华出版社，1998：213.

（一）先哲名人的经典言论

先哲名人指的是在某一领域卓有建树、取得巨大成就的大家,他们具有很高的思想素质、理论素质,对社会问题具有很强的洞察力,在某一领域具有很高的权威性。他们对于某些问题的认识深刻而缜密,所表达的观点言简意赅,富含哲理,具有一定的普适性,因而常常作为论证的理论依据。比如孔子的"三军可夺帅也,匹夫不可夺志也";苏轼的"不识庐山真面目,只缘身在此山中";列夫·托尔斯泰的"人生的价值,并不是用时间,而是用深度去衡量的";雪莱的"冬天已经到来,春天还会远吗?";毛泽东的"没有调查就没有发言权";等等,都可以作为评论的理论论据。

先哲名人提出的一些影响深远的观点,不只是自己的人生体悟,而是突破个人经验,对历史与现实进行深入研究之后得出的结论,它们本身就是理论研究的成果;同时,这些观点也是经过社会实践反复证明了的,是经过验证的理论观点,因而足以充当评论的理论性论据。

例如,刊播于河南人民广播电台 1990 年 8 月 30 日、获得首届中国新闻奖一等奖的广播评论《黄河大桥贪污案引出的问号》,在评论的结尾就引用了邓小平同志关于制度建设的几句话来结束这一话题,既找到了问题症结之所在——领导上、管理上和制度上的弊端,也使这一结论有了充足的理论依据。邓小平同志说过:"制度好可以使坏人无法任意横行,制度不好可以使好人无法充分做好事,甚至会走向反面。"黄河大桥贪污案所暴露出来的,不只是几十个人的贪污问题,而是我们在领导上、管理上和制度上所存在的严重弊端。党中央最近强调,纠正行业不正之风,"思想教育是基础,制度建设是保证,领导干部是关键。"这确实是切中了问题的要害,足以使一些人振聋发聩。邓小平同志关于制度建设的论述本身就是深刻的理论,具有深刻的学理性,也是经过广泛的实践反复论证过的。引用这段论述,既为分析相关问题提供了理论性论据,也提升了论证的力度和评论的境界。

值得注意的是,引经据典要少而精,不能大量引用先哲名人的经典言论来代替评论,将评论弄成了名人语录,少了自己独到的意见和论述。毛泽东谈及引经据典问题时说过:"我写文章,不大引马克思、列宁怎么说。报纸老引我的话,引来引去,我就不舒服。应该学会用自己的话来写文章。

当然不是说不要引人家的话，是说不要处处都引。"[1]

(二) 科学的理论

科学的理论，是人类认识自然、认识社会的结晶，是一种经过实践检验或理论证明、并被人们广泛接受的规律性认识的总称。科学的理论之所以能成为评论的论据，就是因为其理论的科学性。这种科学性是经过科学家缜密的科学分析和推论、反复的实验或实践验证，无需再证，可以直接成为相关分析和论证的重要理论依据，且具有非常强的说服力。

例如，西方政治学中的著名定律——"塔西佗陷阱"，常常被当做对政府公信力缺失发表评论时的重要理论依据。这个定律原意为"当政府不受欢迎的时候，好的政策与坏的政策都会同样地得罪人民"。后来被通俗地解释为：当一个部门失去公信力时，无论说真话还是假话，做好事还是坏事，都会被认为是说假话、做坏事。当政府有意拖延或隐瞒事实真相而引发传言满天飞时，一些评论提醒政府当心落入"塔西佗陷阱"。当政府公布的事实真相仍屡屡被公众怀疑时，一些评论指出这就是"塔西佗陷阱"，即政府先前缺乏公信力的言行已结出了信任危机的恶果。这个科学的理论在评论政府行为时非常贴切，也非常有说服力。

而一些科学研究成果对某些做法或观点具有很强的针对性，因而能够发挥证实或证伪的作用。如2012年2月2日的《新闻1+1》播出的《"皮纹测试"究竟测出了什么？》，在驳斥"皮纹测试"的"伪科学"本质时，正是运用了遗传学的相关理论对这种"伪科学"进行了驳斥。由于科学理论准确地分析了伪科学所针对的问题，所以能所向披靡，一针见血地揭实问题的实质。

> **主持人 董倩**：对于很多有孩子的家长来说，怎么能够发现自己孩子在哪些方面有天赋，往往是要花费大量的时间和观察，而且也不见得有结果的一件事情，但是最近一项测试却似乎给这些家长带来了福音，只需要你孩子的指纹，然后就能够找到他的大脑密码，就能够找到他未来的潜能和天赋。就在不久以前，这项测试就堂而皇之地走进了太原的一些幼儿园。它真的有它说的那么神吗？它背后到底和幼儿园之间，还有各种关系之间有着什么样的联系？

---

[1]　毛泽东.毛泽东新闻工作文选.新华出版社，1994：217.

......

　　那么皮纹测试到底是一种怎样的方法,记者也采访了山西省社会科学院学习科学与家庭教育研究中心主任赵雨林。他告诉记者,皮纹测试原本是一些学者以及医学专家,针对患有先天性智障或者疾病的儿童,进行皮肤纹理观察,更多的是应用于医学领域。

　　赵雨林:事实上也证明因为染色体变异、先天性疾病,或者是不明原因的综合症,而造成皮纹的异常,这个从遗传学的角度来讲被得到证实的,这一点毋庸置疑。而对于正常孩子来说,影响皮纹的基因与人体智能的基因其实并不存在相互关联。

　　赵雨林:打着这个招牌,他们会强调几个要点:第一,皮纹和基因有关;第二,智能和基因有关。然后他就做出了一个推断,皮纹和基因能解释智能的问题。但是,此基因非彼基因,怎么能说是直接关联呢?

......

　　引用科学的理论作论据要注意:"第一,应是实践检验是正确的真理,要合乎理论的科学体系,不能断章取义,滥加引用;第二,引用要恰到好处,力求少而精,切忌堆砌滥用,以致淹没了自己的观点";[①]第三,要注意它的通俗性,如果不是受众普遍了解的,又非用不可,一定要作通俗化的解释,或者运用形象可感的影像资料辅助加以说明,使抽象、深奥的科学道理具体化、通俗化,使受众听之有趣,学之有识,思之有理。

(三)朴素的道理

　　评论就是发表观点,是以讲道理的方式阐述观点,因此生活中一些朴素的道理也可以成为评论的依据之一。这些朴素的道理包括基本概念的辨析,广泛传播的格言、成语和谚语等。

　　朴素的道理之所以能成为评论的依据,主要是因为评论本来就是阐述朴素的道理,用一些被广泛接受的朴素道理分析和说明要论证的道理,具有较强的说服力。这些朴素的道理本身没有什么高深的理论性,但它能深刻地解释和说明相关问题,也具有很强的解释力。由于这些朴素的道理为人们耳熟能详,用它们来说明新的评论对象,也就易于为人们所理解和

---

　　① 丁法章.新闻评论教程[M].上海:复旦大学出版社,2008:73.

接受。

这些朴素的道理有时就是将问题所涉基本概念、内涵理清，概念理清了，观点就论证清楚了。比如，我国许多运动员获得世界冠军后，很快就被直接授予政府部门的处级或局级等干部职位。这种现象引起了社会的广泛争议。这就涉及体育冠军与政府官员的概念区分问题，其中的道理朴素而深刻。我们以2012年闹得沸沸扬扬的"黄穗事件"为例进行分析。黄穗是中国羽毛球前世界冠军、湖南省乒羽运动管理中心副主任。可是在2012年的澳大利亚羽毛球黄金赛中，"失踪"三年的黄穗竟然代表澳大利亚队出战，引起舆论的一片哗然。作为省政府部门的官员，竟然三年不来上班，也没有人知道她在哪里。2012年4月11日的《新闻1＋1》节目中，评论员白岩松没有针对黄穗吃了几年空饷发表评论，而是针对把官职当奖品这一现象："取得一定成绩的运动员，把官职像奖励一样、像奖品一样就奖给他，类似这样的运动员在全国各地到处都是。这种不是规则的规则是不是该走到尽头了？谁说这样的事情就一定合理呢？""难道主任是管事的，副主任是荣誉，谁是冠军就给谁，官职成了冠军的礼物，人家还爱要不要，就像有些政协委员、人大代表名额也成了'麦琪的礼物'一样。"这番评论实际就是用一个朴素的道理——体育冠军的奖品可以是奖金和荣誉而不应是官职，阐述一个深刻的道理——一些政府部门把代表人民行使管理职责的官职当做奖品、礼品送人，实际上是把管理工作视为儿戏。

广泛传播的格言、成语和谚语，往往言简意赅，凝聚着人民群众的社会生活经验和智慧。以它们为论据，除了可以深入浅出地证明和说明论点之外，还能增加评论的亲切感，缩短与受众之间的心理距离，增强评论的感染力。如"当局者迷，旁观者清"；"捡了芝麻，丢掉西瓜"；"是金子总要发光的"；"只要功夫深，铁杵磨成针"……

二、理论性论据的选择

选择什么样的理论性论据作为一篇评论的论据呢？一般来说，评论者会选择那些具有准确的针对性、深刻的哲理性、严密的逻辑性、生动的贴近性，能充分有力地证明论点，使论点具有无可辩驳说服力量的理论性论据。一句话，就是选择那些最能符合论点需要、为论点服务的理论性论据。

(一) 准确的针对性

理论性论据具有雄辩的论证力量,源于其本身具有的真理性。但并非任何理论性论据都广泛适用于所有评论,论据的使用必须考虑其是否对于评论对象具有准确的针对性。这种针对性主要是指论据能很贴切地说明评论对象,而不显得牵强。比如新闻评论中常常使用"塔西佗陷阱""囚徒困境""破窗效应""木桶效应""信息公开""直接民主"等理论作为论据,这些理论的使用必须能够准确地揭示问题的实质,符合评论者表达的思想意图。

要选择具有准确针对性的理论性论据,一方面要求评论者准确理解理论性论据的内涵,不能望文生义,要找到理论性论据与评论对象的联系,找准两者之间的契合点;另一方面要求评论者准确使用理论性论据,不能因为评论的需要而随意截取甚至曲解理论性论据的愿意。要避免断章取义,从自我需要的角度出发任意取舍,将被引用的材料随意割裂、肢解;否则,就会改变论据的本意,也破坏了论证的严密性。

引用理论性论据,还必须注意该论据的适用条件。一些科学理论,在提出该理论的当时条件时是完全正确的,但随着时代的发展,该理论已不再适用现时代了,就不宜再作为分析现实问题的论据。否则,就影响论据的说服力了。

总而言之,如果理论性论据不准确,就会使评论出现破绽,论点站不住脚,容易以偏概全,引出片面性甚至是错误的结论。

(二) 深刻的哲理性

和事实性论据"用事实说话"不同,理论性论据强调的是观点的思想性和哲理性。理论性论据是深刻思想的高度凝练,其深刻性就在于它对社会、对生活的洞察和分析,饱含智慧和哲理,给人以启迪和思考。它以精练的语言,阐述了深刻的道理,因而能够发挥以一当十的论据效果。

一些科学的理论是研究者通过对历史或现实中大量的事实进行充分细致的研究总结出结论,深刻地揭示了社会发展规律,因而富含哲理,对社会未来发展具有深刻的启示意义。如"塔西佗陷阱"是由古罗马时代著名历史学家塔西佗提出的,他出任过古罗马执政官、保民官、营造官、财务官、行政长官和外省总督等,具有丰富的行政经历。他总结历史与现实提出的这一理论,对于今天的政府管理仍然具有非常深刻的警示意义。

同样,一些著名先哲的经典言论、广为流传的格言、谚语也具有深刻的哲理。如"一颗老鼠屎坏一锅汤"、"流水不腐,户枢不蠹"、"冰冻三尺,非一日之寒"等,都富含朴素而深刻的哲理,对于评论论点的论证具有很强的说服力。

(三) 严密的逻辑性

所谓逻辑,是指思维的规律。逻辑性就是指分析论证要符合思维的规律。运用理论性论据进行评论,要求该论据能够推导出评论所要表达的论点,每一步推导都符合人们的思维规律。这样的论据与论点之间才能算是存在逻辑联系。这种推导应该自然而不牵强,严密而不存漏洞,环环相扣,层层递进。如果按照人们的思维规律,论据不能自然地推导出相应的结论,这个理论性论据与论点之间的逻辑性就不很严密,就会削弱评论的说服力。

新华网 2009 年 7 月 17 日刊发的评论《埃尔多安要为自己的谎言负责》,针对土耳其总理埃尔多安的谎言——新疆"7·5"事件是"种族灭绝",文章一开始就指出:土耳其总理埃尔多安在说谎。文章接下来有这样几段论述:

> 如果真有"种族灭绝",乌鲁木齐几十万维吾尔族百姓为何还在好好地生活? 在"7·5"事件中死亡的 184 人中,绝大多数是汉族人,将这起事件污蔑为中国政府对维吾尔族的"种族灭绝",请问埃尔多安先生是否了解"种族灭绝"的含意?

> 在现代文明社会,"种族灭绝"是最严厉的指控,联合国对"种族灭绝"有明确的定义。在过去几十年中,只有纳粹德国对犹太人的屠杀和奥斯曼土耳其对亚美尼亚人的屠杀等极少数事件,被联合国认定为种族灭绝事件。在没有任何证据的情况下,埃尔多安将"种族灭绝"的弥天大罪栽赃于中国头上,是对中国政府和人民的污辱,是对国际正义的公然挑衅。

> ……

> 中国是一个多民族国家,促进全国各民族共同繁荣的原则被写入宪法。在中国,包括维吾尔族在内的少数民族不仅没有受到歧视和迫

害,相反还享有众多优惠政策。比如,少数民族可以比汉族生更多的孩子,少数民族子女考大学可以加分。在中国的民族自治地方,政府机关、法院、学校可以使用、学习少数民族语言。

……

在这篇评论中,作者为了驳斥土耳其总理埃尔多安的谎言——"'7·5'事件是'种族灭绝'",指出联合国对"种族灭绝"有明确的定义。种族灭绝是指人为的、系统性地、有计划地对一个民族或一些民族进行灭绝性的屠杀。1948年12月9日,联合国大会通过第260A号决议《防止及惩治灭绝种族罪公约》,简称CPPCG条约。该条约于1951年1月12日生效。其中第二条对种族灭绝行为定义如下:蓄意全部或局部消灭某一民族、人种、种族或宗教团体,犯有下列行为之一者:① 杀害该团体的成员;② 致使该团体的成员在身体上或精神上遭受严重伤害;③ 故意使该团体处于某种生活状况下,以毁灭其全部或局部的生命;④ 强制施行办法,意图防止该团体内成员生育;⑤ 强迫转移该团体之儿童至另一团体。这篇评论根据联合国关于种族灭绝的定义来检视中国政府的少数民族政策,如少数民族可以比汉族生更多的孩子、少数民族子女考大学可以加分,在民族自治地方,政府机关、法院、学校可以使用、学习少数民族语言等,说明包括维吾尔族在内的少数民族不仅没有受到歧视和迫害,相反还享有众多优惠政策。从定义检视实践,抓住了埃尔多安言论的明显漏洞,揭穿土耳其总理埃尔多安谎言的实质,逻辑严密地论证了作者所要表达的论点——中国并没实行"种族灭绝"政策。

而在实践中,有些评论的理论性论据虽然是真实无误的,但它与论点之间缺乏紧密的逻辑联系,很难用它有力地说明论点。这样的论据堆积在评论中,会使评论缺乏逻辑力量。更有甚者,理论性论据与论点之间根本没有联系或者与论点相冲突,却将它们硬扯到一起,结果会造成评论思维的混乱。

(四)生动的贴近性

不要以为理论性论据的特点就是理论性强,高度抽象,板起面孔来说话。其实引用理论性论据也要讲究生动活泼,贴近受众,贴近生活,贴近实际,不能"强引"、"硬引"。且不说理论性论据具有多样性,并不仅仅指科学的理论,它还包括先哲名人的经典言论、广泛传播的朴素道理,单就科学的理论而言,也并非都以抽象生涩的语言来表达的。许多著名的科学理论,都是以贴近人们生活、人们能切实感知其朴素而深刻的道理的方式表达的,因而形成了广泛的社会影响,这些朴素而深刻的理论就是用于评论的恰当论据。比如,美国政治学家威尔逊和犯罪学家凯琳提出的"破窗效应"理论,就是非常通俗的贴近生活的理论。它指出,如果有人打坏了一幢建筑物的窗户玻璃,而这扇窗户又得不到及时的维修,别人就可能受到某些示范性的纵容去打烂更多的窗户。久而久之,这些破窗户就给人造成一种无序的感觉,结果在这种公众麻木不仁的氛围中,犯罪就会滋生、猖獗。这个理论主要用于说明环境可以对一个人产生强烈的暗示性和诱导性。在评价一些地方政府疏于管理而滋生更多挑战社会规则的行为等现象时,常常会用到这一理论。这一著名理论因其通俗,贴近生活,对于听众或观众而言,没有疏离感,且很生动。至于群众中广泛流传的经典名言、警句谚语等用于说理的论据,更使评论幽默风趣、生动形象、耐人寻味,能强化说理的形象性,提高评论的感染力。

因此,在选择理论性论据时,要尽量选择那些人们耳熟能详的、能让受众茅塞顿开的论据,才能增强视听评论的亲和力、吸引力,实现视听评论的舆论引导功能。

三、理论性论据的功能

"理论性论据通常作为演绎论证的大前提,处于决定论断是否'言之成理'、具有颠扑不破的真理性的关键地位。"因此,在视听评论中,"恰当运用这类论据,能增强说理的逻辑力量"[①],提升评论的高度、深度和力度。

(一)提升说理的高度

我们常说某一评论"很有分量"或者"缺乏分量",这里的"分量"主要就是指有高度。一篇有高度的好评论应该具备释疑解惑、拓宽视野、提高认识等功能。理论性论据由于其自身的特点,使它具有增强说理高度的特性:

---

① 王振业,胡平. 新闻评论写作教程[M]. 北京:中国广播电视出版社,2001:189.

一是评论基点高。登高才能望远。新闻评论要站在现实与历史的制高点上，从纵向和横向交叉的坐标来分析事实所揭示的问题，从大局和长远发展的视野来衡量事实的价值和意义，才能做到视线高、目光远。理论性论据由于是已被长期实践证明和检验过的原理，可作为其他规律的基础，其作为论据的起点高，以其作为论据，以理说理，高屋建瓴，能使评论迅速上升到理性的高度。

二是思维层次高。理论性论据因为是从理论的高度，对事物的本质进行抽象、概括和提炼，通过讲道理来说明某一个或一类问题，其思维过程严谨，研究方法科学，运用演绎推理、归纳推理或类比推理的逻辑分析过程，推导或证明其观点。运用这种思维过程的结晶——理论性论据进行论证，必须以同样的思维观察和分析事实的本质，揭示事实的核心内涵，因而也就提升了思维的层次。

例如获得第17届中国新闻奖广播评论一等奖的评论《决不亵渎英雄歪曲历史》[①]就很有分量。它针对恶搞英雄、恶搞红色经典、恶搞历史这一社会现象，通过引用何祚庥院士、郁达夫先生、联合国前副秘书长斯特朗等著名人物的重要论述，从民族精神的高度，阐述了"'恶搞'的本质是青少年精神虚无，是社会主义核心价值观的扭曲，是对中华民族民族精神的亵渎"这一论点，从而加深了受众对恶搞这一社会现象的认识，引发了受众对这一看似抽象其实具体、看似离自己很远其实与自己密切相关问题的思考。

> 何祚庥院士认为，那些恶搞英雄和历史的人，"对我们老祖宗当时的奋斗了解得太少了……他们享受着现成的比较富裕的生活，但是没有去认真想一想这个富裕生活是怎么到来的……自己需要承担什么责任，怎么去做一个现代的人。"他更直斥这种恶搞行为："等于是亵渎自己的祖宗啊，亵渎自己的先辈啊！"
>
> ……
>
> 郁达夫先生在悼念鲁迅的时候说："没有伟大的人物出现的民族，是世界上最可怜的生物之群；有了伟大的人物，而不知拥护、爱戴、崇仰的国家，是没有希望的奴隶之邦。"

---

① 张勤，王新玲，陈建海，范少俊.决不亵渎英雄歪曲历史.浙江广电集团，2006-12-30.

联合国前副秘书长斯特朗提醒我们："西方的文化有很强的物质主义倾向，在中国变得富有、追求物质的时候，千万不要丢失了自己的灵魂。"

……

当然，说理的高度也不是越高越好，必须考虑评论本身的承载力和支撑力。如果评论中引用的理论性论据，超过了评论自身的承载力，就会像小孩戴着一顶大帽子，显得滑稽可笑。因此，说理的高度也必须适度。

（二）增加说理的深度

评论的魅力在于深度。若是只有高度没有深度的话，高度就会蜕变成空洞的口号、标签。如果说评论是一栋高楼的话，那么深度就是它的地基，地基挖得越深，高楼就越稳固；地基不牢，高楼就像沙上建塔，随时可能倒塌。因此，深度决定着评论能不能"站"得稳。

所谓有深度，主要是指挖掘到事实的本质内涵，见人之所未见，即有新思想、新见解、新看法、新认识。一篇评论能不能吸引受众、打动受众，能不能引人思考、给人启迪，主要就看它有没有深度。而理论性论据以思想性见长，高度凝练了思想家长期观察和思考所形成的结论，它往往不是个案的总结，而是经过广泛的调查研究和由此及彼、由表及里的深入探究所得出的科学结论，具有深刻的哲理性和严密的逻辑性，具有揭示事物本质的能力，增加说理的深度。

前面提到的评论节目《犯罪：别披着"爱国"的外衣！》中，主持人引用了法国社会学家勒庞《乌合之众》的一段话："孤立的个人很清楚，在他孤身一个人时，他不能焚烧宫殿或者洗劫商店，即使受到这样做的诱惑，他也很容易抵制这种诱惑。但是在成为群体的一员的时候，他就会意识到人数赋予他的力量，这足以让他生出杀人劫掠的念头，并且会立刻屈从于这种诱惑。"这段引文对于解释游行活动易发生群体性暴戾行为是非常有深度的，它触及了参与群体行动的人们的心理活动，找到了人们的行为规律。勒庞的《乌合之众》中有很多对于群体行为的精辟论述，如"激发一个人最原始本能的决定性因素是数量"，"因为单独的一个人是有其名姓的，而群体的本身就是它的名字。群体是无名氏！"，"所谓群体，不过是外界刺激因素的奴隶而已"，"群体从一个极端走到另一个极端，往往用不了多少时间"，"群

139

体易于接受暗示","群体是极端排斥理性和逻辑的"。这些精辟的论述对于解释群体中的个人失去理性的行为,是非常深刻的。

当然,也不是说只要有了理论性论据,就一定会让评论变得深刻。关键在于理论性论据要用得贴切。比如,有些评论喜欢装腔作势,用一些革命导师、领袖人物、权威人物的讲话,拉大旗、做虎皮,装点门面,也不管那些讲话所处的背景与所评的话题是否相符,这样的评论看似有理论性论据,却暴露出评论者没有吃透论据真正内涵,表面看起来能唬人,实际上很肤浅。也有的评论虽然引用了理论性论据,但没有真正以此为论据对评论对象进行深入剖析,论据只是充当了"花瓶",没有往深处挖掘,给人的感觉是道理讲不透了就拉个理论性论据来,其结果也使评论显得肤浅了。

(三)增强说理的力度

"任何一个论点,如果是正确的话,就必须有现实的客观基础;而且,只有当它被充分、准确、可靠的论据证实以后,才能言之有据,持之有故,以理服人。反之,如果论据不充分,论点就架空,评论就没有血肉,就没有说服力。"[①]这里的论据就包括理论性论据。

说理的力度就在于论据的说服力。论据有说服力,才能推导出有说服力的结论。若论据缺乏说服力,据此推导出的结论自然难以服众。理论性论据的说服力主要源于其真理性。

理论性论据的真理性在于它揭示了事物的核心实质。它不是表面地就事论事,而是抛开覆盖于事实表层的真假信息,揭示事实的本质。它不是对偶发事件中某一现象的个案梳理,而是对大量同类事实的长期观察与思考,提出具有一定规律性的理论发现,再推及更为广泛的同类事实进行验证,从而总结出具有广泛意义的理论。这种理论就具有了作为论据的真理性。作为评论论据的力量就是其真理性,只有经得起质疑和检验,才会有说服力,才会被接受。理论性论据正是凭借这种真理性,增强论据的权威性和说理的力度。

比如,前面提到的勒庞关于群体行为特征的理论,包含了许多具有真理性的判断,对于分析群体行为中的个体行为的非理性倾向、独立的个体

---

① 丁法章.新闻评论教程[M].上海:复旦大学出版社,2008:71.

与参与群体行为的个体之间的巨大反差等，都具有很强的说服力。

第二节　事实性论据形象可感

从麦克卢汉的"媒介即信息"理论可以得知，"媒介形式所体现的技术本身就会给人类带来某种信息，并引起社会的某种变革"[1]。视听媒介的不断发展使大众媒介从印刷时代进入了电子时代，人们接收信息的方式从单一的、抽象的文字传播进入了多元的、形象化的视听传播。视听艺术是声画结合的，因此，视听评论相较于传统的文字评论在传播方式上具有天然的优势，丰富的传播手段尽可能地模拟出身临现场的效果，使传播信息的可信度大大提高。这种优势在视听评论过程中展现事实性论据时尤为突出，它使事实性论据以具体的、可感知的形象直接呈现给受众，为理论性论据提供了强有力的支撑。

一、事实性论据的分类

事实性论据，是用来证明和说明论点的具体材料的总称。一般而言，新闻评论的事实性论据，主要是现实中存在的客观事实，包括典型事例和概括性材料。[2] 视听评论中，我们把这些新闻事件和评论中所用来说明论点的事实性论据分为直观性事实、总结性数据、集中性舆论。

（一）直观性事实

直观性事实是指通过声音和画面呈现的过程性事实，是受众可以直观地感受到的形象立体的事实。

根据传播学的理论，人们接受信息传播的时候，信任程度与传播层次成反比。信息转述层次越多，信息损失或变形越严重，可信度也越差；传递层次越少，信息保真性强，可信度也就越高。

视听媒介的声画结合特点，正好能够最直接有效地还原新闻现场，最大限度地缩减"编码"与"解码"的层次，提高了信息的可信度。广播、电视、网络等视听媒介在制作评论节目时，也必然会借助媒介自身的特质，直观

---

[1]　李苓.传播学理论与实务[M].成都：四川人民出版社，2002：197.
[2]　王振业，李舒.广播电视新闻评论[M].北京：中国传媒大学出版社，2009：62—63.

地把新闻事件的缘由、经过、发展、结果等如实地呈现给受众,从而稀释抽象的论点,使评论这种"精英文化"逐渐利于大众理解,进一步扩大有效传播范围。在视听评论中,我们把新闻事件中这些可以通过声音和画面直接展现给受众的事实,都归为直观性事实论据。直观性事实论据一般包括新闻事件现场、新闻事件当事人或相关人员的采访记录、新闻事件背景资料等。

视听手段的直观性主要体现在声画记录的纪实性特点。视听评论节目中,对于事件的发生背景以及全部过程,都有可能原汁原味地通过视频和音频还原给受众。比如在一些调查曝光类节目里,记者往往采取暗访的手法,对事件进行跟踪拍摄,运用一些长镜头或是几组镜头接在一起,将事件的经过完整地呈现出来。这种直观的画面语言不需要过多的描述和解说词,受众对事件的缘由和经过一目了然。

例如,《焦点访谈》2012年4月11日的节目《"城管打人"传闻的真相》中,运用了大量的现场视频和对新闻事件中的人物的采访来引导受众看清事实。2012年3月17日,网友"男妇联主任"在优酷网上上传了一段名叫《厦门城管暴力执法激起民愤》的视频。视频称,厦门城管对两个"十三四岁的小女孩拳脚相加",并当着两名女生父母的面,将她们带上手铐押走。视频被网友转到微博后引发近17万网友的点击,舆论几乎一边倒地指责城管执法"太过暴力"。为了寻求真相,节目中向观众播放了整段视频,从头至尾并没有看到打人的画面。其后,在城管部门提供的完整视频中,也显示了当时的真实情况。最后,通过对视频中执法人员和这对父女的采访还原了事实真相。这两段视频和对事件当事人的采访都是作为事实论据,让受众清楚地看到新闻事件始末,为最后新闻评论做出强有力的事实支撑。节目最后评论道:一次正常的城管执法检查,在围观群众的起哄、当事人的过激反应、网友不加分辨地传播等多种因素的共同推动下,却演变成了一出城管、警察打人的闹剧。这件事提醒人们,要维护一个正常的社会秩序,除了需要执法人员的文明执法,还需要网友少一些非理性的围观,公众多一些明辨是非的判断,共同净化我们的网络环境。

(二)总结性数据

统计数据的权威性、准确性和严密性等特点,成为我们在论证观点时经常使用的论据,也属于事实性论据。在文字媒介的评论中,各项数据的罗列和对比往往使读者更加清楚事实。视听媒介相较于文字媒介虽然更加形象生动,但是由于声音画面的瞬间性和不易保留性,也使我们在进行视听评论时要时刻注意弥补这个缺憾。数据性事实可以使概括性观点有更具体、更准确的事实支撑,因而属于精确事实。这种精确事实通过评论员口头陈述、统计图表予以呈现,也具有了视听信息的传播特征。比如,2012年中秋、国庆长假期间,各地交通拥堵,旅游景点游客井喷,央视《新闻直播间》于10月5日开始连续发表了《中秋国庆长假引发的思考》,在第一篇评论中,评论员杨禹指出,出门旅游是一种快速增长的刚性需求。为了说明这一点,他请编导特别制作一个题板,反映近年来"十一"黄金周旅客运输量变化,分别为2009年4.5亿人次、2010年4.7亿人次、2011年5.3亿人次、2012年预计7.4亿人次(图6-1)。在说到近年来我国居民购买汽车的数量激增,也制作了题板,汽车销量分别为2008年938万辆、2009年1364万辆、2010年1864万辆、2011年1850万辆(图6-2)。这些统计数据通过柱状图的直观呈现,就使得"四轮出游的刚性需求"有了充足的依据和说服力。

图6-1　短评《中秋国庆长假引发的思考》(1)　图6-2　短评《中秋国庆长假引发的思考》(2)

　声音和画面是随着时间而流动的,不像文字媒介处于静止状态,可以进行反复查阅和长时间的思考。目前而言,除了少量点播式节目以外,视听节目依然具有这样随时间流动的特点。这就需要视听评论在选择数据事实时注意两点:第一,选择什么样的数据事实;第二,如何在视听评论中表述这样的数据事实。

　首先,关于选择什么样的数据事实。从视听角度来看,数据本身是比较抽象的,不宜于表现,但是很多评论中所罗列的论据往往需要通过数据或者数据对比来说明问题。例如,在财经新闻评论中,数据事实不可避免地被大量使用,通过这些数据,专业人士才能分析某些经济现象,寻找其中的经济规律。通常这种情况下,使用数据的同时还要涉及一些专业术语,虽然对于专业人士来讲有力证明了现实问题和观点,但事实上过多的数据会使受众感到困惑以至于接收困难。因为,视听语言的快速流动性要求受众保持较高的注意力,而现代社会里电视作为一种"客厅文化"基本处于伴随状态,必然不会有很高的追随程度。另外,视听传播是一种大众传播,受众的专业化程度较低,不适合接收过多专业化抽象化的信息。过多的数据信息不仅让专业人士感到吃力,更不易于为普通受众理解和接收。因此,视听评论选择数据事实时,一定要注意不能像文字媒介那样罗列数据,而是尽量选择有明显对比,可让受众迅速做出最终判断的总结性数据来论证观点。

其次,数据事实的表述问题。电子媒介的发展也是多种媒介不断融合的过程。如今的视听媒介任何信息的表现手段都越来越丰富,除了声音和画面以外,滚动字幕、图表、Flash 动画等都成为视听媒介的信息表现手段。这些表现手段使得枯燥的、静态的数据顿时变得生动活泼起来,立体地呈现于观众眼前。

(三) 集中性舆论

视听评论节目常常将记者采访过程的内容作为论据材料引入评论过程,从而使得以理性分析为特征的评论具有了声画结合的视听媒介属性。记者的采访素材既包括事实的还原与呈现,也包括采访对象对事实的分析与评价。这些分析与评价也是主持人或评论员进行评论的事实性论据,即对于评论对象存在着这样的观点。记者对采访对象的选择,可以是一位,也可以是多位。如果选择不同的人对同一事实发表意见,让不同视角的分析评论集中呈现,就会使得评论的观点论据更充分。

此外,视听评论也将报刊评论中的意见进行汇集,将网民的跟帖、博客、微博等形式发表的意见集中呈现,用以佐证所要表达的论点。特别是网络媒介对主动表达的网友意见的汇集、意见领袖的意见受捧与扩散,呈现出集中性舆论的突出特点。这些汇集各方意见,特别是意见领袖意见的文字或图像材料也构成说明论点的事实性论据。

比如，一些学者、时评人的博客、微博常常就某一新闻事实发表具有真知灼见的言论，这些言论对于佐证视听评论的主持人或评论员的论点，也是有力的事实性论据。

二、事实性论据的选择

视听评论突破了传统书面评论和单一口播评论的媒介局限性，充分利用视听形式，使话语场真正地活跃起来。受众只有在这样最接近真实现场的"拟态环境"中，才能迅速有效地接收视听画面和评论共同建构的合乎逻辑的结论，达到视听评论的最终目标。因此，视听评论在选择事实性论据时要根据媒介自身的特点和要求，选择最适合、最具有说服力的论据。

（一）真实性

真实是具有说服力的事实性论据的最基本特质。唯有完全真实，事实才有说服力，才能作为评论的论据。舍去真实，哪怕是细节的任何程度失真，都会严重影响事实的说服力。无论是作为评论由头的核心事实，还是用来佐证论点的其他事实，都必须确保完全真实，才能充当支撑论点的事实性论据。

由于视听媒介的信息呈现方式具有很强的直观性，"有图有真相"的思维习惯使得视听媒介所呈现的事实具有一定的迷惑性，似乎视听媒介所呈现的事实就是真实的。人们一旦发现事实的真相与视听评论所赖以为据的事实不完全一致，不仅对该事实所推导的结论产生怀疑，而且会对视听媒介所呈现的其他事实信息都不再相信，进而会对由事实说明的论点的合理性产生怀疑，评论的说服力就会大大削弱。所以，选择事实必须确保事实的准确性，不能为了印证论点而随意裁剪事实、断章取义。

事实论据的真实性要求从整体上把握事实的真实性，即不光是局部真实，而且是总体真实。事实的真实性不光是要求作为事实过程的一个局部或环节是真实的，而且要求把这个局部放在事实整体及其背景中、把某一环节放在整个事实过程中来审视仍然是真实的。选择和使用事实性论据时，要兼顾宏观和微观事实的真实性。

列宁说过，如果从事实的整体上、从他们的联系中去掌握事实，那么，事实不仅是"顽强的东西",而且是绝对确凿的证据。如果不是从整体上、不是从联系中去掌握事实,如果事实是零碎的和随意挑出来的,那么它们就只能是一种儿戏,或者连儿戏也不如。① 在视听媒介中,画面和声音能够逼真地展示事实的细节,这是媒介自身的优势。如果只注重细节展示而忽视事实的整体把握,就可能陷入"只见树木,不见森林"的情况,即微观真实和宏观真实不能统一。一方面,因为着眼于眼前的新闻事件,缺乏联系过去思索未来的战略眼光,导致选择事实论据时不够全面;另一方面,因为展示核心事实的需要而突出某一事实论据,忽略了核心事实与其他事实之间的联系,导致以偏概全的偏颇,评论的事实论据就可能有失公允。新闻评论要拥有较强的公信力和说服力,选择的事实性论据必须坚持宏观真实和微观真实的统一,这样的事实论据才是让人坚信的"顽强的东西",由此得出的结论才能经得起反复推敲和时间的沉淀。

前文提到的《"城管打人"传闻的真相》中,为了寻求真相,节目展示了城管部门提供的记录当时情况的视频资料。如果只让受众看到城管方面的视频资料,难免会让人感觉到有失偏颇。因此节目以客观的态度,不仅没有回避产生传言的视频,而且把视频首先完整地公布出来,使两方面的视频都公之于众。同时,还播放了记者采访当事双方的视频。这样客观的事实论据为论点的公正性提供了良好的基础。

(二) 典型性

典型性即指所选取的事实论据具有以一当十的说服力,具有突出的代表性。

典型的事实往往是矛盾冲突剧烈的事实。因为矛盾冲突剧烈,信息含量丰富,更能引起人们关注,因而也更有论证力和说服力。比如,教师虐待学生屡屡被媒体关注,而在 2012 年 10 月的一幅幼儿教师手拎幼儿双耳离地的照片使得这一问题成为举国哗然的事件。浙江温岭市蓝孔雀幼儿园的一位女教师的网络空间记载了她虐待学生的系列照片,如双手拎起学生耳朵致学生大哭她却开心地笑、把学生扔进垃圾筒、用包装带封住学生嘴巴、将装垃圾的铁簸箕扣在学生头上等。这个事件迅速成为各媒体评论的

---

① 列宁. 列宁全集(第 28 卷)[M]. 北京:人民出版社,1990:364.

对象,也是论证师资不合格的核心事实依据。此前,因为孩子不会背诗、不会算数等原因被教师打耳光、用火钳烫手、揪伤耳朵的事也屡有报道,但温岭市这位 20 岁出头的幼师的系列虐童照更具典型性。她把虐童当做乐趣,不仅实施虐童,还把虐童过程拍照并放入网络空间供人"欣赏",因此,这种典型事实对于说明其作为孩子第一任老师不合格的问题也更具说服力。

典型的事实往往是具有代表性的事实。通过某一件具有典型性的事实,可以窥见某一类问题,正所谓窥一斑而知全豹。典型性的事实性论据是个性和共性的辩证统一。单一的典型性论据是具体的、充满个性的,却能够代表一般性论据,体现一类事实的共性。抓住具体事实,突出一个思想,提倡一种风尚,说明一个问题,指出一种弊端,揭露一个丑恶,是在指导人们认识同类事物,通过个性让人们把握共性的倾向[①]。温岭市蓝孔雀幼儿园的教师虐童事件调查结果显示,该虐童教师连教师资格证都没有。这一典型事件也折射出全国幼儿园师资的状况:全国六成幼儿园教师没有教师资格证。山东省教育厅对全省幼儿园的抽查结果显示,53%的幼儿教师未取得教师资格证书,17%的园长未取得园长任职资格培训证书。有的地区幼儿教师取得教师资格证的比率为零。

(三)相关性

用于论证和说明论点的事实论据,除了典型的核心事实以外,还应有一些用于佐证和说明论点的相关事实。这些相关事实不是可有可无,而是从某个角度、某个层次说明论点,是一种非常重要的支撑。缺少这些相关事实材料,论证就可能显得不够生动、不够多层次、不够有深度。比如一些与核心事例同类或反差较大的事实、一些非常有说服力的数据等。

前文提到的电视评论《中秋、国庆长假引发的思考》,评论员为了说明出门旅游是一种日益增长的刚性需求,除了列举了近年来每年国庆长假出门旅游的人数增长情况,还列举了近年来汽车销量情况的变化,汽车销量激增从而说明四轮驱动的外出旅游是一种刚性需求。同样,《新闻1+1》2012 年 10 月 29 日《幼儿园,为什么不好玩?》中,评论员先引用有关部分对

---

①　刘建明. 典型报道的思维架构[J]. 清华大学学报(哲学社会科学版),1997,2.

一些地方持证幼师比例的调查,指示一些地区幼师持证率为零(图6-3)。在对幼儿教师素质进行分析时,也引用了河南省汝州市教师进修学校对学生的调查报告:"我校中师幼师学员都是15~18岁的花季少女,她们正处于一个生理、心理都发生巨大转变的关键时期。但由于这些学员大多学习差、升学无望,来上幼师多是迫于社会和家长压力,而非其主观愿望,所以导致一系列心理问题在她们身上出现。""……75%的同学认为学习太枯燥,42%的同学总觉得心情不好,57%的同学觉得人生是一件痛苦的事,52%的同学不知为什么总爱发火。"(图6-4)这些相关的事实对于说明目前我国幼师来源问题,具有很强的说服力。

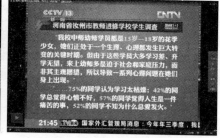

图6-3 《幼儿园,为什么"不好玩"》(1)　　　　图6-4 《幼儿园,为什么"不好玩"》(2)

三、事实性论据的功能

视听评论中具有视觉冲击力的活动性画面和充满现场感的同期声采访等声像兼备的优势,使评论的事实论据更加具体、真实、可信。就论证来讲,视听评论使用事实论据一方面能使论证过程有理有据,既有理性的分析,又有鲜活的事实,论证形式丰富,生动具体;另一方面声画技术的使用为评论奠定了扎实的事实基础,形象可感的事实引入论证过程,大大增强了评论的说服力。因此,事实性论据的功能主要表现为提高可受度和强化可信度。

(一)强化可受度

相较于传统的文字评论,视听评论中的事实论据不再是抽象的文字描述,而是具体可"看"可"感"的。具体事实的引入,降低了理解观点所需要的条件,使评论不再局限于精英文化中,而是普通大众可以看得清楚看得明白,可以迅速接受和消化的,即可受度提高。

比如电视利用声画同步的优势，可以把事实论据中的新闻事件、新闻人物的采访过程全景地展现在电视荧幕上，让观众"眼见为实"。这样不仅构成了丰富的信息源，也丰富了论证过程。这样，评论就从单一的说理过程变成一种事实信息与观点信息共同推进的动态活动，从而使受众不由自主地跟随传播者的意图去推理思考，心理上产生同步参与感。这种参与性避免了受众对传统说教式灌输内容和强加观点的反感，增加了认同感，对评论者思想的接受自然而深入。

视听评论中事实论据的表现手段可以丰富多样，如可以是主持人或评论员的描述和对话、知情人士的讲解、前期记者对现场人和事的同期声采访、截取报纸上的文章或其他纸质文档的材料数据、电话连线、录音、网络媒体资料等。这些事实论据通过不同的手法立体展现，使受众很容易找到适宜自己接受和理解的形式，从表现形式上大大提高了论证的可受度。也就是说，人们在接受可感的事实信息的同时，也易于接受用可感的事实说明的理性观点信息。

（二）强化可信度

评论是抽象的逻辑思维的建立过程，却也离不开具体的形象思维的融入和贯通。视听评论就是抽象的逻辑思维和具体的形象思维有机结合的产物。无论对于评论者还是受众来说，都是如此。

视听评论一般采用以声音和画面展示新闻事实、以事实推动理性分析的逻辑结构，事实不仅打断了理性分析的连贯性，使得以理性见长的视听评论因为事实的介入而生动起来，而且事实呈现也以"事实胜于雄辩"的说服力强化论点的可信度。视听评论中的事实论据通过画面和现场同期声这两种主要的构成要素，呈现出一种对事实完整记录的形态，为观点提供了毋庸置疑的事实基础，使受众真切感受到事实的真实再现，增强可信度。

作为诉诸视觉的画面，非语言符号携带的信息常常不需要任何语言来表达，一幅画面就能传递一种完整的信息。而现场同期声的加入更增加了画面的真实度和确定性，只有画面和声音同步，才能确定事实的准确有效性，成为有力的事实性论据。

对于以声音为唯一传播符号的广播评论来说，采访现场的同期声就是增强论点可信度的重要事实论据。获得第二十二届中国新闻奖一等奖的广播评论《严禁酒驾带给社会的启示》,从两个带有"普遍共性"的现象入手,即新的刑法修正案对"醉酒驾车"和"违反食品安全"行为都实行"只要有行为,不论结果"的严厉刑事处罚,但结果大相径庭:全国醉酒、饮酒驾车同比大幅下降;而食品违法行为却屡见不鲜。节目通过采访执法者、专家、学者、地方官员等,揭示了问题的现实性,同时将欣喜、忧虑和现状呈现给听众,并且提出了应对的思路和观点。采访对象的阐述有的是事实案例,有的是认识观点,事实具体准确,观点独到深刻,有力地论证了评论的论点:社会治理没有什么其他办法,唯有依法。比如,黄埔交警支队勤务路设科李科长说:"去年我们查酒后驾车最早8点半开始查,基本查到11、12点已经战果累累了。5月份入刑以后,运气不好的话查一百部都不一定有。各个区交警支队基本上每天晚上都有设卡。1月份到4月份,醉酒驾车55起,5月1号到现在为止,5起,下降90%多。"交警总队勤务处王世杰科长分析禁止酒驾后的变化原因时强调:"它的严格执法程度从未有过,所有的人都不能幸免,拒绝通融,拒绝具体情况具体分析。法律要发挥作用,必须对一切人有效。如果管不住一部分人,法律就管不住所有的人。再有力度的法律规定都没有了意义。"

第三节 理论与事实论据优势互补

在视听评论中,理论性论据与事实性论据并不存在孰轻孰重的问题,两者在论证过程中各具优势,综合运用可以有效发挥优势互补的作用。

一、理论性论据需要事实性论据支撑

理论性论据是深刻思想的高度凝练,具有严密的思想逻辑和理论说服力,但是,如果视听评论仅用理论性论据说明论点,既不能给评论以典型事实的充分支撑,也不符合视听媒介的信息传播规律。

任何观点的阐发都必须基于一定的事实。评论中的事实论据不仅用于支撑论证观点,也是观点产生的基础。没有这些事实论据为基石,不可能产生评论的观点,也无法合理论证观点。纵有深刻的理论,如果没有丰富而典型的事实作支撑,理论只能是空中楼阁,缺乏现实针对性。正是源

于对现实问题的关注，才可能形成具有一定深刻性的独到见解，理论性论据的引入则提升了分析的高度、深度和力度。前文提到的获奖广播评论《严禁酒驾带给社会的启示》，正是源于评论者对于两类具有强烈反差的事实对比。同样是具有严厉刑事处罚的法规，醉酒驾驶案例大幅减少，而食品违法行为却层出不穷。没有对这种反差强烈的事实予以高度关注，也不可能有巧妙的观点提炼和论证。

视听媒介的信息传播规律要求所有的节目都必须充分运用声画符号，展示事实的过程信息。视听评论的理性归属也必须注重事实性论据的具体可感，以事实的形象性和现场感提高观点信息的可受度，强化观点信息的可信度，满足受众不断追寻真相的需求。纯粹的理性表达不符合视听信息的传播规律，也不为受众所接受。理性的观点表达必须辅之以丰富的事实论据作载体，才能为受众所乐于接受。

不同形态的客观类评论节目都遵循着相同的"纪实主义"原则，强调电视的多重表达功能和声画同步记录的完整性，以"真实"为追求的最高境界①。我国目前大多数视听评论节目都属于时事热点评论，是一个动态发展的参与形式，即成为评论焦点的新闻事实为观点表达提供了信息来源，记者或评论员在追踪、调查报道之后，对事件产生观点或从独特的视角形成观点，而不是先验式的主题先行。这类视听评论节目都是根据事件引发的观点评论，是以事实论据为基础和出发点的。

二、事实性论据需要理论性论据深化

事实性论据虽然有很强的说服力，但如果没有理论性论据的红线贯穿，事实就可能成为散落的珍珠，无法成为精美的项链，无法成为具有论证精巧、逻辑严密的视听评论。

由于理论性论据具有高度的概括性，经过了大量而广泛的实践检验，具有哲理性、深刻性、统领性等特点，以此为基础的分析论证，可以将相关的事实串连起来，深化事实论据的说理性，提高事实论据的说服力，也有利于深入事实的本质。

---

① 冯资荣.电视新闻评论的"电视化"路径[J].现代视听，2007，10.

理论性论据可以对事实性论据进行梳理和甄别,发现其中的规律性现象,进而有针对性地深化对某一问题的认识。由于理论性论据是经过反复证明过的,具有广泛的适应性,因而其对于相关的事实同样具有针对性。其自身具有的深刻性,同样适用于所评的事实及相关事实论据,使得整个评论具有较强的深刻性。比如,对于大量存在的众人围观而无人相救的现象,一般评论会指出人们冷酷无情、社会道德沦丧。而责任分散理论的引入,则将此类现象进行深刻的理论剖析,从而增加了分析的合理性和深刻性。这个理论认为,不同的场合,人们的援助行为确实是不同的。当一个人遇到紧急情境时,如果只有他一个人能提供帮助,他会清醒地意识到自己的责任,对受难者给予帮助,如果他见死不救会产生罪恶感、内疚感,这需要付出很高的心理代价。而如果有许多人在场的话,帮助求助者的责任就由大家来分担,造成责任分散,每个人分担的责任很少,旁观者甚至可能连他自己的那一份责任也意识不到,从而产生一种"我不去救,由别人去救"的心理,造成"集体冷漠"的局面。只有找到了问题的根源,才能找到解决问题的对策,避免老生常谈的毛病。

理论性论据因其具有高度的概括性也能提升事实性论据的逻辑清晰度,避免了罗列事实不见观点的缺陷。理论性论据在核心概念的辨析、理论观点的逐层阐释遵循着清楚的脉络,有助于将事实穿插于整个评论的不同环节,显得条理清晰、有理有据,从而提升论据的说服力。如果缺乏一定的理论基础,仅罗列事实,是无法充分有效地发挥其论据作用的。

总之,在视听评论中,事实性论据和理论性论据常常是交错使用,互为补充。理论性论据具有高度的准确性、深刻的哲理性、严密的逻辑性、生动的贴近性等特点,能提升评论的高度、深度和力度,增强说理的逻辑力量。而事实性论据则可以充分发挥视听媒体的传播特色,通过新闻事实的形象展示,让各种意见主体各抒己见,使论证过程生动活泼具体可感,从而增强评论的可视性与可信性。

如果只有事实性论据,而缺乏理论性论据,评论就会缺乏深度;相反,只有理论性论据而缺乏事实,又会使评论空洞无物。只有两者恰当地结合使用,优势互补,才可能使评论有血有肉,形象可感,增强说服力。

第七章　互动与论辩：视听评论的论证方式

视听媒介的评论属于有主持人的评论，而主持人参与的意见信息传播过程兼具大众传播和人际传播的特征。在视听媒介的评论过程中，无论有无交流对象，主持人都会积极营造一种人际交流语境，运用谈话语体和富于交流感的语言样态进行传播。正是这种典型的人际交流特征，使得大众传播摆脱了单向传播的窠臼，具有交互传播的典型特征。

视听评论的论证无非以事实呈现和意见表达两种方式予以呈现。以事实材料进行论证时，主持人讲述事实与评论事实时以向听众或观众定向传播的方式呈现，形成交流互动的虚拟语境；而访谈或论辩时的主持人与访谈对象、论辩双方的交流形成现场互动，加上场外听众或观众的电话、网络参与，使互动范围进一步扩大，进而使视听评论的论证方式具有群言特征。

☯ 第一节　夹叙夹议，事实与评论交织

视听媒介的信息传播以可感的事实信息见长，这是视听媒介的传播符号决定的。而评论是意见的直接表达，它必须与事实紧密结合，与事实信息组成完整的信息。因此，视听评论的论证过程呈现出明显的夹叙夹议的特征。

一、事实叙述是视听评论的核心依托

与报纸评论中常常就某一现象、某一话题发表意见不同，广播电视评论是就某一具体事实发表意见，进行评论。这与视听媒介尤其是电视媒介的传播符号及传播特性密切相关。电视是以传播形象可感的过程性画面信息为特征的，故事性是其传播信息的重要诉求，因此，即使是传播意见信

息的评论节目,也必须以事实信息的形象展示为依托。

在报纸评论中,常常一句话概括所评事实,并注明核心事实详见某月某日某报的报道。由于广播电视传播的一维性,人们错过了某一期新闻节目就错过了对相关信息的了解,因此,视听评论往往必须在评论之前对事实进行详细的陈述和梳理,以便让受众对事实有一个清晰的了解。

在述评结合的论证方式中,事实叙述占据着绝对的中心地位。它以事实陈述为主,在事实陈述的过程中或事实陈述之后,由记者、主持人或评论员进行适当点评,但这里的点评必须是围绕着事实展开的。

事实必须具有典型性。不是任何事实都是可以用来作论据的,它必须是在某一方面极具代表性、能充分说明某一主题的事实。2011年7月6日《东方时空》播出"中央商务区9幅地块招标引争议",评述了北京中央商务区(CBD)核心区招标过程中出现了非常神奇的一幕:Z11地块唯一投标方出价26.32亿元,与地块竞标底价相同。价格一经爆出,引起现场一片嘘声。在事先不能透露竞标底价的前提下,参与投标单位的报价与标底价相同到小数点后两位数,太蹊跷了。身在现场的SOHO中国董事长潘石屹感叹不已,他在微博上说:"今天北京CBD核心区土地投标,感觉遇到神仙了。有一块地,只有一家投标,标底是26.32亿元,这家公司出价也是26.32亿元,分毫不差。"并称"这种感觉很不好"。随后知名地产商任志强回复其微博:市场最痛恨的恰恰是这种内外勾结的欺骗,让公开透明变成了黑暗。主持人张泉灵在详细陈述相关事实后点评道,现在看来,"人家连戏都懒得演了"。这一事实就极具典型性,它突出地说明了政府招投标程序的不严肃、不公正性。如果事实缺乏典型性,对于评论的主题的说服力就打了折扣。

事实展现必须有节奏和针对性。作为论证过程的评论事实,与新闻报道中的事实陈述不同,它陈述事实是用于论证所要表达的观点的。因此,用于论证的事实陈述往往要注意展现事实的节奏,每一节点的展现围绕某一主题而进行,将事实分解成不同的段落,使其能集中表达相应的主题,从而达到论证的效果。同时,事实展现的过程应针对事实中的疑问点或意义点予以清晰地表达,使事实起到论证观点的作用。因为任何评论,要么针对事实中的某一方面或某几方面进行价值肯定,要么针对事实中的不合理之处进行质疑或批驳。无论是肯定或质疑批判，都应在展现事实的过程中把最能反映问题实质的环节或节点展示清楚，以关键性事实引出观点、论证观点。

比如，获得 2003 年中国广播电视新闻奖一等奖的电视评论节目《下山扶贫扶了谁?》[①]，揭示的是浙江省温州市泰顺县罗阳镇北外村下山扶贫点住宅被人冒名顶替的事情。浙江省为了鼓励久居大山的村民走出大山，走向富裕，推行了"下山扶贫"政策，对下山村民安排宅基地等优惠措施。然而，北外村下山移民安置点的宅基地出现了被冒名领取又倒卖给下山移民的情况。节目以一段暗访开始陈述事实：

字幕：北外村景泰路移民安置点

暗访实况：

记者：这是什么时候批下来的?

村民：去年批下来的。当初便宜，三千一间。

记者：现在转让多少?

村民：现在卖六七万、八九万一间。我们也不是第一手，我们也是从别人手上转过来的。

从这位村民口中我们得知，这间转让的地基是 1998 年的"下山脱贫移民建房用地"，几经转手后，现在的价格高得着实让前来购买的山民难以承受。

接着，记者对北外村的三个移民安置点进行采访，惊讶地发现这些移民点居住的不是北外村的村民就是从别人手上高价转卖来的住户，很难找到一户靠扶贫政策下山的居民。然后，记者在县扶贫办找到北外村下山脱贫移民的汇总表，请村民指认表上有哪些人不是下山移民。结果记者发现，北外村村民冒用贫困山区名义获得宅基地的有 30 多人，还有一位副镇长在安置点盖起了四层楼，另一位副镇长没有建房就直接把扶贫指标卖掉了。这个名单上，不仅有县公安局、交警大队、乡镇政府等部门的人员，还有福建来的经营户，个别村干部甚至拿到了 11 间地基。村主任的 4 个堂兄弟冒充来自 4 个不同贫困乡的

---

① 张帆，龚奇，韩越，魏娜. 下山扶贫扶了谁? 浙江电视台，2003-1-2.

扶贫对象而获得宅基地。

　　那么,这份骗取北外村下山脱贫地基的名单是谁炮制的呢?又怎么通过各个部门的层层把关的呢?⋯⋯调查发现,名单是村里报上的,而镇里把关实际上就是看看村里报上的书面材料。

这期节目主要围绕着谁动了下山移民的宅基地、上级政府部门如何把关等核心问题进行事实陈述,通过问题将复杂的事实梳理得节奏分明,一步步接近真相,从而以事实说明评论所要表达的主题:下山扶贫扶了谁?不是扶了贫困的山民,而是安置点的滥权者。

二、意见表达是视听评论的核心价值

评论的典型形态是意见表达,而不是事实叙述,意见表达才是视听评论的核心价值。尽管广播电视媒介的传播符号决定了视听评论须注重以过程性声画符号为特色的事实信息,但这并不意味着事实叙述可以代替意见表达。毕竟视听评论是以"评"和"论"为依归,意见表达才是其核心价值的体现。

意见表达并非仅指结论或论点,它直接参与论证,是论证的重要手段和方式。比如,提出事实中的疑问点、对事实所反映出来的问题进行分析、用相关理论进行演绎推论和事实剖析等。这些都直接表达了评论者的观点,也以观点进行论点的论证。任何评论,理应包括"评"和"论"两层意义。"评"是评价,直接表达观点;"论"是分析和说明事理,强调说理性,其逻辑推衍过程要求严密有序,说服力强。

视听评论的观点表达必须清晰明确。诉诸理性的评论与感性的视听媒介结合,有一个融合的过程。在这个融合的过程中,以意见表达为主的评论必须尊重视听媒介的传播规律,它不像可以重复阅读的报刊评论,其线性传播的特征要求理性的评论不仅要尽量使用口头语言,而且观点表达要清晰明确,不能含混不清,要让听众或观众当即明白评论者所表达观点的含义。无论评论对象是谁,也不管评论篇幅长短,都应简洁明了地表达作者的观点,否则受众就因无法理解评论者的意图而使论证效果减弱。有些视听评论在陈述事实过后,简单地空发一番意图不明的议论,似乎一切要等观众自己去思考,严格说来就算不上评论了。只有基于事实又不仅限于事实陈述，而是把落脚点放在对事实的分析点评上，才算得上真正的视听评论了。比如，湖北十堰电视台播出的电视评论节目《造林还是"造字"》①在调查湖北郧西县几个乡镇竞相在本该造林的山上建造硕大的石头标语，陈述事实的过程中多次进行点评，"就这样，造林运动变成了造字运动。对于这种大规模的造字运动，村民们更多的是表现出无奈和不满，村干部则考虑的是如何完成任务。""封山育林，绿化山川，是我们各级政府部门义不容辞的职责。郧西县部分乡镇加强封山育林的宣传本无可厚非，但要劳民伤财地去'造字'不造林，那也只能是违民意、毁民财、失民心了。郧西县是国家级贫困县，至今还有不少农民未解决温饱问题，花费如此浩大的人才、财力来建造这样的石头标语，说到底还是一种不注重实绩、只做表面文章的形式主义。"如果没有观点明确的点评，只能算做新闻报道。

视听评论的观点表达必须逻辑严密。作为视听评论中论证的重要环节，评论者的观点表达不是率性言说，而是基于对事实的深入了解而进行的理性分析。这些分析要求层次清晰，一段点评、一期节目究竟要表达什么观点，从哪些方面、哪些层次进行分析，能让听众或观众易于分辨。由于视听评论的论证过程常常是事实与观点交织，如果评论者的思维跳跃度过大，忽前忽后，点评时缺乏清晰明确的层次，就会扰乱受众接受信息的思维习惯，从而为其收听收看视听评论带来不便。同时，视听评论论证过程中的观点表达应强调其逻辑性。评论既是评的过程，也是论的过程。它要求分析说理有较强的逻辑性，无论是提出问题还是分析推导，都必须显现理性的力量。如在《石首，为何再度"失守"？》中，评论员白岩松针对官方的一些解释点评道：过去的很长时间里头，这样的语言我们经常听到，是"不明真相的群众在少数不法之徒，或者说少数别有用心的人"的煽动下怎样怎样。我们先说多数的人，不明真相的群众应该是多数是吗？既然他不明真相，让他明了真相，这个多数不就摘出来了吗？再说"不法之徒"这个用法，既然是不法之徒，为什么你没有对他行使法律方面的处置呢？那就说明是不是，你还没有证据。没有证据，你凭什么可以叫他不法之徒呢？这是一些荒唐的说法。评论员的这番反驳式点评，抓住评论对象言行中的疑问点

---

① 校红，李光志，郭宏哲，周琼. 造林还是"造字". 十堰电视台，2002-11-15.

进行反驳,凸显了理性的力量。

三、夹叙夹议的类型与要求

夹叙夹议是视听评论的主要论证方式。总体说来,夹叙夹议有两种基本类型:以叙事为主,以说理为主。

以叙事为主的夹叙夹议,"是按照事实的客观逻辑划分和组织说理层次"。[①] 在这类结构中,事实所占篇幅居绝对多数,评论所占篇幅较小。其结构往往是"把事实分割为若干相对完整的部分,然后依次叙述,并在适当的地方作画龙点睛式的议论。这样的议论直接从事实中引申出来,既概括了对上一层事实的看法,又带出下一层事实,兼具表达见解和承上启下的作用。"[②]这种结构的视听评论也有些是在叙述事实的最后进行简要点评,直接表达评论者的观点。以叙事为主的夹叙夹议结构虽然说理的比重较轻,但作为媒体的旗帜,因其直接亮明评论者的观点,往往发挥着四两拨千斤的独特价值。然而,我们也发现,由于对视听评论节目的基本要求认识不清,一些视听评论节目基本是事实叙述,"或像新闻专题,或像纪录片,或像深度报道,甚至有的像社教节目"、"有的节目论据不充分,有的节目缺乏论证的过程,说理性不强,逻辑混乱"[③]。没有充分的说理,此类节目充其量只能算做新闻报道,不是真正意义上的视听评论。以叙事为主的夹叙夹议,常见以调查见长的评论节目,如以《焦点访谈》为代表的焦点透视类节目。

以说理为主的夹叙夹议,是按说理的逻辑层次安排材料结构,事实材料被打散后根据说理的层次再重新编排,服务于说理。像中央电视台的《新闻1+1》就属此类。这类评论一般采用的结构是,先由一件或几件案例引入,提出核心观点,即中心论点;然后根据立论的需要,设置几个分论点即论证的层次,通过剪裁事实的不同侧面、不同环节,作为印证分论点的事实依据,从而构成说理与叙事交融为一体的评论结构。在这种结构中,说

---

① 王振业,李舒.广播电视新闻评论[M].北京:中国传媒大学出版社,2009:340.
② 王振业,李舒.广播电视新闻评论[M].北京:中国传媒大学出版社,2009:342.
③ 谢荣.新时代、新发展、新要求.摘自江欧利主编《中国广播电视新闻奖 2002 年度新闻佳作赏析》[M].北京:新华出版社,2004:328—329.

理不仅成为主线，而且所占篇幅也居主导地位。

无论是以叙事为主还是以说理为主的夹叙夹议，都遵循着一个共同的原则：事理交融。交融的第一层含义是交叉、交织。说理与叙事必须交织进行，而不是光有叙事而无说理，也不是光有说理而无叙事。必须做到事理交织，以事说理，以理断事。无论是以叙事还是说理为主，都应保持两者有一个恰当的比例，都能有较为充分的展示。特别要防止叙事过多过细、完全挤占了评论空间的做法。叙事一定要简洁，切忌拖泥带水，过于琐碎。交融的第二层含义是叙事与说理融为一体。它要求叙事服务于说理，成为议论的依据，说理是基于对事实的深刻认识和准确判断，两者紧密结合浑然一体。如果为了印证评论者的某个观点，牵强地将某个并不典型的事实硬往事先设定的框框里套，论证过程往往显得生硬。评论的观点必须由事实生发，而不是事先预设再往里乱塞内容。

第二节 观点论辩，理性与直观杂糅

说起视听媒介的评论，以往人们习惯性地将之与述评划等号。当电视上出现了访谈式、论辩式的话题评论后，人们恍然大悟：这也是电视评论的一种形式。其实，这种访谈式、论辩式评论应该称得上最接近意见表达的现实图景。人们在现实中就某事发表意见，并不是一人自言自语，而是与他人交流，遇到意见分歧，就会发生争辩，在争辩中各抒己见，道理越辩越明。

访谈及观点论辩作为视听评论的重要论证方式，越来越多地为视听媒介评论所采用，此类评论节目也日渐增多。这类论证的过程一般遵循理性与直观杂糅的逻辑，也成为此类节目的重要特点。

一、论辩过程构成直观的过程性图景

访谈式、论辩式的论证过程基本是观点交流和交锋的过程，理性的推导过程构成其论证的主要特点。以诉诸理性的观点表达为主要特点的此类节目之所以能够在感性的视听媒介中占据重要一席之地，其对过程性图景等感性符号的充分运用是重要原因之一。

访谈及论辩都是谈话体评论的重要形式。在这类谈话体评论中,无论是在主持人(记者)与嘉宾,还是在分为正方与反方的嘉宾之间,他们的谈话过程就构成了一幅过程性图景,契合了视听媒介对于声画符号的要求,因而使得理性的观点表达与感性的传受要求有机地结合起来。

(一)访谈式论证过程的直观性

在访谈式论证过程中,主持人(记者)通过提问与评论嘉宾进行交流,通过问与答实现对论点的论证。在这一过程中,主持人与嘉宾共同演绎论点如何一步步被证实或证伪。他们之间的一问一答就构成了生动的过程性声画信息。主持人提了什么问题、提问的方式如何、有没触及关键点、如何与评论嘉宾互动、嘉宾如何回答提问、对于关键问题如何反应等,对于听众或观众而言,这些过程性信息本身就具有较强的可感的流动性。这些流动的可感信息不只是外在的东西,它本身就是论证信息本身。

访谈式论证方式的直观性,主要体现在主持人的提问风格及主持人与评论嘉宾的互动两个方面。

作为访谈类评论节目,主持人的提问风格虽受制于节目定位,但主持人之间仍有风格差异。有人言辞犀利,步步追问,有人言辞平和,循序渐进。这种风格迥异的提问方式,本身就具有直观性。它们与访谈类评论节目相契合,构成视听评论的论证过程不可分割的整体。提问的方式直接与论证的说服力密切相关。一档严肃的访谈类评论节目或评论环节,要求主持人能抓住目标对象的核心问题进行提问,能问到关键点,才能体现访谈和提问的力量。比如,成都一位名为胡丽天的老妇,在随机抽签的情况下,竟然 18 次被选中,成为听证代表,她有一句名言"人活着就是占用、消耗资源,所以政府收任何费都有理"。此事于 2011 年 7 月 14 日在一位作家的微博被披露后,迅速被广泛转发,引起了广泛的议论。人们质疑听证代表不够广泛、听证缺乏透明,但最核心的当是听证会就只是有关政府部门应付公众的一种形式、一个流程、一场游戏,根本没有诚意。如果对此事进行评论,主持人的提问就必须触及这一核心。无论提问方式如何,都必须触及问题实质。中央电视台的主持人王志的质疑式提问与董倩的探寻式提问,尽管在提问的问题设置、语气、眼神等方面有很大的不同,但都会在冷静的提问中触及问题的核心。当然,他们不同的风格也是受众关注的一个方面。有人偏爱这种风格，也有人偏爱另一种风格。

　　主持人与评论嘉宾的互动状况也是体现视听评论论证直观性的重要内容。在新闻评论环节或新闻评论节目中，主持人与评论嘉宾之间提问与回答实际上也是交流与碰撞的过程。双方通过提问与回答，使得对问题的探讨越来越深入，越来越触及问题的核心和实质。在这一过程中，主持人与评论嘉宾能否在同样的认知平台对同一问题进行探讨，直接影响交流的质量，也直接影响评论的水平和效果。如果双方能够在同一认知平台进行有效的对话，其有来有往的观点碰撞过程就构成生动和谐的交流图景。如果双方不能够在同一认知平台进行有效的对话，交流就会有障碍，就难以实现有效的观点碰撞，论证就难以达成。例如，有的主持人在与文化学者进行对话时，常常感到力不从心，无法真正理解学者的文化观点，更谈不上提出恰当的问题，双方真正意义上的交流更是无从谈起。这种直观性图景对于受众而言，不仅无助于接受视听评论的论点；相反，因其过程的反差刺激而削弱了论证的效果。只有双方处于同一水平之上的对话和交流，才可能达到预期的论证目的。

（二）论辩式论证过程的直观性

　　论辩的常规形式是分为不同阵营的嘉宾围绕论题进行论辩，各自尽力寻找有利于己方的证据予以阐述、抓住对方的漏洞予以反驳，从而使论题在辩论中视角越来越丰富、观点越来越多元、道理越来越清晰。

　　论辩式论证过程的直观性体现在双方你来我往的论辩过程。从选题和嘉宾选择、论辩环节设置、主持人参与调控等，共同呈现论辩式论证过程的直观性特征。

　　（1）论题具有争议性。争议性话题为论辩提供了交锋的靶子，也决定了论辩的基调。一个有争议的话题，就为论辩设定了交锋的激烈程度。有争议才有交锋和论辩，话题的争议性就预设了受众的关注度。以凤凰卫视的《时事辩论会》2011 年 7 月 11 日的选题"中国需要一场对外战争？"为例，话题本身就充满争议性，节目一开始公布的网友调查就发现有大量网友参与到这一话题的讨论中来。这种争议性话题一公布，也就预设了论证过程充满争辩，具有较强的可视性。

　　（2）评论嘉宾具有较强的论辩能力。邀请合适的嘉宾参与论辩是有效地开展论辩式评论的前提。参与论辩的嘉宾不仅要有思想,有独到的个人见解和快速反应能力,而且要有在镜头或话筒前自如地表达意见的能力。他们应尽量"无视"镜头或话筒的存在,能流畅地阐述自己的主张,能冷静地倾听并迅速地捕捉对方观点的漏洞,快速而有效地予以反驳。如果嘉宾善于思考并有深刻的见解但不擅长在镜头或话筒前表达,不擅长对他人观点迅即作出反应,也不适合作为视听媒介评论的嘉宾。当然,论辩式评论的嘉宾还必须理性地分析和陈述自己的观点,而不是情绪化地表达,如哭诉、高声争吵等。

(3)论辩环节设置的核心在于"辩"。论辩式评论是视听评论的独有形式,其核心价值就在于"辩",其看点也在于此。既如此,论辩式评论的环节设置就应凸显"辩"的价值。被划分为不同意见阵营的嘉宾从节目一开始就进入论辩的氛围,证明己方观点合理性的同时反驳对方的观点。双方在主持人的引导下,将论题分为若干层次,针对所涉论点逐一论辩。双方从理论到实践寻找依据,针锋相对,环环相扣,力求证明己方也证伪对方。在这一过程中,双方唇枪舌剑,或情绪激昂,互相指责,或理性阐释,条分缕析,加上听众或观众参与其中,构成一幅生动的论辩图景。

(4)主持人搭建并营造论辩的平台。视听评论是有主持人的评论,在辩论式评论中主持人主要不是扮演提问者的角色,而是论辩平台的搭建者和营造者。从问题的提出,到论辩氛围的营造、论辩走向的预设和把控,都体现出主持人的作用。其中,最关键的在于话语权的分配和对论辩氛围的营造。让谁发言、发言多长时间、是否打断其发言、是否给予其肯定或否定的评价等,都直接关系着论辩双方话语权是否充分、是否平等,也关系着论辩的走向。这论辩过程中,主持人一般会平等地分配双方的话语权,当一方阐述意见较多时,主持人会有意把话语权转移到另一方。不同意见有了相对平等的表达空间时,论辩的平台才得以形成。当双方的论辩激烈到一定程度时,主持人一般不直接否定某一方的观点和态度,而是通过转移话题引导论辩双方对新话题的关注,缓和论辩的气氛,实际上也是对论辩平台的营造。整个过程中,主持人不是论辩的主角,但其穿针引线和调控氛围的作用却非常关键。

在论辩过程中,主持人还引导节目现场的观众参与到讨论中来。他们赞同某一方，或者保持中立，丰富了论辩过程的直观图景。随着网络技术的发展，主持人还让网民通过网络文字或视频参与到论辩过程中来，进一步丰富了论辩的直观色彩。

（三）事实展示丰富了观点表达过程的直观性

无论是访谈式论证还是论辩式论证，都不一定是纯粹的观点表达。由于视听评论的信息载体是视听媒介，其典型的过程性信息仍离不开事实的过程性展示，因此，即使是以观点展示为主的视听评论节目，仍离不开展示事实过程的信息。而事实过程信息的展示进一步丰富了视听评论的直观性。

尽管视听评论中的观点陈述过程本身具有一定的直观性，符合视听媒介信息传受的特点，但是，毕竟事实过程的声画信息更具典型性，更符合受众接受视听信息的需求特点，因此在进行意见陈述的过程中往往需要展示事实的过程信息。这种事实信息与意见信息交织展示的过程，就使视听评论更具直观性。

二、理性表达体现视听评论的品质

一般说来，广播是听的媒介，电视是看的媒介，因此，视听媒介的信息传播会特别注重其可听性、可看性。也有人说，广播电视是感性的媒介。然而，感性的媒介并非只能感性地表现，意见的理性表达是视听评论的品质。这种理性表达既指意见表达的非情绪化，也指意见表达的逻辑性和深刻性。

（一）视听评论是意见的非情绪化表达

意见的理性表达首先必须是深思熟虑后的冷静表达。作为借助大众媒介公开表达的意见，视听评论不是个人个性言论秀，也不是极端情绪下的口头语言和肢体语言的综合表演，而是经过深入思考之后的理性表达。

与诉诸文字的报刊言论不同，视听评论是即兴的口头表达，它没有撰写初稿后再修改的过程，而是临场发言的脱稿评论。虽然有些非直播类的主持人点评（如本台短评）可以提前撰写文字稿，但这种口播文字稿并非典型意义的视听评论。典型的视听评论当属面对事实（现场）或新闻报道（话题）临场发表观点。无论是主持人播报新闻后的即兴点评、评论员的即兴点评，还是评论节目现场的嘉宾论辩，都具有明显的临场性，都是针对事实过程声画信息、主持人提问、论辩对手的观点，迅速构建论点和论证思路。

即兴的口头表达是一种感性表达。尽管口头表达也是理性思考的结果，但即兴表达往往带有明显的感情色彩。人们希望对某事发表看法，往往是因为该事实包含着种种冲突，或与习惯观念、或与制度规则、或与社会伦理等之间的冲突。而冲突最易激发人们愤怒的情绪，这种情绪通过口头表达出来，往往会得到进一步激化，这就是人们常说的"越说越生气"。如2008年武汉519路公共汽车一名女司机被两个东北男子殴打，被车载摄像头拍下。该视频被挂在网上后，众多网友纷纷声讨打人者的暴行。在电视节目公布的这段视频中，这辆519路公共汽车行至傅家坡车站，两男两女上车后，其中一名女子说："你们公交车怎么让我们等这么长时间！"女司机宋汉芳称，路上堵车了。双方随后发生口角，其中一名男子一拳打在宋汉芳的头上。她马上把车门关上，两名男子便用脚踢她的头部，整个殴打过程长达5分多钟。那名女子当时还嚷嚷："你们武汉人都是什么素质啊？就知道欺负外地人。"新闻播报之后，主持人的点评充满了极端的愤怒，甚至直接开骂了："我不知道那俩女的是何许人也，只知道也操着一口东北腔，在这里，她们化解矛盾的本事没有，煽火点火的本事倒是不弱。什么'武汉人都是什么素质，就知道欺负外地人'，这话要搁别的地方或许能成立，但是在这样的暴行之后还能讲出这样的话，简直是放屁。在这里根本就不是外地人和本地人的问题，而是你是不是一个人的问题。从这段车载视频中我们看到，行凶者打人是多么的嚣张，手段是多么的残忍，在他们眼里，当时那司机还是一个人吗？在这里我想提醒他们记住这样一句话，拿别人不当人的人恰恰说明他自己不是人，是什么？是畜牲……"毋庸置疑，主持人的点评很有些不冷静，情绪有些失控，语言有些失当。这也恰恰说明口头表达易于情绪化这一事实。

主持人在独自主持节目时即兴点评就易于被情绪所左右，而与人交流的访谈式和论辩式评论更是如此。尤其是论辩式评论，任何一方在论证自己的观点有理时，都在想方设法抓住对方的漏洞，有时甚至为了反驳对方不惜强词夺理、冷嘲热讽、曲解对方的意思，这种带有某种"挑衅"意味的论辩易于激怒对方，从而爆发激烈的争吵。对于观众而言，观看这种充满火药味的论辩式评论节目如同观看情节丰富宕荡起伏的电视剧,极具观赏性。

然而,热闹不是评论节目的本质属性。以理性见长的评论,即使与视听媒介结合,也不能丧失其说理的本质。俗话说,有理不在声高。说理的精髓在于摆事实讲道理,以明辩是非说清道理服人,而不是以极端情绪压人取胜。

主持人或评论员独立评论时理应提前整理情绪,理清思路,有理有节地阐述自己的观点,必要时可提前撰写分析点评的要点和提纲,以免情绪失控时信口开河。即使听众或观众能感受到主持人和评论员的情绪,仍能感受其评论的理性。

例如,2011年6月29日,一位著名女演员在微博上关于"同志有罪"的言论惹怒了很多人。7月4日,央视《24小时》栏目也批评了她的这一言论,并称名人应该反思自己的公开言论对社会造成的影响。栏目主持人在节目中评述称:"作为一个社会名人、有影响力的名人应该反思或者反省一下。我们尊重名人本身的信仰,甚至允许他们对事物有自己独特的看法,但是,这并不等于去认同一个具有社会影响力的公众人物可以如此公开地对一个在中国社会还有些'特殊'的群体去表达你的歧视。不用回避,在我们周围还有一部分人的性取向和大部分人是不同的,但是他们也在为这个社会辛勤地付出着。同性恋者和我们一样,都有着在这个社会上生存和发展的权利,并且这样的权利不应该受到哪怕是观念上的侵犯。我们想对同性恋人群说一声,套用一句我们非常熟悉的话,我可以不认同你的生活方式,但是我愿意捍卫你不同于我的生活的权利。"主持人克制了自己的情绪,理性地表达了对于事件的态度。

多人进行交锋论辩式评论时,实际上就是多方进行交流。交流的前提就是心平气和,平等待人,相互尊重。即使进行论辩,仍是双方围绕一个问题互相探讨,以期获得对事物本质的认识。在交流和论辩过程中,一方对另一方的观点进行质疑,并提出新的问题,意味着双方探讨问题趋于深入。正是在这种互相质疑和追问中,促使他们对问题的探讨趋向其核心实质。这种探讨,包括质疑和追问,都不必咄咄逼人、强势压人,而应是据理力争、娓娓道来,这样更有利于问题的厘清和探讨的深化。即使是争论很激烈的问题,同样不必过分渲染论辩过程的火药味,而是呈现各自关注问题的视角和思维方式的差异,通过交流与沟通,深化对问题的认识,展示不同的观点。

(二)视听评论是深刻思想的通俗化表达

有一种观点认为,广播电视就是娱乐消遣的媒介。持这种观点的人认为,人们收听收看广播电视节目纯粹是为了消遣,并不愿意费脑子去思考深刻的问题。基于此,他们认为,视听媒介就是一种通俗的媒介。

如果说将视听媒介定位于传播事实信息、知识信息、娱乐信息的话,上述观点是有一定的道理的。毕竟视听媒介主要是一种感性的媒介。它们以声音、画面等符号为基本元素,其语言符号对信息的承载和容纳,是原生态的、感性的。这些声音及影像符号直接刺激人们的视听感官,从而获得情绪的感染。然而,即使这种感性化的传播形态,也不意味着视听媒介的信息传播是肤浅的、无深度的。毕竟这种感性化的形态所传递的内容、理念也能通达人们的内心深处,产生震撼灵魂的传播效果。

况且,视听评论作为以表达意见为主的节目形式,必须遵循新闻评论的核心理念和基本规则,既强调对问题剖析的逻辑性,也注重对问题的深刻分析,传达评论者对问题的深刻见解。

诉诸理性的视听评论要求对问题的分析具有较强的逻辑性。尽管视听评论较多地采用意见信息与事实信息交织的形式进行论证,但它仍必须保持一定的逻辑性,遵循认识事物由表及里、由点到面、从浅入深的逻辑,而不是信马由缰,杂乱无章。不能因事实的穿插而破坏了说理的逻辑结构,事实的导入必须服务于分析说理的层次安排,由分析问题的逻辑引导事实的叙述。既然是新闻评论,以说理为主,就必须对论题条分缕析,逐步深入问题的实质。在这一点上,视听评论与报刊评论没有区别。无论是主持人评论、评论员评论还是论辩式评论,都必须做到这一点。例如,2011年7月,中央部门"三公经费"公开是一个热点话题。公众一方面对大多数部门迟迟不公布颇有微词,另一方面对已公布的部门只是公布了粗略的数字很不满意。7月16日央视《朝闻天下》节目请评论员杨禹对此进行点评。点评的内容大体如下:

有关部门还需要做出两方面的努力:一方面,还没有公开去年决算和今年预算的单位要尽快公开，不要打时间上的擦边球。5月4号召开的国务院常务会议要求说，今年6月底前，全国人大常委会审议批准了中央决算之后，98个中央部门要公开"三公"账本，从常务会议的措词来说，并没有明确要求这98个部门一定要在6月底之前公开，媒体之所以理解和解读为时间表的概念，里面还包含了在公众的期待之下，尽快公开的含义。那么中央政府部门在这个时候越早公开越主动，越早公开越能够满足此时此刻公众的期待，不要遮遮掩掩、拖拖拉拉。

第二个方面是要详细地公开，不要玩文字的擦边球。在目前这18家部门的账本中，多数还只是一个粗略的数字，内容十分单薄，只有审计署的数据细化易懂，比较详细。其实在5月4号的国务院常务会议里同时还强调，98个中央政府部门要公开"三公"经费预结算的同时，各个部门要加大努力来增加公开的内容，但国务院常务会议并没有要求公开到具体到哪一步。所以我们就看到，有些部门相对来说账单就比较简单粗略，但粗略就意味着说明不了什么问题。比如，某个部门一年在公车上面一共花了200万元，但是我不知道这200万元是花在了1辆车上，还是10辆车上，还是50辆车上；而像审计署的账本，就能够告诉我们平均每辆车花了多少钱，这才是公众想知道的答案。

再比如，某个部门公开了在某次国际会议共花了700多万元，就没有更详细的内容，那么这700多万元，为什么会花这么多？它到底是多了，少了？其中多少人参加？每一个人的标准是什么？这些其实都应该向公众说清楚，说得越清楚越主动，说得越清楚，公众其实心情越平静。

另外，在已公布"三公"账本的18家中央部门中，11家的2011年预算数都有所上涨，这就又引起了媒体和公众的质疑，"三公"经费难道不应该逐步减少吗？其实，"三公"经费对于一个中央政府部门来说，应该以它的实际合理需要为准，并不是说这个账本花的钱越少越好，公众看到账本之后，也有一个怎么能够科学理性去读账本的问题。

对于中央政府部门来说，在过去相当长的一段时间里面，随着行政管理体制改革的深入，前后经历了两拨这样的在公众关注之下改革的内容。一个是机构的精简，那个时候曾经有人说中央政府部门，人越少越好，公务员的数量越少越好，其实在实践当中我们发现并不是这样，要因事设岗。今天中央政府部门公开"三公"经费账本，同样是这个道理，对于中央政府部门来说，实际上就是：有多少事，定多少岗，花多少钱。其中的标准，怎么定岗，花多少钱，其实在每一个具体的工作上面是有标准的，比如说接待按照什么标准，开会按照什么标准，购置车辆和保养车辆按照什么标准，这些标准我想财政部门，包括中央政府部门内部的财务部门，也应该把标准同时向公众公布。两相对照，公众才能从你的账本里面，看出到底钱都花哪儿去了。

再有一个呢，国务院常务会议同时要求地方政府部门，要参照中央政府部门的做法，也公开自己的"三公"预算。地方政府部门目前还没有行动起来，地方政府部门如何做，公众还要拭目以待。

这段点评的内容层次很清晰，观众能清晰地明白评论员认识问题、分析问题的思路，也理解了公布"三公"经费的核心就在于有多少事、定多少岗、花多少钱。

诉诸理性的视听评论要求对问题的分析有较强的深刻性。深刻是理性的重要标志。通过对事实进行认真深入的分析，评论者力图揭示事实的本质，这是任何评论都追求的目标。没有对事实本质的探寻，浅尝辄止，其结果只能是在事实的表层、边缘游弋，徒具热闹的形式，无理性深刻之实。不过，视听评论因为是评论与视听媒介结合，也必须尊重视听媒介的传播特点，遵循其传播规律，所以，视听评论是意见的深入浅出的表达。深入，主要是指认识的深刻性，要深入到问题的核心；浅出，主要是视听评论表达要通俗易懂。说理的过程中穿插事实报道，让事实传达理性的观点，这本身是评论通俗化的手段之一。说理的过程尽量少用专业学术词汇，多用公众能习惯接受的口头语言传达理性的观点，也是评论通俗化的手段之一。例如，2011 年 7 月 21 日的《新闻 1＋1》播出的《社会管理改革：等不起!》，通过对 6 月 11 日在广州增城的新唐镇发生的一起因占道经营与治安人员冲突引发的群体性事件的分析，探讨了一个严肃的话题：转型时期的社会管理问题。这期节目邀请的评论员是清华大学公共管理学院王名教授。他分析说：

整个经济发展或者说市场经济的建设到了一个非常重要的转折时期，相应的很多社会问题、社会矛盾非常突出。究其原因，我们原有的社会管理的体制、社会管理的机制、方法，包括我们的组织跟市场经济的发展不相适应。

增城事件反映的是本地人和外地人之间的矛盾和冲突，反映的是一个什么样的问题呢？在市场经济发展中我们看到的一个很重要的观念，即平等的观念。但是随着外来人口的增加，我们出现了不同，实际上是由于户籍制度这样一种差别带来的差别对待。这种差别对待在社会管理的制度上、体制上没有得到有效的缓解，化解这些矛盾，相反我们这样一种体制和制度激化了这个矛盾。应该说核心的一个问题实际上是基本的公民权的问题。就是把外来人口，把我们讲的打工人群作为一个基本的公民赋予他基本的生存、发展的权利。现行的比如说公务员招聘的相应的制度，我们的户籍制度，包括我们的党建相关的体制，包括我们村民自治的相关一些门槛、制度都要做相应的调整。

我们现在一般提的是叫社会管理创新。要实现"小政府、大社会"，关键是政府要让权，但权力让出的同时，利益也要让出。大社会的一个非常重要的前提是要发展各种形式的社会组织，让社会组织能够参与到公共服务，参与到公共领域中间来。

这段评论涉及一个学术研究的专业词汇——社会管理，但是在这里通过一个具体的事件导入，加上运用公众都听得懂的语言进行阐释，使得这个深刻的理论问题成为可触摸的话题，说到底就是实现公民的自我管理。

理性与直观的杂糅是视听评论的突出特点，也是其论证的突出优势。充分运用这种特点和优势，就能兼具评论和视听媒介的特点，既实现评论的理性深刻，又满足视听媒介受众对形象传播元素的需要。

🌀 第三节 多人参与，群言令异见纷呈

随着评论越来越多地成为视听媒介的独立栏目，其论证过程不再采用由一人独自言说的形式，而采用多人参与评论的形式，其群言特征就越来

越明显,与群言相伴而行的是多元观点同台亮相。

一、多人参与丰富视听评论的论证内容和形式

视听媒介是一种可供多人同时空同步交流的媒介,多人参与交流论证是视听评论的常规论证形式,也是其媒介优势。多人参与论证的形式有很多,述评类视听评论中记者就同一个问题采访不同人的看法、主持人对一位或多位嘉宾进行访谈、嘉宾之间进行论辩等都属此类。

与"本台评论"由播音员播读评论稿件不同,多人参与的评论过程令视听评论形式和内容更丰富。

从内容来看,多人参与的论证过程对问题的分析视角更丰富、认识更全面、更深刻。受思维方式、分析的问题立场、认识能力等因素所限,任何人对问题的认识都会存在一定的局限,而多人交流能从多方面实现互补,克服或减少局限。这一点我们可以从报纸评论看出。每一个焦点事件都会引来成千上万篇评论,这些评论的视角不尽相同,触及问题的侧面、层次也各不相同。2011 年 7 月 23 日甬温线上 D3115 次与 D301 次动车发生特大追尾事故,报纸评论分别选择了不同的角度。摘录新浪专题汇集的评论标题如下:

环球时报社评:高铁是中国必须经历的自我折磨(2011.07.25 08:40)

上海商报社评:温州动车追尾不仅是一起事故(2011.07.25 08:32)

王甘武:安全事故警示"生命高于一切"(2011.07.25 08:27)

祝华新:到了用网络倒逼改革的时候了(2011.07.25 07:42)

媒体称微博成动车事故最早信息源改变传播方式(2011.07.25 07:40)

张铁:高速时代尤须系好"安全带"(2011.07.25 07:26)

沈峰:自发救援见证公民精神成长(2011.07.25 07:21)

新京报社论:尽快查清事故原因是重中之重(2011.07.25 07:10)

李光东:权威声音需及时回应公众关切(2011.07.25 04:16)

陈家兴:动车事故,严加问责是科学发展保障(2011.07.25 04:

16)

　　金苍：每个人都是风险时代的乘客(2011.07.25 04：16)

　　徐锋：动车追尾特大事故令人警省(2011.07.25 04：12)

　　中新社：动车事故有悲　生命安全无价(2011.07.25 04：08)

　　专家称动车信号系统极少被雷击　未起作用难理解(2011.07.25
03：12)

　　专家称 D3115 次动车司机处理可能失当(2011.07.25 03：12)

　　专家称调度失误可能是温州动车事故原因之一(2011.07.25 03：
12)

　　人民网评：缺乏安全的发展不要也罢(2011.07.24 21：43)

　　新华时评：安全事故警示生命高于一切(2011.07.24 11：41)

　　这些由评论员独自撰写的评论视角各不相同,有的关注事故的真正原因,有的关注事故带来的警示,有的关注事故信息传播的新现象,有的关注事故中人性的光辉……对问题分析的深度也不相同,有的触及人所共知的层面,如这不是天灾而是人祸,有的则触及深层的根本性问题,提出了诸如"缺乏安全的发展不要也罢"等观点。如果借助视听媒介,由多人参与评论,其交流的过程中,无论是提问与回答还是同场论辩,都会因相互之间在分析问题的视角、重点、层次等方面进行碰撞而有所补充、深化、完善。也就是说,多人参与的评论,不是简单的参与者视角 1＋1、观点 1＋1、深度 1＋1,更重要的是,因为交流与碰撞,产生了新的视角、新的观点、新的深度,从而也产生了视角、观点、深度的 1＋N。无论是提问还是论辩,双方的交流交锋,实际上也是在互相提示,提示参与交流者认识问题可以有新的视角、层次,也就促使双方对问题的认识有了新的收获。这里的 N,不是等同于参与评论的人数,而是远大于参与者数量的无限可能。

　　从形式来看,多人参与的论证过程使声音和画面增加了交流的生动性,突出了视听评论的过程性特点。多人参与克服了一人评说所带来的声音和画面的单一性,增加了声音和形象的多样性,凸显了视听评论的感性元素。在这一过程中,交流和交锋不仅带来观点的多样性,同时也具有一定的情节特征。如主持人与访谈嘉宾的交流中,主持人问了什么问题、嘉宾如何回答(是否正面回答、回答时是否诚恳、回答是否切中要害、是否有深度等)、主持人与嘉宾的交流是形式上的还是思想上的,如此等等。这些具有强烈互动的视听信息构成了一段"情景剧",具有一定的观赏性。而多人参与的论辩式论证过程,其充满激情与智慧的碰撞过程就更具情节性、悬念性特征,因而也更生动。

二、异见纷呈回归新闻评论的本质

多人参与的论证过程不仅使视听评论的内容和形式更加丰富,更重要的是,多元化的观点呈现使视听评论还原了评论的原态,也是向新闻评论本质的回归。新闻评论的本质就是以公共话题为评论对象,以公开讨论为评论原则,以多元交流为评论目的。

多人参与评论的最大价值就在于多元视角和多元观点的呈现。众口一词既不符合思维差异的客观规律,也难以体现多人参与的必要性。意见的表达是真正能体现言论自由的重要途径和方式,而表达权的精髓在于表达不同意见的权利。所谓不同意见,既包括与他人观点相左的意见,也包括与政府观点有差异甚至完全相反的意见。比如,对政府制定的某项政策内容有意见、对政策制定程序的合理性有疑问、对政府部门处理某一重大问题的态度和方式有看法等。这些不同意见能否通过大众媒介公开传播,直接关系到公民表达权能否充分实现。

英国哲学家约翰·密尔在《论自由》中对讨论自由有这样一段叙述:"假如全人类减一(扣除一人)持有一种意见,而仅仅一人持有相反的意见,这时,人类要使那一人沉默并不比那一人(假如他有权力的话)要使人类沉默较可算为正当……迫使一个意见不能发表的特殊罪恶乃在于它是对整个人类的掠夺,对后代和对现存的一代都是一样,对不同意于那个意见的人比对抱持那个意见的人甚至更甚。假如那意见是对的,那么他们是被剥夺了以错误来换取真理的机会;假如那意见是错的,那么他们是失掉了一个差不多同样大的利益,那就是从真理与错误的冲突中产生出来的对于真理的更加清楚的认识和更加生动的印象。"[①]

新闻评论的观点呈现和交流主要不是为了统一思想,而是展示存在,

---

① 约翰·密尔.论自由[M].程崇华译,北京:商务印书馆,1959:17.

即对于某一话题主要有哪些观点、其分析思路是怎样的。视听评论借助于同时空交流的媒介优势，为多元观点的同场呈现搭建了平台。

基于此，视听评论无论是通过采访不同的人对于同一事件或话题的看法，还是由主持人与一位或多位嘉宾进行访谈，或者多人参与的论辩式论证，都应鼓励他们充分表达不同的意见，切不可为了形成共识而提前安排观点，或者通过话语权分配手段控制不同意见有效表达。当然，鼓励畅所欲言的前提是在法律规定的范围内，同时也在评论主题所及的范围内。

媒体所搭建的意见平台在一定意义上也是"异见平台"。视听媒介在搭建这个"异见平台"的过程中，有几种情况值得注意：

第一，不同意见主体话语权分配极度不平衡。既然搭建了意见平台，就应给不同意见平等的表达机会，给予同样的尊重。唯其如此，不同意见才能得到充分的呈现机会，意见主体才可能有表达的积极性。一旦出现话语权分配不平衡的状况，就可能挫伤意见主体的积极性，异见就会被边缘化直至被忽略。比如，在某电视台制作的一期题为《重庆高温：三峡工程惹的祸？》的访谈节目中，被主持人邀请上台的两位政府官员都是持否定意见的，他们获得了绝对充分的话语权，力图说明重庆高温与三峡工程无关；而一位持肯定意见的地球环境学者坐在观众席上，他的陈述屡屡被主持人打断，主持人在节目最后总结时也把他的观点忽略掉了。这种对不同意见的不尊重不仅对意见主体是一种伤害，对于收看和选择接受的受众来说也是一种伤害，更重要的是，它远离了多人论证的本意，远离了论证的科学性。

第二，意见划分中非此即彼的思维定式。多人参与的论证过程中，意见主体常常被简单地划分为两个阵营：赞成的或反对的。这种意见呈现虽然比单一倾向的意见灌输有些进步，但它仍然在很大程度上忽视了意见的多样性表现，因而很难称得上异见纷呈。因为意见的多元化并非就是非此即彼，它可能还有第三种倾向。即使是赞成或者反对意见，也会有程度的不同、视角的不同，表现出不完全相同的观点。因此，多人参与的群言式论证，理应给多样化的异见同等的呈现机会。

☯ 第四节　多向互动，谈话场内外互联

互动是电子媒介的突出优势。当视听评论将言论场的空间由主持人

与访谈嘉宾、论辩嘉宾扩大到节目现场的观众及现场外的听众、网友时,其多向互动的特征便得到充分显现,谈话场内外互联的优势得到了充分发挥。"在一档谈话节目中,通常会有三重'谈话场',分别是:嘉宾和主持人;嘉宾与主持人这个核心群体与演播室里的观众;演播室里所有成员与屏幕外的观众。谈话场的活跃不仅要创造前两重谈话场的生动,更要由此激发屏幕外谈话场的延伸。因此,在话题的设计和策划中,就需要尽可能地搭建一个最广阔的'话语平台',包容和展现足够多的不同观点,这就事必要在谈话中引进各方视点的交锋争辩,交流沟通。"①

一、视听评论营造了交流互动的谈话场

按照心理学家考夫卡的观点,"场"不仅是舆论形成的条件、空间,而且是推动舆论发展的契机,甚至制约着它的正负方向。"场"是意见形成的共振圈。② 视听评论所特有的多人同时空对话的优势,使其具有明显的"谈话场"特征。在这个谈话场内,多元观点的交流、碰撞促使思想进一步活跃,主持人则担负着引导讨论走向深入,营造充满民主、平等、和谐氛围的舆论环境的重任。所以,谈话场说到底也是舆论场。

所谓舆论场,是指包含若干相互刺激因素,使许多人形成共同意见的时空环境。③ 在视听评论的谈话过程中,无论是主持人与嘉宾之间,还是嘉宾与嘉宾之间,交流双方互相用问题或观点刺激对方,从而激发出视域更广、层次更深的认识;随着讨论的深化,共识也越来越多。

视听评论的论证过程所营造的最基础、最核心的谈话场在演播室。主持人与评论嘉宾的访谈式论证构成了谈话场的核心层。这种访谈可以是主持人与评论员同坐演播室就某一事实或话题进行讨论,如《新闻1+1》;也可以是主持人通过视频连线场外评论员就某一事实或话题进行讨论,如《东方时空》中的《时空评论》、《朝闻天下》中的《朝闻时评》等。在由主持人与评论员的对话所构建的谈话场中,双方必须形成真正的对话关系,营造恰当的对话氛围。真正的对话关系必须满足这样一些条件,对话双方本着

① 王婷.电视谈话节目的个性化生存[J].现代传播,2003,4.
② 刘建明.穿越舆论隧道:社会力学的若干定律[M].北京:中共中央党校出版社,2000:52—53.
③ 刘建明.穿越舆论隧道:社会力学的若干定律[M].北京:中共中央党校出版社,2000:53.

沟通交流的目的进行对话、对话双方对话题的关注能触及核心层面、对话双方使用对方能明白的术语和理论、对话双方多回合的有观点交流等。这就意味着对话双方的态度必须真诚而不是应付，不是凸显自己而贬损对方；主持人必须认识到问题的核心之所在，提问要能触及问题的实质，评论员也能够对核心问题进行点评；对话双方的理论修养在大体相当的水平，所使用词语和理论才能互相理解，才能使对话进行下去；对话双方平等交流，必然能进行多回合的思想碰撞。唯有如此，主持人与评论员之间的对话才算得上形成了适宜观点交流的谈话场。在这个核心谈话场中，对话双方始终处于互动的状态，互相刺激对方产生新的认识。其实，不光是主持人与评论员之间的对话是如此，论辩式论证过程也是如此。只要本着理性交流的原则，分为不同阵营的论辩双方就会在自辩和驳斥对方的过程中互相刺激，促使对方寻找新的论据，提出新的观点，双方论辩的过程形成了完整的核心谈话场。

演播室内评论现场观众的参与扩大了视听评论谈话场的空间，也使观点的互动范围扩大。在视听评论节目现场，观众并不是纯粹的看客，他们在观看主持人、评论员或嘉宾之间进行交流和交锋时，不仅思维跟着评论过程快速运转并做出独立判断，而且一旦有机会参与评论，他们会选择主动表达自己的意见，对评论嘉宾的态度倾向发表看法。这些现场观众不乏有真知灼见者，他们分析问题视角更独到，提供的论据更典型，所得出的结论更是别具一格。即使有一些人只是表达对嘉宾意见的赞同或反对，也形成一种有效的反馈。这种反馈对于评论而言，就是一种很好的互动。

评论现场观众的参与因其对于论点的论证具有实质性的价值，因此，主持人应给予现场观众充分的话语权，不仅是为了形式上更丰富，它可以增加论证环节的互动，增加论证过程的动态性和丰富性，更重要的是为了内容上更丰富，因为他们有关注的新的视角、新的观点。现场观众既有关注热点问题的普通百姓，也有对相关问题有专门研究的专业人士。无论他们是从自己的生活体验中分析问题，还是从专业的视角研究问题，对于丰富论题的论证，提高评论的价值，无疑都是非常重要的。只有给现场观众充分的表达机会，让更多的人主动参与到论证过程中，才能营造适宜众人参与交流、相互激发思想火花的谈话场。

我们可以从《一虎一席谈》的一期选题为《该不该延迟退休?》的节目中,在主持人提供了一组不同国家的退休年龄表之后,场内观众立即表态。一位观众称日本与中国很相似,日本现在是一个老龄化很严重的国家,中国未来的发展趋势与日本相似,日本在这种背景下仍规定60岁退休,对于中国有借鉴意义。另一位观众立即反驳道,中国与别的国家国情不同,比如同样是一个家庭6口人,贫穷与富裕家庭的抚养能力是不同的,因此拿其他国家的人口数与中国进行对比是没有参考价值的。当主持人公布了一项调查数据称造成延迟退休的多是公务员,现场的一位观众表示,自己的父母都是公务员,而其母亲非常愿意早一点退休。她也希望父母按时退休,不然年轻人就很难有工作岗位。而另一位观众表达了不同意见,他认为中国社会在向前发展,工作机会也会越来越多。他同时对一些嘉宾提出大学生可以自主创业的观点提出不同意见,在他看来,现在的创业环境并不是很乐观。他的话立即引来现场嘉宾的附和:其实创业成功的只有0.19%。有一位观众阐述了对于把延迟退休归结为老年人与年轻人就业岗位之争的不同看法:他认为,一个好的制度是让不同的人都能发挥好其潜力和能力,而不是用强制老年人退休来解决年轻人的就业问题。一些现场观众的意见立即又引来嘉宾的热烈讨论。这样,嘉宾与嘉宾之间、观众与观众之间、观众与嘉宾之间形成了频繁对话的关系,从而构建了一个有着良好讨论氛围的言论场。

二、新的媒介技术带来谈话场延伸

视听评论作为一种谈话节目形态,其谈话主体不断实现着身份的变化,或曰谈话主体的扩展,即从精英阶层向所有公民的扩展。这种谈话主体的扩展既与节目制作理念相关,也与媒介技术的更新相关。

从视听评论节目的制作理念来看,多元信息的传达是媒体的责任。按照信息传达方便的原则,媒体更愿意把谈话主体圈定在所谓的精英阶层。一方面,"'精英'的频频出镜在为节目赢得收视率保障的同时也在展示中稳固了自己的'精英'地位"[①]。精英阶层更能体现节目制作者的意图,更能

[①] 徐萌.浅谈电视谈话类节目中的精英意识[J].当代电视,2006,1.

配合他们的要求和指挥。另一方面，精英阶层有较强的表达能力，能够在镜头和话筒前自如地表达自己的意见，适应节目制作和播出的需要。这也正是以往视听评论节目的谈话主体以政府官员、专家学者为主的重要原因。然而，在信息多元化的社会，任何新闻事件都不会只有一位当事人、知情人、相关人，当然不会只有一种声音。这些源于不同主体的多元声音对于人们还原事实、认识事实不可缺少，因而也越来越成为受众获得丰富而完整的信息的重要来源，越来越为受众所青睐。当视听媒介基于传达多元信息的认识理念而搭建多元信息传达的平台，其评论节目制作便主动扩展谈话主体，使得其搭建的事实信息和意见信息平台有更多的信息提供者。当视听媒介不再把视听评论中的精英阶层视为社会的意见领袖而平等地看待每个发言者的意见时，精英的意见领袖地位弱化，而公众话语权在逐渐向大众回归。

　　媒介技术的更新为视听评论制作理念的实现提供了物质支撑。以往，传统媒体要想与受众实行互动，只能依靠信函和电话。如今，网络、手机等新技术平台不仅实现了谈话场内外互联，而且营造了类似同时空对话的情境感，增强了对话的效果。电话参与场内谈话，只闻其声不见其人的距离感造成对话者之间的疏离感，加上电话信号的清晰度受损，交流并不顺畅，因而场内与场外的对话严格说来形式大于内容。网络的出现并加入谈话过程，使得场内外的对话变得清晰。网络技术的更新使得视听评论对其利用经历了从网络文字参与到网络视频参与的过程。在网络文字参与阶段，网友通过收看电视谈话节目，或针对论题，或对主持人的提问与谈话环节设置、或对谈话嘉宾的观点，发表自己的看法。网友通过媒体网站发表意见，主持人在节目中适时浏览网民留言的网页，"插播"网友观点。这些观点连同嘉宾谈话内容一起播出，成为公开播出的完整内容。网友们虽然不处于同一时空，但由于关注同一话题，他们之间可以互动讨论，形成一个分散而集中的谈话场，网友分布很广泛但讨论的话题很集中。当然，尽管网友通过文字留言的这些观点能够公开播出，与嘉宾的评论形成互补，但由于这些观点是静态的，难以与嘉宾的观点形成有来有往的互动，这个扩大了的谈话场内外互联严格说来并不典型。真正典型的谈话场内外互动互联，当属通过网络视频参与谈话现场交流的形式。如浙江卫视倾力打造的新闻互动评论节目《新闻深一度》，专门开辟了公众评论员版块，邀请网上一些评论高手通过视频参与到演播室的讨论当中，形成主持人、嘉宾及公众评论员的实时互动。其栏目宣传语中写道：网友只要在家中打开摄像头，即可参与到节目中，打破了时间、地域的限制，在电视媒体中加入了网络元素，是新媒体时代背景下电视新闻评论节目的一次完美转型。与网友通过文字留言参与讨论不同，视频参与的网友除了不在演播室，参与对话的现场感与在节目现场并无太大差别。面对主持人的提问，网友阐明自己的观点，其声音、形象都尽显在观众面前，其表达意见的神态、手势等身体语言通过视频展露无遗。他们与主持人或者评论嘉宾进行有问有答的双向互动、多次互动，使得讨论与对话更真实、更有效。

当视听评论的谈话场由场内延伸到场外，要实现谈话场内外有效互联，必须做好以下工作：

第一，提前公布评论节目的选题。提前在视听评论节目中预告下一期节目选题，或是通过媒体网站提前预告下一期节目选题，对于网友来说，可以提前准备视频发言的相关内容。网友并不都是职业评论员，他们在发表意见之前需要作大量的准备工作，如查找相关事实资料和观点资料，寻找新的评论角度，挖掘新的评论深度，预测主持人或现场评论嘉宾可能提出的问题，以备作出恰当的回答。由于视听评论属口头语言表达，要求评论者有较好的语言表达能力，如吐字清晰、说话流畅、面对摄像头和主持人及嘉宾提问能自如地表达自己的观点，真正能实现对话。这就要求他们提前整理自己的思路，必要的话甚至把讲话的要点写在纸上，以备进行视频表达时用于提示。如果不能提前预告选题，而是期待网友在收看评论节目时边看边参与，对于网友来说，就有些苛求。没有充分的准备，网友很可能不敢随便亮相参与，即使有人参与，也可能是想到哪里说到哪里，缺乏条理，缺乏意见的有效表达。

第二，尊重网民的意见表达。视听评论借助网络技术实现谈话场内外互联，但网民的意见表达不是为了丰富论证过程的插曲和点缀，而应是整个论证过程不可或缺的重要环节，不仅丰富了论证的视角，也提出了真知灼见。主持人在进入场外网友评论员环节时，应充分尊重他们的意见表达，给予其充足的时间保证其观点得到完整的表达，不要随意打断网友的讲话,尤其是当他(她)的观点与众不同的时候,更应如此。场外的网友因为不在演播室现场,本身就存在一定的距离感,尊重其表达权是拉近距离、鼓励其参与的有效手段。不只是让场外的一两位网友参与,要给予持不同意见的多位网友充分表达的机会。为了让不同意见有表达的机会,视听评论节目制作者一般会在节目开始前了解网友的观点,并从中挑出部分参与者,使之与主持人和场内嘉宾形成互动,形成典型的内外互联的谈话场。

第八章　机敏睿智：主持人对话语场的营造

视听评论是有主持人的评论。无论节目形态如何，视听评论节目都有主持人的参与。

主持人是视听媒介信息传播的关键，是媒介与受众沟通的桥梁。从一定意义上说，主持人代表整个节目，是节目的形象代言人和标志。评论类节目更是如此。很多视听评论节目成功推出和打造了自己的主持人品牌，也通过这些主持人品牌稳固了节目在受众群中的地位。毫不夸张地说，主持人作为视听评论节目的标志，对整个节目的生存和发展都起着至关重要的作用。例如，开创了我国谈话类节目先河的《实话实说》栏目，当年无论是收视率还是社会影响力方面都达到了前所未有的高度，节目的"灵魂"人物——主持人崔永元离开后，几度更换主持人，节目风格和定位不稳定，节目的忠实观众严重流失，最终这个品牌栏目衰落消亡。

由此可见，主持人对于视听节目不可或缺，其个人素质直接影响到视听评论的质量。

第一节　主持人在视听评论中的角色定位

视听评论节目中，主持人扮演着什么角色？对主持人的角色定位直接关系到其在视听评论节目中的作用发挥。

一、视听评论节目主持人的角色差异

关于视听评论的分类，学术界主要是对新闻评论进行了分类。有人根据意见性信息与事实性信息在节目内容中占据的不同比例以及不同的组

合形态,把电视新闻评论节目分为主评型和述评结合型两大类。[①] 也有人认为,电视新闻评论是就新闻事实发表论点、意见的电视新闻节目,它与消息类、专题类新闻节目的区别在于前者的任务是报道事实、传播新闻信息,而电视新闻评论主要是发议论、讲道理,传播电视台或评论员、新闻主持人的看法,以观点、见解来影响、引导社会舆论。[②] 还有人把电视新闻评论分为两大类:一类是为电视新闻配发的编前、编后语以及节目主持人、记者的即兴点评;另一类是电视专题评论,也称电视评论片。[③] 根据视听评论节目中主持人扮演的角色,我们把视听评论节目主持人分为三类:即兴评论类主持人、访谈评论类主持人、论辩评论类主持人。需要说明的是,那些由他人事先写好评论稿件然后在节目中播读的主持人,如播读编后、本台评论、本台短评,不在我们讨论之列。

(一) 即兴评论类主持人

即兴评论类主持人主要是指在新闻采访现场,播报新闻之前或之后就新闻事实发表个人意见的主持人。这类节目主持人独立发表评论,其观点具有明显的个性色彩。

即兴评论类主持人大多是在播报新闻之后对所播读新闻有感而发地表达意见,也可以是在播报某一新闻稿件之前引导性地表达意见,如评论性导语,还有一些主持人直接到达新闻事件的现场,以出镜记者的身份解读现场、评论现场。这些评论的一个共同特点就是主持人独立完成,无须他人参与。由于是即兴发表意见,一般不会提前写好稿件,而是临场有感而发。或是新闻现场的某一事实触发其评论的欲望,或是播报新闻稿件时新闻内容触发其评论的欲望,评论的欲望是临时触发的,无法提前做好准备。这类即兴评论的主持人独立完整地发表评论,实际上就是扮演了评论员的角色。

随着新闻播报方式由"播新闻"向"说新闻"转变,越来越多的新闻节目主持人在说完新闻之后即兴发表评论。特别民生新闻节目主持人,因为新闻内容贴近百姓生活,颇受百姓关注,一些新闻中的新鲜事、反常事常常能

---

①　李薇. 电视新闻评论节目类型及特点辨析[J]. 声屏世界,2009,5.

②　朱羽君. 中国应用电视学[M]. 北京:北京师范大学出版社,1993:190.

③　张骏德. 试论电视新闻评论[J]. 新闻大学,1997,2.

触发节目主持人的表达欲,他们在说完新闻之后感觉意犹未尽,于是离题发挥,就新闻事实即兴点评。具有代表性的有江苏广电总台城市频道的《南京零距离》主持人孟非、北京电视台生活频道的《第七日》主持人元元等。

即兴评论一般篇幅不长,但要一语中的,抓住问题的实质,起到画龙点睛的作用。否则,即兴评论只能是停留在问题表层说一些无关痛痒的话,净在问题外围兜圈子,无法直达内核,就成为可有可无的了。

(二)访谈评论类主持人

访谈评论类节目是指那些由主持人与评论嘉宾以问答形式共同完成的评论类节目。这类评论可以是新闻播报后的点评环节,也可以是独立的评论栏目;可以是主持人连线评论员共同发表评论,也可以是主持人与评论员同在演播室共同发表评论。不管形式如何,其共同点在于:在形式上,有主持人提问与嘉宾评论员回答的互动交流环节;在内容上,有主持人的观点呈现,或通过提问呈现其观点,或直接表达其观点。

访谈评论类评论节目的主角是评论员,但主持人绝不只是报幕员。那些只是介绍"下面请听本台特约评论员某某某的点评"的主持人,不能算作是访谈类节目主持人。真正的访谈评论类节目,主持人是参与讨论的,受众是可以听到其观点的。如《朝闻天下》《东方时空》等新闻节目中,主持人与评论员或连线或同场交流,就可以看出主持人或明或暗地表达自己的意见。有时主持人只是介绍下一个出场的是某某评论员,就是评论员独立发表评论了。至于一些独立的评论栏目,主持人既通过提问隐蔽地表达自己的观点,更多地是直接阐述自己的观点,与评论嘉宾交流看法。比如,中央电视台《新闻1+1》中的主持人董倩、白岩松(有时他以评论员的身份出现),凤凰卫视《时事开讲》的主持人姜声扬、鲁韬等,都在邀请评论嘉宾发表观点时通过提问或直接表达意见实现与嘉宾的交流。这种交流有助于评论更具条理性、深刻性,能带领观众一步步揭开遮盖事实表层的乱象,揭示事实的核心实质。

访谈类评论的内涵价值表现在两个方面。第一,"访"。主持人必须善于提问,通过提问实现与评论员共同评论的目的。主持人设计的问题首先是代表受众提问,要抓住受众对评论对象最关心的问题设问,因为评论也是释疑解惑；其次是为解剖问题而提问，要抓住问题的核心设问，由外而内，由浅入深，直达问题的实质。问题的设计也反映出主持人对评论对象的认识和理解，包含了主持人的评价性意见，即为什么问这个问题而不是那个问题，反映出主持人关注问题的视角、层次、深度等。只有通过有价值的提问才能得到评论员有价值的评述。第二，"谈"。访谈不是做问答题式的一问一答，而是观点交流。因而"谈"的主体不光是指评论员，也指主持人。主持人必须有深刻而独到的识见才可能实现与评论员平等而深入的观点交流。

（三）论辩评论类主持人

论辩评论类节目主要包括多人交流、辩论的评论节目。这类评论节目一般将评论嘉宾分成意见不同的阵营，双方围绕某一话题进行讨论甚至争辩，有时也邀请演播厅现场的嘉宾参与讨论，甚至邀请场外观众通过网络视频参与现场讨论，发表观点。论辩评论类节目主持人一般不发表自己的观点，主要扮演议程设置者、现场调控者的角色。

论辩评论类节目旨在呈现不同的观点，不同意见主体都能充分表达自己的观点，因此，这类评论节目主持人的作用主要体现在搭建言论平台，营造谈话和交流氛围，以利于不同意见主体自由而充分地表达意见。主持人自始至终会从话题设置、话语分配、环节调整等方面引导讨论和论辩深入进行，因而主持人实际上控制着论辩的走向。然而，这类节目主持人不宜发表自己的意见，因为主持人意见的任何偏向都会导致另一意见阵营的压力陡增，破坏论辩的公平性。由于论辩双方观点差异很大甚至有时截然对立，因而论辩有时会很激烈，主持人就扮演着谈话氛围的调节者和营造者，确保讨论和论辩能够继续进行下去。

二、视听评论中主持人的角色内涵

不同的目标诉求，不同的议程设置，使评论主持人在节目中担任着不同的角色，发挥着不同的角色功能，也体现着视听评论主持人的多重角色内涵。简而言之，视听评论节目的主持人扮演着观点信息发掘者、社会舆论引导者、意见平台搭建者等多重角色。

（一）观点信息发掘者

主持人作为观点信息的发掘者，主要体现在独立分析问题和提炼观点、通过提问发掘评论嘉宾的观点两个方面。

在信息爆炸的今天，能够迅速透过事件表面看见本质，提出独立的见解，尤其是比较合乎理性逻辑的、经得起推敲的、具有说服力的独立观点是优秀的评论主持人必备的职业能力。主持人的这种能力一般体现在事实现场的报道评述和新闻播报后的即兴点评之中。在新闻现场的报道中，主持人作为出镜记者陈述事实，但又区别于一般出镜记者的叙述性报道，他们往往会根据自身的现场观察分析事实，根据自己的感受发表观点。由于现场事实的突发性，事先无从准备，要从纷繁复杂的现场事实中迅速地找到评论的主题，提炼出独到而深刻的观点，的确有较大的难度。这种新闻现场的观点发掘，有赖于主持人平时的思想积累和实践训练。而新闻播报后的即兴点评，主持人一般会在节目开始前了解本次节目要播报的新闻内容，会考虑对哪条新闻进行点评，因而相比现场评述而言是有准备的，但是，这种准备要想做到十分充分也并非易事。它同样要求主持人准确理解新闻事实，抓住事实的核心问题，迅速提炼观点，并有理有节地呈现论据佐证论点，避免空洞无物。

主持人与嘉宾的访谈表面上是嘉宾对问题的分析是否透彻、是否提出了精辟的观点，实际上是主持人巧妙的提问发掘了评论嘉宾的观点。问得好，才能答得好。只有问到点子上，回答才能触及问题的核心实质。主持人对嘉宾的提问，往往由外而内、由浅入深，嘉宾的回答也由外而内、由浅入深，提问与回答往往处于同一层面，主持人与嘉宾一起层层剥笋，直达问题的核心。在访谈过程中，主持人提问水平直接影响访谈的质量，影响嘉宾的观点表达。

（二）社会舆论引导者

美国传播学者德弗勒指出，传播媒介能产生强大的效果，是因为它发出的信息建构了一个社会现实，向人们提供了一种世界观；人们根据媒介提供的"参考架构"来阐释社会现象与现实。从一定意义上说，视听评论节目主持人就是向人们提供"参考架构"的人。他们在视听评论节目中独立或邀请评论嘉宾解读事实、剖析问题，就是引导人们如何正确地理解具体事实或社会现象，从而引导社会舆论。

当前，多元传播格局带来传播思想的多元分散性，形成信息的纷繁复杂性、内容的浩繁多样性，造成传播效果的不可控性，增加了舆论引导的难度，也必然对舆论引导提出新的更高的要求。[①] 在多元复杂的舆论环境中，直接表达意见信息的评论恰恰是引导舆论的主要途径。美国传播学家拉扎斯菲尔德和莫顿认为，只要传播者对于受传者有深刻的了解，对传播内容又作了周密的安排，那么传播媒介就可以逐步引导受传者接受一个崭新的价值观念。[②] 这样，传播者在很大程度上就充当了"舆论领袖"。清华大学刘建明教授对于舆论领袖有这样一番阐释："舆论领袖是人民的代言人，为人民说话，把话说到人民心里，引导舆论的效果往往一鸣惊人。有些人奇怪地问，群众为什么要听他的话？结论很简单，他是人民的思想家，他的意见具有权威性。意见领袖具有渊博的知识，对现实问题提出精彩的论断，包含深刻的理性，在公众中树立饱学之士的形象，自然受到人们的尊重。"[③]在视听评论中，主持人就是节目的引导人，通过其拥有的广博知识和深刻的识见能力，或者通过邀请嘉宾进行深入的剖析，引导受众科学地认识和理解相关问题，树立正确的观念。

要充当社会舆论的引导者，视听评论节目的主持人理应保持高度的政治责任感，掌握科学的认识方法，对问题的分析恪守高度的理性，并得出有说服力的结论。寄望于呼口号式地重复观点，而不以理论或事实论据作支撑，缺乏深刻理性的条分缕析，无法为受众所认可和接受，自然也无法引导社会舆论。只有坚持以理服人，才能有效地发挥舆论引导作用。

（三）意见平台搭建者

大众媒介的信息传播功能主要体现在传播事实信息和意见信息。传播事实信息主要通过新闻报道来实现，新闻就是对新近或正在发生的事实的报道。传播意见信息既通过新闻报道来实现，也通过发表评论来实现。观点新闻是将一些场合如会议、讲座、报告等公开活动或一些期刊中呈现的有新闻价值的观点进行公开报道，而发表评论则是人们通过大众媒介所提供的平台公开表达各自的意见。也有人据此称大众媒介的信息传播功能就是提供新闻传播的通道和搭建意见交流的平台。

---

① 孔德明.多元传播格局中的舆论引导体系构建[J].中国广播电视学刊,2008,8.
② 熊澄宇.西方新闻传播学经典选读[M].北京：中国人民大学出版社,2004：447.
③ 刘建明.舆论传播[M].北京：清华大学出版社,2001：77.

视听媒介可以像报刊一样,请本台评论员、特约评论员就某一事实、话题发表评论,也可以请专业人士(政府官员、专家学者)分析事实,发表评论。主持人邀请他们独立评说,或通过提问与他们共同评说,为这些独立的意见表达提供了平台。

视听媒介还突破了报刊评论各说各话的局限,它能将多人汇集于同一时空,就同一话题进行讨论。参与讨论的各方人士不仅可以充分表达自己的意见,也可以参与到与他人交流观点的对话过程,双方观点你来我往,针锋相对,激情四射,碰撞出思想火花。主持人作为意见平台的搭建者,重在调节讨论的氛围,让不同意见得到充分的表达,对问题的剖析理性深刻。一方面,要激发意见主体的表达欲,让各方意见主动呈现,主持人通过话题设置引导讨论的层次和逻辑;另一方面,控制讨论各方的情绪,营造热烈而理性的交流氛围,促使讨论越来越深入,观点呈现越来越多样化。在这个意见平台上,主持人只是连接各方意见的桥梁,让各种意见汇集在这个平台上,受众在各方观点的呈现过程中自由选择。

在视听媒介所搭建的意见平台中,主持人的作用不在于其所持观点的表达,而在于通过对讨论氛围的营造让各方观点得到充分表达。在这一过程中,主持人尤其要注意的两点:尊重和中立。第一,要尊重各方意见主体。主持人作为现场调控者,主要职能就是合理分配话语权。不管意见主体的身份如何,意见指向如何,都必须给予同样的尊重。即使某位嘉宾的意见指向与主持人完全相反,主持人也应给予其与其他观点持有者相同的尊重,给予其平等的表达机会。不管是坐在演播台上的嘉宾还是坐在观众席上的观众,甚至场外连线的观众,只要主持人给予他们表达意见的机会,就应获得平等的尊重,不可随意打压。不能因为观众或网友不专业,就草率应付。第二,要保持立场中立。不管主持人倾向于参与讨论的哪一方,都必须做到不偏不倚,不肯定哪一方观点或否定哪一方观点,尽可能使话语平台平等、面广、点深,促使嘉宾和观众的观点碰撞出智慧的火花。只有这样,参与讨论的各方才能感受到这个意见平台的开放性,以及表达的自主性。这才符合意见平台的本质属性,也是主持人营造话语场的目标。

第二节　主持人在视听评论中的职业素养

主持人是视听节目的灵魂。要按照视听节目主持人的角色定位,履行好主持人的角色,必须具备相应的职业素养。

一、大局意识和政治素质

《中国广播电视播音员主持人职业道德准则》第 20 条规定:广播电视播音员主持人要"努力提高政治素养、文化内涵、语言能力、心理素质,保持外在形象和内在素质的和谐统一"。评论主持人作为舆论引导者,在评论中要时刻保有大局意识和较高的政治素养,才能够坚持正确的舆论导向,明确思路,发表真知灼见。

(一)大局意识

一个人站得有多高,决定着他能看得有多远。只有站得高,才能眼观全景,胸有全局。只有做到胸有全局,才能在纷繁复杂中的现象中找到问题的核心,透过层层信息迷雾直达问题的本质。

任何评论都会选取一定的视角,视角不同观点也会不同。是先选取自己的视角再以此为基点观察和判断事实整体,还是先审视大局再选取自己观察和认识事实的视角,是两种不同的认识路径和认识态度,其结果也会大不相同。主持人无论是独立发表意见还是通过采访、搭建意见平台发掘意见信息,都应站在一定的高度,对事实及其所涉问题有一个宏观的把握,然后寻找一个可以反映问题实质的视角进行关注,提炼观点,深入剖析,从而实现有说服力的论证。任何评论所触及的点,都是整个面上的点,是大局中的局部。离开对全局的把握,无论所触及的点多么精巧,分析多么透彻,都可能偏离大局方向而失去判断的准度。

任何观点的提炼和表达都可能受到各种信息的干扰,这其中既有似是而非、真假难辨的事实信息,也有指向各异的意见信息。尤其是各种不同的意见信息,因都有其一定的合理性,会给评论者把握事实、提炼观点带来一定的干扰。在把握大局的基础上审视各种意见信息,有助于主持人拨开迷雾,迅速抓住评论的主线,触及问题的实质,保持思想的独立性而不被各种纷杂的意见所左右。

(二)政治素质

评论主持人作为意见表达者和意见平台搭建者,直接扮演着党和人民喉舌的角色,必须能够站在党和人民的根本利益上思考问题,因而必须具备较高的政治素质。评论主持人基本的政治素质主要指主持人思想观点的政治方向和政策修养,包括正确理解党的路线、方针、政策,并给予正确的解析,不能图一时之快而信马由缰,让言论偏离正确的轨道。

毛泽东同志说过:"搞新闻工作,要政治家办报。"[①]江泽民同志1996年1月2日在接见解放军报社师以上干部时也指出:"毛泽东过去讲过'搞新闻工作,要政治家办报'。这一指示精神至今仍然具有重要的指导意义。新闻作为一种意识形态,作为宣传、教育、动员人民群众的一种舆论形式,总是直接或间接地反映我们党和国家的政治立场、政治主张和政治观点。""报社的同志,必须讲政治,必须具有良好的政治素质,具有很强的政治鉴别力和政治敏锐性,必须树立高度的政治责任感。"这番讲话对于视听评论的主持人同样适用。

首先,坚持正确的舆论导向。评论是媒体的旗帜,以公开表达的观点直接发挥着导向的功能。评论观点的提炼和表达必须准确反映党和人民的根本利益和主张,不能人云亦云,扰乱社会舆论。面对复杂的社会问题,主持人要保持很强的政治鉴别力,分清是非,科学分析,提出正确的观点,引导社会舆论。

其次,要有高度的社会责任感和强烈的正义感。评论要抓住社会矛盾焦点,反映问题实质,直指问题要害,但不是汇聚矛盾和问题,增强社会积怨,而是要找到解决矛盾和问题的良方。因此,主持人不仅要善于抓住问题,而且要善于提出解决问题的建议。同时,对社会的不良现象要敢于发出正义的声音,为促进社会公平正义营造舆论氛围。

二、广博的知识和深刻的识见

在知识不断更新、增值的现代社会,要想对新近发生的事实和社会现

---

① 毛泽东.要政治家办报.毛泽东新闻工作文选[M].北京:新华出版社,1983:216.

象进行合理的判断和深入的分析，主持人的知识构建必须是"立体的、不断升级和更新的"。① 评论主持人接触的评论主题不可能是单一的，它会是涉及各个领域的公共话题。它要求主持人对评论的话题较为熟悉，有相关知识作基础，才能敢于触碰所涉问题，并进行深入的剖析，提出合理的观点。有了广博的知识做基础，主持人才可能在评论中有深刻的识见。只有有了深刻的识见，才能形成独特的评论风格，与评论嘉宾进行深入的交流，引导讨论推向深入。

（一）广博的知识

记者是"杂家"，评论员也是"杂家"，评论节目主持人同样必须是"杂家"。

广博的知识是分析"多而杂"的评论事实的需要。评论的对象以新闻事实为主。新闻事实层出不穷且来源甚广，种类繁多，涉及各个领域、各个层次，政治、经济、文化、军事、教育、卫生、体育、宗教等，无所不包。每个领域又有更细的战线划分，如经济领域就有工业、农业、商业、金融等多条战线，教育也分高等教育、中等教育、初等教育及学前教育。每条战线所呈现的事实既可能是局部的具体问题，也可能涉及宏观的政策问题。多领域、多层次来源所构建的多而杂的事实对象，要求视听评论主持人对每一个评论对象都较为熟悉，成为内行，才能对所评的事实有较为准确的理解、清晰的认识、独到的见解，因而必须具备广博的知识。

广博的知识也是分析丰富多元的事实价值内涵的需要。事实除了事实多而杂以外，每一个事实无论是其内涵、影响，还是成因，都不是单一的，而是复杂多元的，需要从不同的视角去解读。比如，地震所带来的影响和破坏既有经济的，也有政治的，还有心理的。没有相应的知识背景，就无法从相应的角度去关注和理解它。同样，一个经济问题的出现，既有可能是经济原因所致，也可能是社会结构、社会心理所致。只有具备一定的相关知识，才可能主动从相应的视角去认识它。

广博的知识还是分析事实的深层核心价值的需要。评论是认识的呈现，认识是以知识为基础的，知识积累到什么程度，以其为基础的认识才能

---

① 张颂.中国播音学[M].北京：中国传媒大学出版社，2005：533.

达到什么程度。比如,对于体制、社会文化的分析常常能深达事实本质,但如果缺乏丰富的政治学、公共管理学、社会学、社会心理学等相关学科的知识,就无法从体制、文化角度对相关事实进行深入细致的分析评论。2012年10月30日,网友晒出一张火车票,从西安坐火车到深圳,行程2154公里,车票只要2元钱。2元"火车票"实为"乘车证签证",为铁路内部职工乘火车专用票,票面的确为2元。此事经报纸报道后,人们惊叹是"好福利":原来铁路内部职工还有一种火车票叫做"乘车证签证",而且穿越5个省,历时30小时,硬卧中铺价格为423元的车程,他们仅花2元即可搞定。在这种看似无奈的"惊叹"背后,让人更多感受到的是公众对于这种垄断行业"高人一等"福利的愤慨。对这一事实的评论,如果有了公共政策理论的知识,就不会停留于空洞的愤慨,而对"权力自肥"的官场文化进行批判。这种批判就可以触及一些地方政府与百姓争利现象的实质。

(二) 深刻的识见

识见是主体对客体的认识和见解,评论就是发表识见。[①]

主持人评论不是随便发发议论,而是要对事实进行深入的分析,得出深刻的结论。无论是在新闻现场的出镜报道、播报新闻后的即兴点评,还是邀请评论员点评事实时的访谈、对论辩类评论的主持,都要求主持人对评论目标有独到的判断和深刻的识见。由于视听媒介的信息传播有其独特的符号特征,即使是以观点表达见长的视听评论也注重事实过程的声像呈现,观点表达所占比重不大,事实过程的呈现易遮蔽主持人观点的肤浅,因此,能否表达真知灼见就成为视听评论主持人优秀与否的分水岭。优秀的视听评论主持人对每一个评论选题都会有自己的认识和见解,也有一些主持人在事实充分呈现之后不痛不痒地说上几句可有可无的话,体现不出主持人的独特价值,其观点表达无异于无病呻吟。

主持人评论虽然篇幅短小,有时甚至只是短短几句话,但它必须反映出主持人的视野、视角、视点。它或者是求异的,是从大多数人没有意识到的独特视角去观察和分析事实,传递给受众的就是有新意的观点;它或者是求同的,是从大多数人的关注点、疑惑点去关注事实,但它不是停留于事

---

① 刘格文,谭健,刘新如."识见"即评论——"台独"即意味战争.新闻战线,2001,11.

实表面,而是从深层次剖析事实,寻找大多数人无法达到的深刻识见。如果主持人的评论选取大多数人共同关注的视角、得出大多数人都能得出的结论,这样的评论就失去了意义。

主持人对评论员的访谈,访谈的过程是双方共同交流的过程,主持人对评论对象有无深刻的识见直接关系到整个评论过程是否深入,提出的观点是否深刻。因为评论员必须遇到有深度的提问者,才有机会将自己对问题的深入思考和深刻思想唤醒,并自然地表达出来。如果主持人的提问没有深入到事实的深层内涵,评论员的深刻思想就处于被闲置的睡眠状态。因此,访谈类评论能否深入和深刻,不只是评论员是否有深刻的识见,更重要的是主持人是否有深刻的识见。

论辩类评论中主持人是否有深刻的识见,关系到将论辩引向何方。这类评论节目的主持人不只是营造谈话气氛的人,也是将谈话引向深入的人。问题的设计,直接关系到能否将讨论引向思想的深层碰撞。表层性的问题会维持表面的热闹,深层性的问题则会将讨论引向深入,也引导论辩者进行理性思考,迸发出深刻的思想火花。

三、机敏的反应和睿智的表达

视听评论的临场性,要求主持人必须对瞬息万变的事实、交流者的观点迅速做出反应,并提炼出精彩的观点,因此,视听评论对主持人就提出了机敏反应和睿智表达的素质要求。

(一)机敏的反应

视听评论主持人所面对的对象有新闻事实,也有与其交流的嘉宾。面对这两类对象,主持人都应有机敏的反应。

在主持人独自发表观点的评论中,无论是新闻现场的出镜评论,还是播报新闻之后的即兴点评,主持人面对的都是具体的事实。这些即兴评论都不是提前写好评论文字稿后的现场播读,需要现场提炼观点和设计论证结构,加上口头评论的边想边说,因而要求主持人能够反应机敏,能够瞬间抓住核心问题并迅速提炼观点,并在发表评论时保持严密逻辑的同时适时插入灵机一动的新想法,丰富评论的内容。

主持人与嘉宾交流的评论形成了具有伸缩空间的话语场。视听评论的话语场是一个充满观点交流和交锋、过程开放且很难绝对预设、不断变化生成的环境。尽管主持人在场下会做较为充分的准备,会对自己要提的问题进行粗略的设计,但访谈或论辩并非完全按照主持人的提前预设推进。主持人对评论嘉宾的访谈不会是按照预设问题的一问一答,主持人会根据评论嘉宾的观点陈述临时生发一些新问题,这些问题的提出也是对嘉宾观点的一种回应。只有形成了这种回应,才能真正地形成观点的交流。要对嘉宾的观点进行有针对性的回应,就必须对嘉宾的评论保持机敏的反应,迅速抓住其观点中的关键词,形成自己的理解,通过阐述自己的理解和进一步追问,实现主持与评论嘉宾的越来越深入的交流。而多人参与的辩论类评论,现场的信息交换更频繁,因而要求主持人对辩论现场进行细致的观察,敏锐地发现问题,不遗漏关键细节,灵敏地对场上的变化做出反应,协调各方关系,引导讨论继续进行并向纵深方向推进,这样才能把话语权牢牢控制在自己手中。

机敏反应是良好思维能力的具体表现。思维是智力的核心,是创造力的源泉。主持人在评论过程中,要形成自己惯有的思维方式,对事件提出富有独创性的思路和观点,及时对现场发生的状况做出积极反应,使评论朝着既定的目标顺利推进。主持人在论辩式评论话语场中的机敏反应主要是指思路清晰、思维敏捷。当场内外各种观点交锋时,主持人站在客观的立场上,充分调动各方发表意见,始终保持思路清晰,因势利导,促使观点交流推向深入。

(二)睿智的表达

观点表达的过程从一定意义上说是劝服的过程。主持人的即兴评论希望其观点及其分析论证过程得到受众的肯定评价,主持人与嘉宾交流的评论则希望自己的观点能得到嘉宾的积极回应,从而推进交流式评论走向深入。由于视听评论属口头评论,具有人际传播的典型特征,表达的巧妙睿智就具有特殊的意义。

在口头表达中,表达方式不同,效果会截然不同。诚然,主持人的口头表达追求以理服人,但也须做到情理兼备,以情传理,避免说教,讲究表达的技巧,即所谓睿智的表达。比如,从一个具体的事件的小口径切入,说的都是百姓常说的家常话,但小事情、小切口、家常话却蕴涵着大道理,主持人的点评意在言外,引人深思,越琢磨越有意味,就是睿智的表达。北京电视台的《第七日》在一期节目中说到自扫门前雪的问题,主持人点评说:

"本来扫雪不是个问题，马路上的雪有环卫工人来扫；胡同里的雪不多，大妈们努点力；人家残疾人也力所能及，也不是个问题。问题就在于自家门前的雪由谁来扫。也就是说，小区的雪由谁扫呢？特别是些大型的小区，业主说我们交了物业费，不就是为了有人帮我们干这个吗？这个时候应该物业公司冲出来呀，但是物业也有他们的道理：不是我们不扫，是人手太少。扫雪需要时间，本来就那么几个保洁，平常只够扫个垃圾、清理个楼道，现在如果都去扫雪了，保洁谁来做？话里话外大家听出来没有？小区里扫雪的问题关键不在于谁出力谁不出力，凡是涉及业主和物业，就在于'钱'呐！我刚才点名说到的两个小区，在扫雪这个问题上你也不能说谁是对的谁是错的，只不过是 W 小区的人在这个问题上表现得更温情一点，而 H 小区的人更理性一点罢了。其实，关于小区里的雪谁来扫，政府的规定是物业，但是也没有具体规定几天之内必须扫完，所以这个问题呀，还真有点说不清了。听天气预报说，未来一周内可能还会继续下雪。雪不扫也不化，就堵在家门口儿，堵到什么时候是个头儿呢？话又说回来，就算再过一周，太阳出来了，雪化了，那这个问题会随着雪一块儿化了吗？"

这段评论中最睿智的表达应该算是"W 小区的人在这个问题上表现得更温情一点，而 H 小区的人更理性一点罢了"。

而最能体现主持人睿智与否的环节当属交流类评论的主持。在对嘉宾进行访谈评论时，主持人能否巧妙地提出问题、巧妙地回应嘉宾的观点以得到更充分的阐释，可以反映出主持人是否睿智。如果捕捉到了可以进一步探讨的问题而表达不巧妙，生硬不自然，就可能引起嘉宾的不快，就破坏了其营造的评论话语场，讨论就无法深入。而辩论类的评论中，主持人能否自然地导出各层话题、能否自然地将讨论的氛围营造得热烈而不失理性、讨论深入而不失活泼，尤其是当争辩激烈甚至带有浓烈的火药味时主持人能否巧妙地将讨论引向下一个环节，都能考验出主持人是否具有睿智表达的素质。

四、宽容的态度与理性的引导

视听评论是一种意见平台，一种展示不同意见的平台，这就需要主持人对不同意见给予同样的尊重，以宽容的态度对待每一种意见的表达。同时，视听评论的媒介优势将多个意见主体汇聚同一时空发表意见，进行讨论甚至争论,其间不乏感性的失控,这就需要主持人能够进行理性的引导,保持评论的理性品质,营造良性的评论话语场。

(一)宽容的态度

视听评论作为汇聚和展示各种意见的平台,既表现在评论过程中呈现对不同意见主体的采访过程、展示刊登于报纸或网络的不同观点,也表现在不同意见主体同场讨论。无论是哪种情况,视听评论主持人都应保持宽容的态度对待不同的观点,真正体现视听评论的意见平台功能。

在评论过程中呈现不同主体的意见或展示报纸、网络上的不同观点,往往是作为观点事实呈现,即对于某事实存在着这些不同的看法。对于这些意见,尤其是与主持人倾向不一致的意见,主持人在发表评论时不要随意贬损。因为每一种意见的表达都是意见主体的理性思考,都有一定的合理性。对不同意见的尊重,意味着对他人表达权的尊重,也意味着视听意见平台的宽阔性和真实性。

同样,在多人同场讨论的论辩类评论中,对于各意见主体的观点表达更应持宽容的态度,才能营造充分讨论的氛围。同场论辩中,预先设计了不同的意见阵营,就为观点的激烈交锋设置了前提。随着讨论的推进,极端的、情绪化的观点及其表达方式不可避免,这就给主持人提出了如何对待嘉宾的非理性表达的问题。要营造良好的话语场,就是要让各种声音得到充分的表达,无论这些声音的指向如何、表达方式如何,都以宽容的态度给予其表达的空间。如果不能对何观点都一视同仁,鼓励一些大胆的、有新意的观点参与到讨论中来,就难以达到多元声音参与讨论的目的。主持人对于非主流意见表现出任何程度的轻慢,都会给参与者及受众以暗示,即非主流意见在这里不受欢迎,讨论的参与度就会大为削弱,评论话语场的活跃度就受到影响。对于一些非理性的言论表达,主持人也不宜粗暴指责,断然制止,只要不违犯法规,就应允许其表达。当然,宽容不是纵容。主持人必须对意见的非理性表达加以引导,将讨论引导到理性表达的轨道上来。如果任由非理性表达继续进行,就会破坏讨论的氛围,也破坏评论的话语场,与视听评论搭建的意见平台目标也是背道而驰的。

(二)理性的引导

这里的理性既指主持人发表评论时应保持理性,引导受众理性思考,也指主持人在主持论辩评论时对讨论的内容和表达的方式都要进行理性的引导，使之回归理性表达的评论本质。

一般来说，除了对一些专业性较强的事实进行解读之外，评论的对象多是具有争议性的人和事。主持人对于这些有争议的对象发表评论，不是为了表达个人情绪，不是简单地表明自己是支持还是反对的态度，而是通过深入的、有理有据的分析引导受众理性地认识相关事实，正确地评价相关事实。主持人是否理性的态度直接影响受众的态度，主持人保持理性，注重对问题的分析，传递给受众的就不只是关于事实的结论，更多的是分析和论证的逻辑；主持人如果只是情绪化地表达观点，传递给受众的只是其观点和情绪，其态度表达也同样会是非理性的。无论是正面的情绪还是负面的情绪，都不是评论所要表达的态度。评论的态度是建立在理性基础上的。

对于论辩类评论来说，多人同场争辩所带来的情绪化表达更需要主持人进行理性引导。这种引导不仅保证讨论继续推进，也保证讨论能更具条理、更深入，便于受众接受和理解讨论所传递的意见信息。前已述及，论辩话题的争议性将参与者分为意见不同的阵营，各自为说明己方观点而竭尽全力，同时寻找并抓住对方观点的漏洞并及时予以反驳，双方在证实与证伪的较量中情绪饱满，互不相让。有时，为了在气势上占据上风，有的嘉宾会采用连珠炮式的吼叫，不给对方任何表达的机会，甚至会用一些讥讽、挖苦的话语贬损对方，这种类似于街头吵架的表现就远离了讨论的本质。主持人必须采取有效的办法，引导讨论回到理性的轨道上来。但这种引导不是无情指责，不留情面，主持人过于激烈的言辞往往会导致受批评者情绪上的反弹，令场面进一步失控。主持人可以通过换一个话题、插播事实画面等手段，提示参与讨论的各方回到理性探讨的轨道上来。因此，善于调控讨论的场面、营造良好的评论话语场是视听评论主持人不可或缺的职业素养。

五、权威的形象与独特的个性

主持人是栏目的形象代言人，视听评论理性、权威的品牌形象通过主持人得以呈现。与此同时,不同的的主持人又都有自身的个性特征,而不是千人一面的。

(一)权威的形象

视听评论因其传递的是意见信息,主持人的权威性直接影响受众对意见信息的权威性的判断。主持人的权威形象是通过外在形象和主持风格体现出来的。

以诉诸理性为目标的评论节目,其主持人必然以端庄、干练、理性的形象示人,不能与娱乐节目主持人混淆。娱乐节目主持人可以以可爱、新潮甚至搞怪的形象突出其娱乐性,他们可以是轻松的、诙谐的、搞笑的,强调娱乐精神,走娱乐夸张路线。而视听评论走的是沉稳的理性路线,主持人必须给人以信任感,因而其外在形象必须是成熟的、冷静的、严肃的。这种外在形象是体现其权威性的基础。

视听评论主持人对任何事实的分析和评判必须是客观的,客观是赢得权威认同的前提。无论是独立发表评论,还是主持讨论,都必须客观分析,不偏不倚。主持人独立发表评论虽然本身就存在态度倾向,但它必须是非情绪化的,是合乎理性的,其分析推演和意见表达是令人信服的。如果评论过程不合逻辑,强词夺理式地表达观点,评论就难以服人,就缺乏权威性。而主持话题讨论,则要求主持人不偏不倚地对待任何一方,不发表支持或反对任何一方观点。这种中立的态度是树立其公正权威性的前提条件。

主持人的权威形象还依靠分析的专业性、深刻性而获得。当传播者被认为具有可靠和可信赖这两种品质时,就会产生最大的效果。"① 当然,这并不是要求视听评论的主持人成为某个领域的专家。英国政治学家哈耶克认为,能让自己的观点为绝大多数人所认可的人本身就注定不是专家,而只是一种大众意见的表达者。② 但他必须对所评论的话题有准确的理解,不仅让普通受众认可,也让专家认可,这样才能称得上权威的形象。

(二)独特的个性

视听评论的理性定位决定了节目主持人的一些共性,但这并不意味着每一位此类节目主持人都应保持一种风格。由于个性特点不同、专业背景

---

① 威尔伯·施拉姆.威廉·波特.传播学概论[M].陈亮等译.新华出版社,1984:226.
② 应天常.节目主持人通论[M].武汉大学出版社,2007:161.

不同、生活经历不同，不同的主持人会带有明显的个性特征。同一档评论节目，不同的主持人会将其做成不同风格的评论。比如，《新闻1＋1》中的主持人董倩，她的风格在于善于提问，通过抓住事实要害的提问表达自己的观点，在与评论嘉宾的交流中实现对问题的剖析；而白岩松的风格在于独立发表评论，即使他处于主持人的位置，节目也设置了向评论嘉宾提问的环节，他仍然偏重于独立发表意见。

主持人的个性风格使得节目具有很高的辨识度。有的评论清新平易，有的评论端正大气，有的偏重平民视角，有的偏重国家和政府视角。主持人的独特个性对于丰富视听评论的形式、凸显主持人的个性品牌都是有益的。

当然，视听评论主持人的个性风格从属于视听评论的节目定位，它必须是理性的、深刻的、稳重的、可信的。

第九章　能言善辩：视听媒介的评论员遴选

当今社会已处在一个信息泛滥和冗余的时代。越来越多的媒体在新闻传播实践中形成共识：新闻不再单纯依靠资讯取胜，而是依靠观点和立场争夺受众。凤凰卫视在"三名"战略（"名记者""名主持人""名评论员"）的引导下，打造出一批像曹景行、阮次山、何亮亮、杨锦麟等标志性的新闻评论员，重塑了媒体的品牌价值。2009 年 7 月 27 日，中央电视台专职评论员正式亮相荧屏引起广泛关注。电视评论员作为舆论引导、舆论监督、深化新闻内涵的个人化符码，已然成为媒体竞争的重要内容。选拔与培养视听媒介评论员，这也将成为媒体提升核心竞争力的制胜因素。

第一节　视听媒介评论员的作用

当《新闻1＋1》《今日观察》《环球视线》《东方直播室》《时事开讲》《有报天天读》等新闻评论栏目竞相涌现，电视评论员的作用在传者环节被凸显出来。作为提升评论节目核心竞争力的品牌标签，电视评论员的核心价值就在于不仅能敏锐地感受到新闻信息，而且能够接纳吸收和解读信息，并创造出新闻附加价值，通过"立言"的方式成为所在媒体灵魂的塑造者和媒体旗帜的引领者。

一、舆论引导：赋予新闻第一时间解释权

难有独家的新闻，唯有独家的观点。在资讯海量、观点杂陈的世界里，人们在丰富性的迷乱中有一种追求秩序与意义的强烈需求。视听媒介评论员作为视听媒体话语权具象化、人格化的载体，可以更直接、更生动地将党的方针政策、社会主义核心价值观念等信息以观点、评论的形式向广大受众发布，从而增强我国电视媒体在社会舆论形成中的影响力和导向

作用。

（一）评论的即时性决定观点的竞争力

新闻在传播过程中包含两种信息：其一是事实信息，其二是观点信息。独家新闻的含义不仅仅是独家的事实报道，还包括具有创见性的新闻评论。现代社会，网络媒体迅速崛起，人们获取信息的渠道越来越通畅，越来越便捷。一个新闻事件发生了，谁的解释快速准确，谁就可能成为权威的解释。受众的知情权，要求评论员们靠着自己的经验、学识与智慧，构架一个全新的事理体系，在边看边说之中，告诉民众想知道的每一个答案，甚至那些延伸出来的走向。

凤凰卫视在"9·11"事件报道中的即时评论令其名声大噪。凤凰卫视的评论员在纽约现场为观众们答疑解惑："9·11"事件是谁干的？为什么会发生？会对世界格局产生怎样的影响？他们的评论不一定绝对正确，但至少给观众提供了一些很好的参考思路。

中央电视台在新一轮的新闻改革中，强调新闻评论的品质，注重评论的时效性。2008年9月，继贵州瓮安、陕西府谷之后，云南孟连再次发生群体性事件，有500多名当地群众和上百名的公安民警发生了冲突。《新闻1＋1》当即推出《警民冲突本质是官民冲突》的评论节目，分析警民冲突的深层原因。此评论直面现实、实事求是的评论立场获得了很好的社会反响。2009年"两会"期间，中央电视台新闻频道专门推出《杨禹两会评论》的栏目，将评论员直接安排在"两会"的主会场，通过在现场录制的评论节目，提升了新闻评论的现场感和即时效果。

当然，评论的即时性并不仅仅是评论时效上的第一，角度的公正、思考的深度、解释的力度、预测的准确度，都是评论员在提供意见信息时特别需要考虑的因素。

（二）剖析的深刻性增强新闻评论的解释力

视听媒体的评论员利用节目自身的话语表达空间，突破政论型评论的单一话语模式，以分析型（"为什么"）和解释型（"怎么办"）的评论方式开拓全景式的评论语态，填补受众的资讯落差，增强新闻评论的解释力。

分析型的新闻评论，重在对新闻事实的本体进行剖析、阐释，对其重要作用、相关价值及影响作出判断和说明。视听媒体的评论员面对复杂的、争议性大的事实时,不仅要形象直观地呈现事实,更要通过深入的剖析,回答"为什么",为受众提供权威的意见,消除疑惑,有效引导舆论,规避由于信息不对称所造成的风险。只有准确回答了"为什么"的问题,视听评论的解释力才得以增强。为了增强评论的深刻性,评论员队伍的专业化便成为一种趋势,越来越多的各领域专家被邀请参与新闻评论。专业人士的加入,不只是丰富了评论员的构成,丰富了评论的视角,更重要的是他们专业的剖析更深刻、更接近事实的本质。

解释型的新闻评论,是以提供观点信息为核心,在"怎么办"上着力,以科学、积极的态度对相关问题进行深度阐释,在各种复杂的现象与矛盾中,寻求利益诉求的最大化。例如,在对居民用水价格上调的新闻报道中,中央电视台评论员以《形成新价格机制比价格调整更重要》为题进行评论,通过对这一行为的动因、现状、困难进行解释、阐述,提出推广梯型水价、形成差价设计的解决方案才是关键的观点。这种解释既找到了问题的"病根",也具有很强的建设性,因而属有解释力的评论。

(三)观点嵌入式评论提升舆论引导的张力

电视评论员是电视媒体话语权具象化、人格化的载体。电视评论员以"民生视角"选取新闻中具有公共价值的节点,提出见解、表达质疑、发表嵌入式评论,不仅拓展了舆论议题的公共性,构建了公共语境的传播平台,同时舆论的传播因民生视角的现实性可以在短时间内产生显性效应,彰显媒体话语的权威性、公信力和影响力,从而提升舆论引导的张力。

随着评论员进入新闻信息传播环节的频率日益增加,评论嵌入事实过程信息的报道方式也越来越频繁。评论员被媒体派往事实现场,在事实还处于发生发展过程之中,就能及时就事实的进程进行评论。这种嵌入式评论给事实注入观点,让观点与事实传播同步,人们在接受事实的时候接受观点信息。如央视的评论员白岩松在十八大会场连线新闻主播发表评论,杨禹在达沃斯论坛现场发表新闻观察,都让评论员既对已发事实进行评论,也对预发事实进行预测和分析。这种观点嵌入式评论对评论员的要求不仅仅是"零时差"的评论速度,更重要的是评论的深度和准度,兼具快、深、准的嵌入式视听评论,大大提升了舆论引导的张力。

二、舆论监督：针砭时弊，彰显新闻评论的锐度

新闻评论作为一种舆论监督的工具，它因理论的深刻、意见的直接、态度的鲜明而比消息报道能更有效地发挥对社会腐败、落后、陈旧、保守东西的批评和鞭笞作用。评论员是舆论监督的代言人，通过建设性的批评，化解矛盾、改进工作、促进稳定。

（一）开列社会"问题清单"强化新闻评论选题力度

在当前社会语境中，人们对新闻的关注既分散又集中。分散是因为媒体更新速度快、新闻数量多，集中是由于人们开始重视和主张自身权利，权利关系成为新闻表达的核心。随着改革逐渐进入深水区，暴露出越来越多的问题都有结构性的特点，这需要全社会共同努力解决，使改革深入进行。这其中的很多问题都牵涉未来的社会定位和人际关系，需要梳理和分析。

新闻评论员问题意识的形成，有助于提升舆论监督的针对性，强化舆论监督的效果。对于评论员来说，问题意识其实就是新闻评论主题的选择能力，也是对社会发展方向的把握能力。尤其是在社会舆论纷扰、各种观点纷繁的时候，评论的问题意识会最终决定视听媒体的高度和品位，也会决定评论节目的社会影响力。由于社会语境的"去中心化"，传统的舆论引导方式在发生变化，人们对新闻的关注度也随即发生变化。在这种背景下，新闻评论员能否开列明确的社会"问题清单"，决定了他能否独立地表达自己的看法，进行有效的舆论监督和引导。

（二）第三方观点的介入增强新闻评论思想深度

我国传统的广播电视评论，特别是现场直播的电视评论中掌握话语权的通常是主持人（评论员），有时候可能会有嘉宾（现场嘉宾或连线嘉宾），而即使是在有嘉宾参加的电视评论节目中，主要的话语权也大都只停留在其中一方。

在专职电视评论员出现后，主持人的访谈对象不再仅限于新闻当事人或主管部门负责人，作为第三方的专职评论员会根据主持人和嘉宾互动的情况，独立发表不同的观点。评论员或者与主持人、嘉宾同场交流和交锋，或者在场外通过连线参与评论。

这种变革一方面增强了节目内部的观点交锋，刺激了观众的收视兴

趣,另一方面通过第三方观点的加入改善了节目内容的严密性和客观性,避免出现嘉宾"一言堂"或者主持人和嘉宾交流深度的有限。评论员的加入从另一个视角对事实进行剖析,并与主持人和嘉宾进行观点碰撞,使得新闻评论的思想深度大大增强。尤其是进行监督类报道和分析时,主持人因为当面质疑的种种顾虑而影响提问的深度,专职评论员的介入避免了面对面"揭丑"的尴尬,可以通过质疑和分析直达问题的核心实质。

三、品牌标签:提升新闻评论节目的辨识度和影响力

电视评论员是人格化的新闻阐释者,是评论节目的形象代言人之一。相较于作者"不在场"的文字评论来说,演播室中作者"在场"的评论,拓展了评论的形态。视听评论员动态实时呈现的"感性"因素——音调、神态、气息,在更大程度上实现了视听传播本身的交互性,扩大了意见信息传递过程中的社会价值,以其巨大的人格魅力吸引观众的注意力。

(一)丰富的经验学识呈现新闻评论的权威效应

新闻评论员的权威效应直接影响新闻评论传播效果的好坏。权威效应是以新闻评论者的威望、信誉所产生的权威力量来支配和影响他人的效应,其中包括智慧权威和道德权威。知识是一种"前文化",其多寡只能表现其记忆和再现的能力,有丰富的知识未必有思想,未必有深刻的见解和独到的眼光,从知识的丰富到见解的深入,还需要一个人生经验的过程。

凤凰卫视打造"三名"战略——名记者、名主持人、名评论员,其核心理念历经了从"观点的提供商"、"闲人有俗话"到"观点的交锋"的转变。凤凰卫视的评论员们,靠着自己的经验、学识与智慧,构架了一个全新的事理体系,告诉国人想知道的每个答案,甚至那些延伸出来的走向。曹景行、阮次山、何亮亮、杨锦麟、邱震海……一个个特点分明,钻研精深,在自己擅长的领域纵横捭阖,言辞犀利,观点独到,剖析深刻。

杨锦麟读报读的是什么?刘长乐曾总结道:"杨锦麟读的是一种经历。"我们看到的屏幕上的杨锦麟年过半百、一身唐装、身体发福,普通话和英语的发音都不标准,但他却开创了个性化读报的先河,让评论有了个性化色彩。另外,杨锦麟的平民化主持风格别具一格,如果他发现讲错了,会马上说"对不起";讲到不高兴,他会拍桌子。他主持的《有报天天读》节目,

被评为 2003 年中国电视新锐榜的"年度电视节目"，他本人被评为中国十个最有影响力的知识分子之一。

有人将阮次山的评论称做"阮式太极拳"，但阮次山则将"阮氏风格"总结为：给出更多新闻背后的东西。他说，我在做节目时，会把这些年建立的人脉关系充分利用，一些新闻事件，我都愿意向外界的朋友寻找求证更多的内幕消息。

视听媒介的评论员大多具有丰富的经验和学识，或做过记者，或做过学者，他们对社会有深刻的体验，对社会问题有独立的思考和判断，对涉及不同领域的话题因其广博的知识大多能进行较为深入的分析，而对其专攻的领域则能进行专业化的深入研判，这些都奠定了他们评论所传达的观点的权威性。

（二）个性化表达彰显评论栏目的品牌价值

与主持人一样，评论员也是视听评论节目的品牌标志之一。既是标志，其个性化表达就是固化在他身上的一种特质。这种特质将视听评论栏目紧密地联系在一起，既成为评论员的风格，也成为栏目的风格。

任何栏目都需要一定的辨识度。即使同属评论类栏目，但各栏目之间仍有区别。这种区别即使表现在内容选题的差异，也表现在评论员的评论风格不同。有的老成持重，有的饱含激情；有的冷峻犀利，有的活泼幽默；有的宏大叙事，有的百姓视角；有的学者型，有的生活化……每一种风格只要与栏目匹配，都可能成为一种品牌。这种品牌有利于增加固定的收视群体，提升收视效果。

评论员的个性风格彰显评论栏目的品牌价值，栏目品牌也成就评论员的个性风格。每一个评论员的品牌形象总是与其所参与的评论栏目紧密相连，提起某位评论员，人们自然会一下子想起他任评论员的那一档评论专栏，如说到《新闻1+1》，人们很自然地会想到它的评论员白岩松。反过来说，每一个评论栏目的品牌也总是与它的评论员紧密相连，提起某个评论专栏，人们自然会一下子想起它的评论员。

当然，评论员的个性必须有度。它必须与评论节目的定位相符，与栏目的风格相符。

🌀 第二节　视听媒介评论员的特征

从"独家新闻"报道到"第一解释权"的争夺,新闻评论员成为视听媒体间竞争的制胜因素。凤凰卫视率先推出名评论员工作机制,不仅打造出阮次山、杨锦麟、何亮亮等一批有影响力的评论员,而且他们的精彩评论为凤凰卫视的"意见信息传播"增色颇多。美国四大电视新闻网之一的 Fox News,借助《欧瑞利因素》(*The O'Reilly Factor*)《格莱塔·范·苏斯泰瑞记录》(*On the record with Greta Van Susteren*)等以评论员命名的访谈辩论类节目,击败以消息及时快捷、报道充分而闻名的 CNN,提升了节目的竞争力和收视率。央视新闻频道引进新闻评论员机制,改变了央视新闻报道的叙事结构,也改变了其信息传播结构。这些评论员有何特点?有何共同的身份特征?视听媒体选择评论员有何标准和偏好?

一、境内外电视新闻评论员的身份比较

中国人民大学新闻与社会发展研究中心的高贵武和张丽同志 2010 年对 Fox News、凤凰卫视、中央电视台三家电视机构的新闻评论员队伍进行了比较分析[1],找到了其间的共性与差异,获得了一些有价值的发现。本书此处详细地引用了该文的统计数据。

为保证研究的代表性和样本获取的便利性,该研究选取了凤凰卫视的 11 位新闻评论员[2]和美国 Fox News 的 7 位评论员[3]以及中央电视台的 23 位评论员[4]共计 41 位评论员为研究样本。其中,凤凰卫视新闻评论员来自凤凰网凤凰评论员社区,Fox News 新闻评论员主要依据维基百科 Fox

---

[1]　高贵武,张丽.境内外电视新闻评论员身份比较[J].电视研究,2010,8.

[2]　凤凰卫视的 11 位新闻评论员为:阮次山、曹景行、何亮亮、杜平、马鼎盛、石齐平、邱震海、郑浩、杨锦麟、程鹤麟、陈文茜。

[3]　美国 Fox News 的 7 位新闻评论员为:欧瑞利(O'Reily)、卡吾托(Neil Cavuto)、苏斯泰瑞(Greta Van Susteren)、汉尼提(Sean Hannity)、考姆斯(Alan Colmes)、卡西克(John Kasich)、布瑞特·休(Brit Hume)。

[4]　中央电视台的 23 位新闻评论员为:白岩松、水均益、张斌、王志安、杨禹、宋晓军、周庆安、吴晓波、张召忠、马晓霖、尹卓、吴学兰、刘戈、张鸿、洪林、何帆、时寒冰、周孝正、马光远、叶海林、李易、王锡锌、杨朝晖。

News 的 Current shows 和 Personalities 中节目形态和电视名人介绍，央视的新闻评论员主要依据央视新闻频道 2009 年改版时确定的新闻评论员名单。

（一）境内外媒体普遍由男性评论员"独霸天下"

在该研究所统计的 41 位电视新闻评论员中，男性占据了绝对的优势。其中，Fox News、中央电视台和凤凰卫视都只有一位女性新闻评论员，分别是苏斯泰瑞、吴学兰和陈文茜。电视新闻评论员中"男性独霸天下"可能与男性长于理性、女性偏于感性的性别特征或社会角色认知有关联。毕竟，新闻评论以观点和理性思考见长，其主要目的还是以向受众提供意见性信息为主。

（二）境内外媒体评论员普遍由"老生当家"

三家电视机构评论员呈现出一定的老龄化趋向，呈现出"老生当家"的格局。

Fox News 的 7 位新闻评论员的平均年龄是 54 岁，其中介于 51 至 55 岁之间的有 4 位，占总人数的 57.1%，还有一位 66 岁以上老评论员，只有两位评论员的年龄不到 50 岁。凤凰卫视现任评论员平均年龄比 Fox News 略低，为 51.1 岁，多数在 51~55 岁，占总量的 36.40%，61~65 岁的评论员占据总人数的 18%。凤凰卫视评论员的平均年龄一度曾为 59 岁，比现任评论员的平均年龄要高出不少。相比之下，央视新闻评论员的平均年龄则相对较轻，为 46 岁。其中，比例最大的年龄段为 40~45 岁，占总人数的 48%，另有 20% 分布于 46~50 岁，二者之和为 68%；50 岁以上者为 28%。最年轻的 28 岁，最年长的 64 岁。

虽然年龄的长幼并不能与观点的深刻与否直接画等号，但年龄与阅历间的显著关系也可以说明，在评论员的选择方面，境外媒体更为看重的是他们的阅历。

（三）境外媒体评论员普遍拥有更丰富的从业经历

在从业经历方面，三家电视机构的评论员大都有着丰富的经历和背景，但凤凰卫视、Fox News 的评论员从业经历更为丰富。

Fox News 的 7 位评论员中有 57.1% 的人曾经从事过三种或三种以上的职业，记者、编辑、作家和电视名人是其中最为常见的。如《你的世界》

（*Your World*）是 FOX 重要的财经评论节目,卡吾托是栏目的灵魂,他参与了 FOX 所有的财经报道。在加盟 FOX 之前,他在 CNBC 主持早间新闻直播节目《市场扫描》（*Market Wrap*）,他提供的观点甚至可以影响到人们的投资行为,他被财经记者誉为电子媒体财经报道领域最好的采访者。再如苏斯泰瑞曾现场调查诸多与法律相关的案例,在加入 FOX 之前,她是 CNN 黄金时段新闻和分析类栏目《和苏斯泰瑞分享观点》的主持人,她还与他人共同主持日播法制类栏目《证据的负担》。1991 年她加入 CNN,担任法律分析专家。在 CNN 的十年中,为诸如辛普森等著名案件进行现场点评和分析,还在 CNN 2000 年大选报道中的法理分析中担任重要角色。[①]

凤凰卫视的情况与 Fox News 非常相似,其评论员中从事过三种或者三种以上职业者占其总数的 63.6%,甚至略高于 Fox News。在进入凤凰卫视之前,这些评论员大多是在报业任职多年的老记者、老编辑和老评论员。如曹景行曾任《亚洲周刊》副总编辑、《明报》主笔、《中天新闻频道》总编辑;杨锦麟先后担任报社编辑、主笔、杂志主编等职,是华人世界著名的时事评论员。

而在央视,评论员中从事过三种或三种以上职业者仅占总人数的 28%,其中多数的评论员不曾做过编辑、记者,而是学者。一般而言,学者的从业经历较为单一,没有太多传媒及其他职业的从业经历。

（四）境内外媒体评论员较多来自纸媒

电视评论员大多出自传统报纸、杂志等纸媒。如 Fox News 的 7 位新闻评论员全都有过报业工作的经历,有的原本就是纸质媒体的评论作家。凤凰卫视的 11 位新闻评论员中,有 7 位评论员在纸媒工作过,都从事过记者、编辑工作,有的甚至在纸媒有过长期的新闻评论工作经验。央视的 23 位评论员中有 8 位评论员曾经做过记者、编辑或是纸媒的评论员。如杨禹曾任《中国经济导报》的新闻中心主任,有着丰富的新闻评论经历。

与 Fox News 稍有区别的是,央视更多地引进了诸多学者和专家。在央视的 23 位评论员中,学者的比例高达 68%,超过总人数的 2/3;凤凰卫视新闻评论员中学者比例尽管较央视为少,但也占到总人数的 36.4%。

---

① 王彩萍,池建新,李洁.美国 FOX 新闻频道对国内新闻频道的启示. http://www.zjol.com.cn/05cjr/system/2006/01/19/006448873.shtml.

纸媒评论员成为电视新闻评论员的主力军，有其明显的优势。有过纸媒评论工作经历的评论员，由于在原来工作中已经培养了缜密的逻辑思维能力和迅速准确的判断能力，具有较深厚的评论功底，加入电视评论工作后很容易转型并发挥长处。而学者加入电视评论队伍有其优势，即具有专业和深刻的知识。但也有明显的弊端，要快速适应电视行业的传播特点并将自身专业优势转化为媒体所需的新闻评论不是简单的过程。"专家需要了解新闻、了解评论，需要用老百姓能够理解的语言表达观点，将专业化意见电视化、新闻化、大众化。"[①]

（五）央视、凤凰卫视评论员比 Fox News 评论员有更高的学历层次

从统计资料来看，Fox News 的 7 位新闻评论员中，比例最大的是大学学历，占总量的 57.1%，拥有硕士、博士学历者各占 14.3%（其中一位评论员学历数据缺失）。

凤凰卫视的新闻评论员中拥有硕士学历的占 36.4%，拥有博士学历的占 27.3%，二者之和超过 60%，大学学历只有 18%。其中，曹景行、何亮亮拥有硕士学历，阮次山是纽约大学政治研究所博士研究生。他们都对某一领域有深入研究，堪称某一领域的专家。譬如，何亮亮是一名在海内外卓有影响的国际关系问题专家，他侧重研究中国外交、军事及俄罗斯和东北亚事务；具有书生言责气度的杨锦麟长期从事时事政治评论；阮次山有着 20 多年专栏作家经历，他以文章为通行证，与世界名人政要进行深入交流与访谈。这些时事评论员都是从学者转型到资深报人，从文章背后的笔墨骁将转型到荧屏当中，丰富的积淀使得他们能在节目中旁征博引、触类旁通。

在央视所有新闻评论员中，拥有硕士、博士学历的评论员占 56%，与凤凰卫视的情况较为接近；二者不同的是，硕士、博士学历所占比例刚好相反，央视新闻评论员中，硕士学历占 20%，博士学历占 36%。这也正好与其学者居多的状况相契合。如国际问题专家叶海林毕业于北京大学国际关系学院，现任中国社科院南亚研究中心秘书长，主要从事南亚地区政治与反恐方面的研究和评论；再如，周孝正是中国人民大学社会学系教授、中

---

① 曹景行，涂光晋等.电视新闻评论员：职业素养与媒体权威的融合[J].电视研究，2010，1.

国人民大学法律社会学研究所所长,主要进行人口、环境、资源和可持续发展方面的研究和评论。丰富的学识以及对某一领域问题长时间的关注与研究,使得他们在提供意见信息进行舆论引导的过程中能更加轻车熟路、游刃有余。

综上所述,三家电视机构对于新闻评论员的选择方面共性大于差异。在性别方面,都更青睐于选择男性担任评论员。在年龄方面,尽管央视的新闻评论员年纪稍轻,但平均年龄也都在 40 岁以上,属于相对成熟的阶段。在从业经历方面,三家电视机构的评论员大多身兼数职,这从一个侧面反映出电视新闻评论员的门槛确实不低,只有具备相当高的专业素养及能力才有可能成为新闻评论员。在职业背景方面,尽管情况略有差异,但三家电视机构都非常看重评论员的媒体从业经历,特别是在纸质媒体的评论经历。在知识和学历层面,凤凰卫视和中央电视台似乎比 Fox News 更看中评论员的知识和学历,更愿选择学有所长的专家学者担任评论员角色;而 Fox News 则更看重其媒介职业经历。在评论员的特定身份方面,Fox News 似乎更喜欢将他们看中的评论员揽入旗下,以专职评论员的身份出现;而中央电视台则更愿意招揽众多专家学者到电视台任兼职评论员。

高贵武、张丽的这篇调查分析客观地反映了视听媒体评论员的结构状况,从中可以看出业界对评论员的选择取向。

二、视听媒介评论员的特征

视听媒介的评论员有着与报刊评论员一致的共性,也有其自身的一些特征。这些特征共同构成视听媒介评论员的特征。

(一)知识广博,学养深厚

无论是专职评论员还是兼职评论员,视听评论员的评论话题常常会涉及多个领域,特别是时事新闻评论员评论的对象更为广泛,几乎涵盖所有领域。因此,要能够对多个领域的话题发言,就必须具备广博的知识,尽量减少知识盲点,提高评论的知识含量。

即使诉诸声像符号,视听评论仍以说理性为目标。说理就在于用深刻的理论,分析具体的问题,进行简洁通俗的表达。它透射出评论者的学养是否深厚，分析是否专业，认识是否深刻准确。随着人们认知水平的提高，对信息的深度需求会越来越多，人们对意见信息的需求并不是"万金油"式的泛泛而谈，而是能给人以启发、能增加新知识、能见人所未见的新观点。这就需要基于专业化视角的深入分析和独到判断。比如，2012 年 10 月，浙江温岭市蓝孔雀幼儿园的一位女老师因手拎学生双耳悬于空中、将学生倒置垃圾筒并拍照取乐，经网络图片曝光后成为社会热点。此虐童事件性质恶劣，激起广泛公愤。此时，媒体的评论若停留于对无良幼师的道德谴责，显然与普通公众的认知无异，无法体现出评论员的专业化水准。随后，当地警方以涉嫌"寻衅滋事罪"将肇事老师刑拘并提请逮捕，舆论一片叫好。虽然人们觉得罪名似乎不太贴切，但既然没有虐童罪，其他罪名又不相符，即使"寻衅滋事罪"有点牵强，但仍然觉得解气。此时，媒体的评论停留于将肇事者绳之于法了，同样无法反映评论员的专业化水准。再后来，检察院作出暂不批捕决定，案件退回警方重新侦查。检方的这一决定意味着如果警方找不到新的有力的证据，肇事老师将无法受到刑法的制裁。媒体报道称大部分专家、学者对于检方的"暂不批捕决定"予以肯定，认为从罪刑法定的原则出发，肇事老师的行为入刑确实有些牵强，存在罪名主客体不符的问题，因为寻衅滋事罪侵犯的是社会管理秩序。警方解释称，除了"寻衅滋事罪"，刑法中的"虐待罪""故意伤害罪""侮辱罪"等与案情更不相称。由此反推，如果此前当地警方以涉嫌"寻衅滋事罪"将肇事老师刑拘并提请逮捕时，评论员能指出其罪名主客体不符，而不是解读它为什么适用"寻衅滋事罪"，就体现出评论员是否冷静和专业。如果只是在事情变化之后应声附和，无法进行专业化的独立评判，就显得有些浮躁了。

与学养深厚相关的特征还包括识见深刻、思维缜密等。

（二）能言善辩，擅于表达

除了需要宽广的视野、丰富的知识、专业的分析外，视听媒介的评论员必须能言善辩，能够无视话筒、镜头的存在，面对主持人的提问，充分、自如地表达自己对问题的看法。

视听媒介的评论员应当是能言之人，且是在话筒前、镜头前能言之人。报刊评论员、学者都可能是潜在的视听评论员。之所以不能说他们都能成为合格的视听评论员，是因为话筒或镜头并不是每个人都能克服的干扰因素。一些优秀的报刊评论员在镜头前表现非常不自如,就是因为视听评论有其自身的特殊性。与文字评论可以长时间思考和反复修改后呈现成品不同,视听评论很多时候是临场提炼观点、整理思路、安排结构、组织语言。它要求一气呵成,不能长时停顿,留下时间空白,因为整个交流或评论的过程都完整地呈现于视听评论节目中,任何言行失当都直接暴露于受众面前。因此,视听媒介的评论员必须思路非常清晰,善于瞬间提炼观点,善于边说边整理思路,并在筒前、镜前自如地表达自己的思想。

视听媒介的评论员应当是善辩之人,能面对各种提问而辩证地分析、清晰地陈述。视听媒介的评论员发表评论一般是由主持人提问而引出,主持人提出的问题有些可以提前设计,有些则是在与评论员的交流中随机捕捉的问题。面对主持人提出的问题,包括对评论员某些观点的质疑,评论员要善于灵活地"答辩"。这种答辩不是强词夺理,而是基于充足的理论和事实论据的观点阐释。它要求评论员能紧紧抓住自己观点的主线,善于迅速调动头脑中的理论和事实依据,针对主持人的提问予以巧妙而精准的回答。如果评论员面对主持人突如其来的提问而反应迟缓,不能瞬间打开自己的思想库,答辩中无法做到对答如流、逻辑清晰、抓住要领、有的放矢,评论的质量就会大打折扣,会造成受众的流失。

视听媒介评论员要擅于表达,包括表达得巧妙和睿智。

(三)理性客观,权威可信

与视听评论的主持人一样,视听评论的评论员也必须树立权威形象,才能有利于观点信息的传播。

评论是媒体的旗帜,评论员就是旗手。评论员的观点往往代表媒体的观点,一般不会是即兴表达,而是深思熟虑后的理性表达。毋庸置疑,媒体的专职评论员在所属媒体发表评论代表着媒体的立场态度,而特约评论员虽然只是"兼职""客串"评论员,但既然被媒体邀请作为评论员发表意见,都会提前对观点进行沟通,基本能代表媒体的态度,如果某位评论员的观点与媒体观点出现较大的不一致,至少此次不会被邀请。

既然评论员的观点代表媒体的观点,其评论的观点和论证过程都应保持理性客观、权威可信的品质。他不追求观点的新异,更重视解读的准确与清晰、剖析的深刻与透辟、观点的精妙与合理。

评论员的权威性既体现在其外在形象和表达方式上，更体现在内容的深刻性与专业性上。从外在形象上看，评论员一般较记者、主持人年长，如Fox News 凤凰卫视的评论员平均年龄在 50 岁以上。具有丰富人生阅历的评论员所发表的对事物的看法，往往比初出茅庐的年轻人的观点更易让人信赖。从表达方式上看，评论员层层剥笋式地剖析事实、理性沉稳的叙述方式，也会增强受众的信赖感。而从评论的内容上看，评论员的分析评论必须是专业性的、深刻性的，当他们的观点被认为是专业性的，更易为受众所信赖，被视为权威性的。

第三节　视听媒介评论员的选择

视听媒介评论员匮乏是阻碍视听评论繁荣发展的一个重要因素。谁来当视听媒介的评论员？从哪些途径选择评论员？如何有效地使用评论员资源？这些是值得探讨的问题。

一、视听媒介评论员的来源

视听媒介评论员队伍的来源可以多种多样。既可以从专家学者队伍中来，也可以从公共知识分子中来，还可以从报纸评论员和资深记者队伍中来。

（一）专家学者转型

如何将专业知识与评论语态相结合，是专家学者成为电视评论人的重要挑战。评论节目要求评论员具备一定的专业背景，或者是某一领域的专家，或者长期关注某一领域的问题。目前，国内评论员以专家型居多，他们具有基础知识学习和认知上的优势，但是涉足电视评论之后，面临着从专家学者到新闻评论员的角色转型，即在不降低专业水平的基础上，降低受众的认知难度，有效表达，提升传播效果。

专家判断与新闻判断之间最大的区别在于，专家判断是对某一事件的认识提供专业知识补充，而新闻判断则是在专家判断的基础之上，指出这一事件与公众的关系，与其他新闻之间的内在关联，公众应如何看待这个事情，它是用新闻的眼光、新闻的手法做出的判断。因此，评论员和专家的区别在于，专家一定是在某一领域很专业，评论员是在某些领域有一定的

211

专业能力,知识面和能做判断的领域要比专家广,这是能做出新闻判断的基础。

在国内外成熟的电视媒体上,我们经常能看到评论员与专家的分工合作。如当福岛核电站出现危机的时候,坐在演播室里边的基本都是核专家、防辐射专家、医学专家、地震专家,专家提供专业知识。当这些专业知识需要给受众以清晰的解读时,评论员就登场了。他们提供的是新闻判断,表明的是评论员看待这个问题的态度和媒体立场。

因此,专家学者转型为"电视化"的新闻评论员,需要学习和适应的是"评论"的语态特点。首先要简明和真实。电视手段的出现,要求新闻评论员在短时间内浓缩思想精华,减少逻辑论证,增加有效事实的传播和解释,丰富必要的视觉元素,或采取双视窗的方式,或通过全屏滚动播放图片的方式来配合评论员的评论。其次是通俗与时尚。通俗是电视媒介的话语方式,再艰深的专业理论要通过电视实现有效的表达,都必须遵循通俗的原则,这其中有一个话语转换的问题。同时,电视和电视受众又是追求时尚的,要了解和习惯使用流行语言。目前,以网络语言为代表的社会语言频现于电视新闻评论。这些社会语言源自生活,代表了公众对于生活的高度提炼和智慧浓缩。对于社会语言、网络语言的模仿和呼应,其实并不仅仅是附和,更是一种选择和对公众语言的尊重。

(二)公共知识分子介入

在传播媒介迅速发展的今天,媒体成了公共知识分子亮相、论政、立言的有力阵地。1987年,美国哲学家雅各比在《最后的知识分子》一书中,提出了"公共知识分子"概念。公共知识分子是"越出其专业领域经常在公共媒体或论坛上就社会公众关心的热点问题发表自己的分析和评论的知识分子,或是由于特定时期自己专业是社会的热点问题而把自己专业的知识予以大众化并且获得了一定社会关注的知识分子"[①]。知识分子走进大众传媒,"为在消费社会中饱尝'失语'焦虑的当代人文知识分子提供了切入社会实践领域的契机"[②]。美国学者罗森曾发出记者与教授再结公共知识

---

① 朱苏力.公共知识分子的社会建构[J].天涯,2004,5.
② 尹鸿.媒介文化研究:知识分子的发言场域. http://www.artsbj.com/Html/lilunjia/wz_2566_1451.html.

分子联盟的呼声,并指出这种做法的主要作用在于"社会事务的知识化"①。

公共知识分子是一批了解公众需要、懂得利用媒介、善于使用公众语言进行观点表达的人。他们独立、冷静、富有远见,不受外界因素的干扰,善于深刻地表达独到的见解。为了扩大思想的影响,提高观点表达的效果,他们会选择公众能够理解的公共话语,表达其建立在专业知识基础上的冷僻术语和艰深理论,通过其通俗化的表达,减少不同阶层的"知沟",提高媒介的公共性。公共知识分子的引入,会将视听评论的专业化与大众化、深刻性与通俗性有机地结合起来。

《焦点访谈》主编庄永志撰文指出:"与公共知识分子为伍,是在提升电视人的境界。""他们能帮助电视为观众提供新闻的增值服务:新闻为何发生? 会如何发展? 国外的状况如何? 历史的情形怎样? 我们可以如何评价? 又可以怎样行动?""比如秦晖,史学为体、思想为用,对中国历史和当今转型期特征有深刻的体察和清晰的概括,温家宝总理引用过他的'黄宗羲定律'。评论员就应该有自己独特的概括。"②

(三) 报纸评论员跨界和资深记者转岗

报纸评论员与视听媒介评论员本质上没有差别,虽然表现形态和表达方式会有很大差异,但诉诸理性的观点表达是一样的。它们都要求评论员有广博的知识、缜密的思维、专业而深刻的识见、理性的表达等。只不过因为报纸评论与视听评论表达过程及表达方式不同,报纸评论员并不能一下子就能胜任口头表达评论的要求,但只要经过一定时间的练习,实现这种跨界评论并不算是难事。

视听媒体的资深记者对社会问题有长期而广泛的关注,长于思考,经过深度报道的长期历练,也熟悉视听媒介的传播规律和要求,如果转型做评论员,是一条便捷的途径。这些资深记者有丰富的新闻报道经历,对社会问题的关注视野广阔,加上做新闻报道必备的知识结构和专业素养,较多的深度报道经历练就了认识深刻的能力,如果具备较强的筒前和镜前口头表达的能力,不失为视听评论员的一条选择。当然,能够从资深记者转岗为评论员的,并不会有很多。对问题认识的尝试虽不会成为难题,但筒前和镜前的口头表达就是一条障碍。而一些视听评论节目的主持人,因其

---

① 罗森.让事情更公众:论传媒知识分子的公共责任.大众传播批判研究,1994.
② 庄永志.请谁做央视评论员[J].青年记者,2009,7.

即兴评论的经历和与评论员的深度交流经历,而成为转岗评论员的一大优势。

二、视听媒介评论员资源的使用

打开今天的电视新闻节目,人们会强烈地感受到评论员资源的匮乏:总是那么几个面孔,什么话题他们都可以发表评论。比如,中央电视台的特约评论员杨禹,早晨的《朝闻天下》、上午和下午的《新闻直播间》、晚上的《东方时空》、深夜的《24 小时》等节目,都能看到他作为评论员的身影。一些网友不禁发出疑问:他怎么什么都懂啊?这种尴尬状况一方面反映了视听媒介评论员队伍匮乏的现状,另一方面也反映了评论员资源没有得到有效的整合使用。

中央电视台财经频道总监郭振玺撰文介绍了该频道建立财经智库、打造财经评论员队伍的做法,对于新闻评论员资源的有效使用,有一些可资借鉴的内容。他指出,央视财经频道改版后成立了一个全新的职能科组——智库事务组,它是财经频道评论员具体的组织、联络、协调机构,负责节目生产智力支持系统的组建和维护。该小组深度挖掘国内外权威财经专家,透彻了解他们的研究领域、专业、风格甚至兴趣爱好,建立个人资料翔实的财经专家资源库,进行电子化、动态化管理。为了实现评论员队伍的高端化和全球视野,央视财经频道 2010 年实施"1010 高端人才计划",即频道智库系统的高端国内外专家资源达到 1000 人,年内在全球引进 10 位高端财经媒体人才。该智库系统一头连着栏目,一头连着评论员。对内,它会根据栏目的需求,从财经评论员库筛选合适的评论员为栏目所用;对外,它可以主动出击,挖掘评论员资源,在全球范围内储备合适的评论员人选。事实证明,智库系统能够提升评论员参与节目的效率并且优化布局。[①]

财经频道建立和打造评论员智库系统的借鉴在于,一家电台或电视台可以建立一套评论员资源库,这个资源库必须储备充足的评论员,涉及各个不同领域的权威发言人。根据不同的选题,选择专业匹配的评论员。而

---

① 郭振玺.创新机制整合智库——从财经评论员队伍建设看央视财经频道专业化、国际化打造[J].电视研究,2010,10.

且对评论员的使用，应该全台统筹安排，合理调配，避免一个面孔用到底和用非所长的情况出现。

当然，媒介融合时代搭建起的多媒体互动平台，也为新闻评论员的跨界合作提供了机会。纸媒评论员亮相电视，电视评论员在纸媒开专栏，纸媒、电视评论员在网络开微博，拥有不同背景的媒体人利用不同的媒体优势制作出不同的评论，使评论员资源能得到更充分的利用。

第十章　个性与多元：视听评论的发展趋势

作为观点表达的视听评论,经历了作为媒体旗帜、形式单一的"本台评论"阶段,发展到了观点多元、形式多样的阶段。随着公民自主表达意识的增强、媒体对意见信息的价值和搭建意见平台的功能的重视,视听评论将越来越个性化、多元化,越来越呈现出百花齐放的言论勃兴景象。

第一节　网络视听评论的尝试

网络媒体一出现,其自由评论的功能和优势就充分展示出来了。门槛低、即时性和互动性强、自由度高等特征,使得网络评论备受网友青睐。最初的网络评论主要是网络新闻的即时跟帖,随后的网络博客搭建了网友发表评论的平台,微博的诞生更是赋予网络评论无限生机,加之网友参与互动的零门槛,使得网络评论焕发出无穷的生命力。

一、网络评论的基本特点

"互联网是最少过滤的信息中心,是未经修饰的意见平台"。[①] 网络评论作为网络平台发布的意见信息,自然体现了网络媒体的基本特点。

(一)网络评论的即时性

几乎没有哪一种媒介可以像网络评论那样实现即时评论常规化。虽然广播电视直播可以做到事实报道与观点评论同步,但直播还是以事实信息的报道为主要内容,而且直播报道并非经常化。

网络评论最常规的形态是事实报道的即时跟帖。新闻跟帖是指网民在浏览新闻时对自己感兴趣的某条新闻做出的简短评论。它没有字数限

---

① 丁法章.漫谈网络新闻评论[J].新闻大学,2008,4.

制,可以是一篇短文,也可以是几句话,甚至只有几个字的感慨。它没有观点倾向的限制,只要不触犯法律,任何意见都可以高保真地得以传播。它没有时间限制,新闻报道一经刊登,只要网民有意见表达,即刻就可以跟帖。这些几乎没有限制的言论平台给网民充足的表达自由,他们可以及时地表达自己的即时想法,真正地实现有话就说的愿望。这也意味着,新闻事实一经报道,立即就会出现相关的评论信息,收到来自各方的回应。

微博的出现使网络即时评论增添了新的渠道。虽然有 140 字的字数限制,但它也似乎提醒网民的发言可以更充分一些。网民不必像跟帖一样发表一句话评论,而是像撰写一篇短文把观点表达得更清晰、更有条理、更具说服力。即使这样,其即时评论的性质并未改变。网民通过电脑或者手机,随时随地就自己关注的新闻事件或话题撰写微博,发表评论。

（二）网络评论的开放性

这是针对网络评论的主体而言的。开放性主要是指网络评论没有限制或变相限制一些人表达意见的权利,而是让所有人都有机会充分表达意见。有人把网络评论的开放性特征总结为"草根性",意指网络给了普通百姓充分的话语权。这一概括严格说来并不准确,因为网络评论并非只是那些在传统媒体少有表达机会的人发表的意见,它所提供的表达平台服务于各种文化程度、各种职业、各个年龄段的人,这其中既有普通网民,也有知名人士、专家学者、政府官员。也就是说,网络是对所有人开放的意见平台。

网络评论之所以会成为开放的言论平台,同样是因为这里几乎没有任何附加的条件限制。任何人,只要有意见想表达,都可以在网络里找到表达的空间。比如,学者可以从专业的角度以理论为基础进行条分缕析,显示其专业化的视角、透辟的分析和深刻的洞见;新闻记者可以从新闻专业主义的立场进行质疑式评论,展示其对社会问题细腻的观察和犀利的抨击;普通网民可以从他们的知识、情感、生活体验入手,发表对于事实或话题的意见。网络评论没有体裁要求,也没有字数的起点规定,甚至连文字逻辑、标点符号、用词用字都没有限制,这就给各类人群借助网络表达意见提供了自由开放的平台。

正是网络的开放性,唤醒了公民公开表达个人意见的意识和热情。

（三）网络评论的多元性

这是针对网络评论的意见指向性而言的。与报纸评论不同，网络编辑的把关人角色淡化，网民的意见指向并不要求统一，只要在法律允许的范围内，任何观点都得以真实表达。

在网络平台上，意见表达和交流并不寻求最终达成共识，它只是展示意见的空间，一方面呈现社会上存在多种不同的意见，另一方面也搭建意见交流的平台，即使没有形成共识，意见的交流可以使人们对问题的认识更全面、更辩证、更深入。毕竟，任何事实都不是只有一面，都存在多面性，无论是事实的内涵、价值，还是事实的成因、影响，都呈现出一定的复杂性。而每个人的知识、思维都存在一定的局限，其认识也往往会选取某一视角、达到一定的层次，当不同的人选取不同的视角、达到不同的认识层次，它们的汇集，就形成了真正意见交流平台，在交流中拓展思路、深化认识。

当然，也正是因为网络评论缺少把关人，使得一些非理性的意见表达时常呈现于网络意见平台，如使用谩骂、低俗的语言发泄情绪。这需要网民自我约束。不过，网络意见平台也是一个网民自我管理和调控的平台，随着网民的成熟，一些非理性的意见已逐渐受到网民的制止和排斥，网民的意见表达越来越趋于理性。

（四）网络评论的交互性

这是针对网络评论的传受过程而言的。业内人士认为，交互性作为一个正式的传播学概念，是由瑞菲里（S. Rafaeli）第一次提出来的。其定义是：后来的信息在顺序上与前面信息的相互关联程度，尤其是后来的信息对早先信息关系叙述的程度。[①] 网络是一个双向交流的工具，任何网络终端都是信息接受工具，同时也是信息传播工具。也就是说，任何人在接受信息的同时也可以对其进行评论，发表意见。这就使得网络评论具有与报纸评论不同的特点，即双向互动性。由于这种双向互动可以通过在线实时进行，双方或多方可以频繁地就某一问题在线交流，如同自然状态中的人际传播，因此，网络评论又可称作互动式评论。

一根线连接全球的互联网络，因焦点事件或话题，把全球的网民汇聚

---

① 邓炘炘，李兴国. 网络传播与新闻媒体——新世纪网络传播发展论丛［M］. 北京：北京广播学院出版社，2001：293.

到一个平台。因此，网络评论的互动范围突破了任何地域限制，其互动的规模、广度、深度都达到了一个前所未有的状态。互动的规模是指参与交流的人数，互动的广度是指网民的来源和话题交流的范围，互动的深度是指对问题认识和交流的层次。

二、网络评论的视听化发展

网络评论一经出现，就已经深刻地影响到了传统媒体的新闻评论了。报纸评论开设了"微评论"专栏，而广播电视则将网民讨论直接引进节目中来，成为视听评论的一个常设环节。

（一）网络评论是一种视听评论

网络早已突破了阅读媒介的属性，它不只是纯文字的媒介，而是集文字、音频、视频于一体的多媒体平台，因此，也可以把网络称为视听媒介。

人们利用网络获得信息，并非采取阅读报刊的方式。网民不是在网上"读"新闻，而是在网上"看"新闻。这一字之差，反映了人们接受信息的方式差异。"读"指的是细读和深读，而"看"则是一种浏览，是略看和浅读。

即使是纯文字文本，网络文字也因编排方式的全新变化加上移动网络的介入而使网民的阅读方式进入视听阶段。

超链接是网络文字的组织优势。它并非把所有需要和可能传播的内容都置于一个页面，而是采取树型结构进行编排，一些概念、事实背景、争议性观点等都通过一个个结点进行链接，使得文字页面呈现色彩不一、凹凸有致的画面，这不仅使网民的阅读行为朝着"看图"的视觉化方向变化，树形结构中链接的众多相关信息也导致网民阅读路线发生改变。网民阅读不再是自上而下循序阅读，而变为选择一个个结点"按钮"进行点击式浏览。这种浏览是快速的、跳跃式的。超链接技术使得网络文本具有超文本和超媒体的意义。超文本和超媒体代表着文献传播领域中由数字和语言的影响而带来的第一个意义重大的变革。① 网络评论同样可以采用超链接的形式，使得一篇篇幅较短的评论蕴涵着丰富的内涵。

网络编辑将评论文章以专题形式进行页面编排，使得评论网页增添了

---

① 罗杰·菲德勒.媒介形态变化——认识新媒介[M].明安香译.北京：华夏出版社，2000：96.

一定的视觉冲击力和吸引力。评论专题所刊载的评论并非都是源自网络原创文章,许多源自报刊、广播电视刊发的评论,但是,网站编辑将某一专题下的有影响力的评论汇集起来,将不同倾向的意见、文字与视频评论分类编排,尤其是制作"正方 VS 反方"的对垒式专题评论网页,增添了评论网页的视觉效果。网民通过别致的编排浏览某一专题下的观点倾向和不同的评论视角,然而有选择地点击阅读,犹如视频点播获得立体收看的效果。

移动阅读产品的普及使得网络评论越来越广泛而深入地渗入网民的生活。手机阅读已成为年轻网民主要的阅读方式,他们随时随地通过手机获得时事新闻,浏览跟帖评论、微博评论,并随时参与转发和评论。移动阅读主要适用于碎片时间进行浅度阅读,严格说来它是网民利用闲暇随意点击网络收看热点资讯的一种方式。

(二)网络评论向广播电视评论延伸

网络评论的蓬勃发展使得意见平台已突破网络而得以向广播电视延伸。借助网络评论的优势,广播电视评论有了新的变化。

网络文字评论成为广播电视评论的论证环节。前已述及,广播电视评论节目在分析问题时往往会展示网民的观点,这些视角、指向、结论各不相同的网民意见丰富了广播电视评论的论点、论据和论证过程,使得广播电视评论的视野得到进一步拓展。毕竟分布于各个领域、各个阶层的网民视角更丰富、观点更多元、分析更透彻。

网络音视频评论通过连线进入广播电视评论的节目现场。现代媒介技术手段的进步使得一根网线就把分散在各处的网民连接到广播电视节目的现场,通过音视频直接与节目现场的主持人、评论嘉宾进行交流,促使讨论进一步深化。如《东方直播室》《新闻深一度》就是如此。

此外,一些网站已独立制作视频评论节目,如前已述及的新浪网《奥运三健客》《老梁评书》,新华网的《权威声音》等等。也有一些网站与电视台联合制作视频评论,如新华网与辽宁电视台联合制作《瞭望评辩天下》等。

随着"三网融合"(广播电视网、互联网、电信网)工作的推进,广播电视的媒介技术特性也随之发生改变。广播电视不再是线性的媒介,点播、互动与自主传播成为其重要的传播特点。也就是说,"三网融合"下的广播电视已不只是广播电视,它还是互联网,听众、观众同时也是网民。观众(网民)收听收看电视节目的同时也发表评论,这些评论在观众(网民)中进行交流,与电视节目信息一起播放,成为电视节目信息的组成部分。在电视评论中,这些网民边收看节目边发表评论意见,不再被动地等待主持人选中而进入评论节目,而是主动地呈现于所有观众(网民)面前。随着观众的身份从纯粹的接收者向传播者转变,他们对视听媒介传播的评论会日益丰富,既有文字评论,也有自己制作的视听评论节目。

第二节　视听评论的未来

随着我国公民意识进一步增强,言论环境进一步宽松,视听评论从内容到形式都进入了一个新的阶段。在这一阶段,评论的分量更突出,选题更广泛,观点更个性,主体更多元。

一、分量更突出

在事实信息与意见信息并重的时代,无论是哪一种媒介,都必然地把评论置于非常重要的地位。报纸评论从配发编后、编者按、评论员文章,到后来的评论专栏,再到评论专版,甚至一期报纸出现多个评论专版;广播电视评论从配发短评到出镜记者现场述评,再到评论栏目,甚至一个频道出现多个评论栏目。这无疑表明,视听评论的分量越来越突出了。

(一)视听评论融入新闻报道

在传统的新闻报道理念里,新闻与评论要截然分开,新闻是对事实进行客观报道,评论是记者的主观意见,在报道中加入记者的主观意见,会扰乱受众判断事实的视线,如果要对事实进行评价,可以在事实报道之后另辟篇章。然而,面对着"海量信息"扑面而来,面对着纷繁复杂的新闻事实,要独自认识和理解事实,受众常常感到力不从心。当媒体以述评的方式报道新闻事实时,受众在接受事实信息时,也理解了事实信息。媒体把评论融入新闻报道视为服务受众。

媒体在报道事实时第一时间做出解释,也在第一时间引导了受众。受众在接受新闻报道的事实时,也在很大程度上接受了媒体的解释。当媒体发现在报道事实时注入一些观点,会在很大程度上引导受众,发挥媒体的引导作用时,媒体更进一步增强了把评论融入新闻报道的决心。

出镜记者现场报道、直播报道、连线报道的大幅增加以及新闻播出方式的变化,直接带来了视听评论量的大幅增长。

出镜记者现场报道,一般采用介绍事实与解释事实相结合的方式进行现场报道。解释离不开评价,离不开记者陈述记者对事实的意见。真正意义的出镜报道,记者不是导游式地只向观众介绍"我现在在什么地方",而是要进行述评结合的报道。它要求记者不只是清晰地介绍现场情况,更重要的是能够临场分析和判断,作出准确而深刻的解释和评价,包括设计问题、打开疑问和归纳总结。一个优秀的出镜记者理应是一个优秀的评论员。

直播报道分为事实现场直播和演播室直播,这里主要指事实现场直播。现场直播不只是电视镜头对准目标对象,它要求不间断地向观众传输关于现场的信息。现场的重要进展性信息自然是直播的主要内容,而缺乏重要的进展性信息时,现场主持人或评论员(包括邀请专家)就会对事实进行解读,包括分析和评价。所以,现场直播往往会有评论员参与主持或解读。

连线报道越来越多地成为电视新闻播报的一种形式。在新闻演播室,主持人播报一条电视新闻之后,考虑到该新闻对于受众而言可能有盲点、疑点,就会连线特约时事评论员对该新闻进行解读。这种解读传递的就是评论员的观点。

电视新闻的播报方式从"读"新闻向"说"新闻转变,也在一定程度上增加了评论的分量。"说"新闻不只是新闻播报语气的改变,更重要的是新闻传播态度的改变。播新闻变成了与观众交流信息的过程,既是交流,就会告知事实信息之后发表自己对事实的看法。这是生活常态,当这种生活中交流的情境被移植到新闻播报中,大量的民生新闻类栏目主持人就开始在播报新闻之后表达自己的意见。即使只有几句点评,也还原了交流的原态。随着广播电视新闻播报方式改革的进一步推进,这种播评结合的方式会逐步扩展到其他类型的新闻中去。

(二)视听评论栏目继续扩张

虽然目前视听评论栏目已呈勃兴之势,但与报纸相比,还相对滞后,尚未真正显现出视听媒介的优势。

从全国的报纸来看，几乎所有的报纸都开设了时评专版，这是报纸适应"观点时代"到来而采取的应对之举，报人率先提出了"观点也是竞争力"的口号。反观广播电视媒介，虽然电视人率先打出了"第一时间、第一现场、第一解释"的旗号，但并非所有电视媒体都开设了评论栏目，许多广播电视台没有评论栏目，未能经常性地公开亮明自己的观点旗帜。视听媒介的评论栏目呈现出严重的不均衡，原因主要有如下几点。

（1）对视听评论重视不够，尚未意识到观点在视听媒介竞争中的分量。在一些广播人、电视人眼里，视听媒介的竞争主要是新闻报道及娱乐节目的竞争，而新闻报道主要集中在时效性上，对事实的分析和评价并不构成媒体的影响力。

（2）对视听评论的尺度把握不准。我国视听媒介对于时政新闻的报道一直保持着非常谨慎的态度，在联播类新闻节目中很少有批评报道。这反映出视听媒介的管理者对于舆论管控的环境缺乏足够的信心。当报纸经常性地在头版甚至头条位置刊登监督类新闻时，视听媒介依然在联播类新闻栏目维持纯正面报道，这种谨慎心态使其对以分析批评见长的评论节目更是小心翼翼。

（3）视听评论人才匮乏。视听媒介对于评论人才的要求比报纸的要求更高。它不仅要求评论员（出镜记者、主持人、评论嘉宾）有清晰的思路、严密的逻辑、深刻的分析、独到的见解，还要求他们面对现场观众、话筒、镜头并与人交流时，依然保持冷静和理智，能遵循严密的逻辑对事实进行深入的分析，自如地表达自己的独到见解。这些要求使得许多广播电视台深感评论人才的极度匮乏，致使评论栏目无法开设。

但是，这些情况都会随着时间的推移而必然发生改变。随着一些视听媒介的评论栏目越来越受关注，其评论内容越来越多地被转发，视听评论的影响力与日俱增，必然促使越来越多的视听媒介管理者思考和重视意见信息及其生产过程的竞争力。一些已开设视听评论栏目的媒体也会进一步增设新的评论栏目。从时政评论到经济评论、文化评论、体育评论，视听评论专栏可以涵盖各个领域。网络评论的兴盛在很大程度上促进了舆论环境的改善，无论是报纸评论还是广播电视评论，从选题到观点呈现都实现了根本性的突破,这必然会增强视听媒介管理者对观点自由表达的信心。从优秀的出镜记者和新闻节目主持人中物色和培养评论员,加上一些有视听媒介素养的学者充实评论员队伍,使得视听评论的人才匮乏状况可以得到缓解。这些因素的改善,必然促使视听评论栏目继续增长。

二、选题更广泛

从目前的视听评论来看,选题的范围已越来越广泛。过去一些不敢涉足的领域、话题,现在都能成为视听评论的常规对象。随着新闻管控环境日益宽松,视听评论的选题将会更广泛。

(一)评论选题趋于焦点化

追逐热点是新闻评论的天性。因为众人关注,才会成为热点;既然众人关注,就有评论的必要和评论的空间。对热点和焦点话题进行点评,是评论的价值所在。如果绕开社会焦点,评论只会悄无声息。

对焦点话题发表评论,包含两层意思:一是指任何时评都热衷于追逐热点和焦点,这是新闻媒体的特性使然;二是指任何时评必须对热点和焦点话题发表评论,这是媒体的责任使然。

新闻媒体热衷于追逐热点和焦点,符合其"喜新厌旧""爱凑热闹"的媒体特性。无论是新闻报道,还是新闻评论,都是如此。这种选题对于热点和焦点的追逐倾向已越来越强烈,其对时效性的倚重已非常明显,只不过因媒介的不同而有所差异。报纸时评的焦点事件时效往往只有三天,而广播电视时评的焦点事件时效往往定位于当天。主持人或评论员的即时评论就是对刚刚播出的新闻事实进行点评,而视听评论栏目的评论则是选择当天新闻中最具关注度的新闻事实组织评论。这种对焦点事实评论的时效性追求使得视听评论所传递的意见信息保持着高度的新闻性,与事实信息一起构成完整的新闻信息。它不仅满足了受众及时理解事实信息的需要,也满足了受众及时了解媒体意见倾向的需要。视听评论离焦点事实越来越近,也就与受众越来越近。

新闻媒体对热点和焦点话题发表评论,契合媒体的责任。媒体对热点和焦点话题发表评论,意味着媒体敢于直面现实,不回避敏感的社会矛盾和问题,勇于针砭时弊,着力实施舆论监督,及时回答公众关心的问题。当媒体越来越多地把评论的矛头对准社会热点和焦点事件时，其履行舆论监督之责任就充分体现出来了。随着舆论环境的改善，视听评论越来越多地将评论选题着力于公众关注度高、疑惑较多、意见分歧较大的社会热点事件和话题，力图通过对报道和评论新闻事实进行有效的关注，既能引导人们对复杂的事实进行科学的认识，也对相关事实进行有效的监督。可以预见的是，视听评论对焦点话题的关注会越来越减少忌讳，越来越触及问题的实质。

（二）评论选题触及多领域

焦点化的选题并非局限于某一领域，每一个社会领域都有受关注的焦点话题，所以，视听评论的题材非常广泛。

随着评论禁忌的减少，新闻评论的选题范围越来越广。视听评论也是如此。几乎所有的领域都可以找到评论的选题。由于视听媒介找到了表达意见信息的恰当的方式，无论是哪个领域的事实，也不管有没有充足的画面作支撑，都可以通过对话、访谈、辩论等形式予以有效呈现。

时政自然是评论选题最为集中的领域。这主要是因为时政是公众关注度最高的领域，事关时政的大事小情，都会牵涉公众敏感的神经。比如，一项公共政策的出台意味着对现有的利益结构发生很大的冲击，"政策的实质是在于通过那项政策不让一部分人享有某些东西而允许另一部分人占有它们"[①]，即对利益进行重新分配，剥夺或给予、减少或增加，因此，公共政策的每一次变化都会引起无数评论。有关注其内容合理性的，也有关注程序合法性的；有关注政策影响的，也有关注政策可行性的。公共政策"是关于政府所为和所不为的所有内容"[②]，它所涉及的内容非常广泛，每一次政府决策的制定或调整，都会引起全社会的强烈关注。由于新闻管控的限制，在某一时间段一些话题及时地通过大众媒介得到充分的讨论，但这并不意味着人们没有意见意欲表达。当政府对政策进行重新解读，或者新闻管控措施调整，对政策的评论便呈井喷之势。2011 年 10 月 27 日，十一届全国人大常委会第二十三次会议举行联组会议，就国务院关于城镇保障性住房建设和管理工作情况的报告开展专题询问。在回答"抑制商品房市场

---

① 戴维·伊斯顿.政治体系——政治学状况研究[M].马清槐译.北京：商务印书馆，1993：23.
② 托马斯·戴伊.理解公共政策[M].彭勃等译.北京：华夏出版社，2004：2.

的过度投机是为了平抑房价,但长期采取限购政策与市场配置资源的原则相悖,应该更多地运用税收手段调节"的问询时,住房城乡建设部部长姜伟新称,楼市限购政策是行政办法,是不得已而采取的办法。住建部正努力建设城镇个人住房信息系统,如果这个信息系统将来建起来了,加上银行系统、财政系统、税务系统的信息,再加上公安的信息系统,如果能统一到一个平台上,就不必再采取限购这种行政色彩浓厚的办法。这个信息一经报道,立即引来网友的跟帖评论。如果新闻管理政策允许,视听媒介就此展开讨论,必然会引起热烈反响。当然,时政评论的范围并非仅限于公共政策,突发事件、官员腐败、地方选举等都是时政评论的重要话题。随着公民知情权和表达权越来越充分地被尊重,视听评论所触及的时政话题必然会越来越多,层次也会越来越深入。

民生话题也是评论选题集中的领域。相比较而言,百姓的衣食住行等民生话题不如时政话题的政治敏感性高,因而视听评论可以触及的民生问题所受的限制会较少。食品安全、教育、住房、医疗、交通、环境等都会越来越多地成为视听评论涉及的话题。

随着受众知识水平的普遍提高,一些专业问题也会越来越多地进入视听评论的话题范围。如经济问题、国际问题、军事问题、法律问题等,都会越来越多地成为视听评论的常设话题。

三、观点更个性

视听评论是有主持人或评论员的评论,评论主体不同,观点也不尽相同,每个人的评论都带有明显的个性化色彩。在强调自由表达个人观点的现实背景下,这种个性化的视听评论将越来越普遍,越来越成为栏目的符号化特征。

(一)主持人个性彰显

尽管节目定位规定了主持人的主持风格,但不同的主持人主持同一档新闻栏目其说话风格仍有较大的不同,以观点表达为主的视听评论节目的主持更是如此。无论是主持新闻节目时即兴点评、与评论员连线对话,还是主持专栏型视听评论节目,主持人的提问或评论都具有很强的临场性,因而其评论一般都具有明显的个人特点。

自播新闻向说新闻的语态转变以来，评论就越来越多地与新闻如影随形，主持人边播边评法已成常态。由于主持人对新闻的理解不同，主持风格不同，知识结构不同，思维方式不同，因而对新闻的分析点评也带有明显的个性色彩。有的人沉稳、内敛，观点表达含蓄、温和、理性；有的人直率、张扬，观点表达直接、犀利、感性；有的评论偏重宏大主题，有的评论偏重民生视角。如此等等带有明显主持人个性特征的评论，必然伴随着主持人评论形态而存在，而且成为主持人品牌的组成部分。

由于主持人的观点并非完全代表媒体的态度，其带有个性观点的表达也将成为常态。只要在法律允许的范围内，主持人的观点表达会越来越自由。无论是管理者还是受众，都会越来越多地持宽容的态度。比如，湖南经济卫视 2012 年 6 月 11 日的《钟山说事》栏目主持人在《高考天问》节目中，对现行高考制度下的怪象进行抨击时，情绪激愤，观点犀利，有的也有些偏颇。他指出："你看看咱们北大、清华、复旦的网站，根本都没什么'办学宗旨''大学使命'这样的条目，有些就只有自我吹捧，都是那些千篇一律的大学简介和大学历史，罗列事实而已，缺乏高瞻远瞩的目标设定，缺乏对自己想做些什么的清楚思考，没有方向、没有目标，就更没有特征，灵魂从一开始就已经有缺失，还奢谈什么其他方面的改革呢？""研究，很多的教授们可能是在研究，研究的可能更多的是厚黑学，想着怎么升官发财。"虽然也有网友指出有些观点失之偏颇，但钟山的评论并没有受到太多的诟病；相反，他因为这期节目而爆红网络。可以预见，随着广播、电视评论主持人的个性风格越来越突出，加之个性独具的网络原创评论越来越丰富，主持人评论的个性会进一步彰显。

（二）嘉宾观点指向各异

评论嘉宾包括所有受邀在视听评论节目中发表观点的人。它既可以是专职评论员、特约评论员，也可以是参与闲聊式评论、论辩式评论的嘉宾，还包括参与评论的节目现场观众、场外观众等。

评论嘉宾的多元性决定了观点态度的多向性。不同的评论员对同一事实的观点可能就会不同，如不同的经济学家对经济形势的分析是不一样的，他们充当评论员就会发表不同的观点。为了加强对事实分析的力度，同一事实多评论员分析的模式会引入视听评论节目，因而评论员观点的多样化也会常态化。而闲聊式、论辩式评论本身就是搭建一个让不同意见表达的平台，观点差异甚至相反的会越来越经常化，媒体只能营造让不同意见充分表达的空间。

随着视听评论选题越来越广泛和焦点化，触及的问题越来越深入，观点差异化加大甚至针锋相对的程度会进一步加剧。

四、主体更多元

视听评论从移植报纸社论到有自己的"本台评论"，再到形态各异的专题评论，言论表达的主体从专职评论员到特约评论再到各界人士，评论主体越来越多元。随着新闻评论节目理念的转变及网络评论的兴盛，这一趋势会进一步强化。

（一）学者参与增加评论深度

随着专家学者利用媒介平台表达思想传递观念的需要日益增强，越来越多的学者会加入视听评论的队伍中来。以往，为了增加评论的专业性或深度，媒体会邀请一些领域的专家学者担任特约评论员，就一些涉及他们擅长领域里的问题发表评论。此时，这些专家学者是被动的。如今，越来越多的专家学者对于走向视听媒介表达观点表现出较大的主动性，出现了一批被称做"电视知识分子"的人。这批学者队伍的涌现为视听评论遴选评论员提供了充足的空间。

大量的专家学者加入视听评论的评论员队伍，能加强评论的专业性，在很大程度上提升视听评论的高度和理论深度。目前的视听评论员队伍由于人数较少，常常是一人评百题，不管什么专业领域的问题，任何一个评论员都敢正式发表评论。由此带来的后果是，"广谱型""万能型"评论员自身所不可避免的缺陷使得他们的知识盲点在一些话题面前暴露无遗。他们什么都敢评，什么都浮光掠影、蜻蜓点水、浅尝辄止，无法以专业的眼光深达事实的核心。而专家学者的引入会发挥他们的专长，他们的专业知识和对专业问题的敏锐目光奠定了分析问题的基础，因而分析更精准、更透彻，所传递的意见信息更有价值。

（二）网民参与增加意见向度

除了记者、主持人、专职或兼职评论员及一些有影响的各界名人加入评论队伍外，网民参与视听评论将会成为一种趋势。不光是现有的一些评论节目连线场外网友发表观点这一形式会增多，网民自制视听评论也会成为一种趋势。虽然目前仅有少数专业网站制作网络视频评论节目，但可以预见的是，专业网站制作的音视频评论会借助一些时机陆续推出，网民独立制作的视频评论也会出现。就像一些网民独立采制视频新闻《民工讨薪新闻发布会》间接表达意见一样，他们也会借助网络视频评论直接表达自己的意见。

网民参与视听评论或制作网络评论，独立发出自己的声音，因为声音来源更为广泛，所以大大增加了意见的向度，即增加了声音的多元性。这对于被邀请进入演播室的嘉宾意见来说，是一种有益补充。随着视频媒介的利用越来越广泛，视频评论节目数量及形态会越来越丰富，意见表达的主体会越来越多元化，意见信息也会越来越多元化，这也正体现出视频媒介的意见平台功能。

后 记

我们把本教材取名为《视听评论》，是因为广播电视已不能等同于视听媒介了。虽然广播电视评论仍是视听评论的核心内容，但视听评论的含义显然更广泛一些。

随着新闻评论在广播电视节目体系中的分量加重，节目形态也越来越丰富，一些高校的广播电视学专业纷纷将"广播电视评论"从原有的《新闻评论》课程中分离出来，独立开设《广播电视评论》或《视听评论》课程。正是在这样的背景下，我们撰写了这本教材。

本书由华中科技大学新闻与信息传播学院何志武教授主编，中南财经政法大学的徐锐老师撰写了一章。各章节执笔人员分工如下：第一、七、十章，何志武；第二、三章，陈旭鑫、何志武；第四、五章，朱秀凌、何志武；第六章，朱秀凌、张卓；第八章，张卓、何志武；第九章，徐锐。本人对全书进行了统稿和审订。在此，对参加本书撰写的人员表示衷心的感谢。

由于水平有限，本教材难免存在粗浅和错误之处，欢迎读者指正。

何志武 于华中科技大学

2012 年 11 月